U0522681

分析哲学名著译丛

The Bounds of Sense
An Essay on Kant's Critique of Pure Reason

Peter Frederick Strawson

感觉的界限
论康德的《纯粹理性批判》

〔英〕P. F. 斯特劳森 著

梁议众 译

商务印书馆
The Commercial Press

Peter F. Strawson

THE BOUNDS OF SENSE

An Essay on Kant's *Critique of Pure Reason*

Copyright © 1966 P. F. Strawson

原书 ISBN：9781138602496

本书根据英国卢德里奇出版社 2006 年版译出

Authorized translation from the English language edition published by Routledge, a member of the Taylor & Francis Group

本书原版由泰勒·弗朗西斯出版集团旗下卢德里奇出版公司出版，并经其授权翻译出版。版权所有，侵权必究。

The Commercial Press is authorized to publish and distribute exclusively the Chinese (Simplified Characters) language edition. This edition is authorized for sale throughout Mainland of China. No part of the publication may be reproduced or distributed by any means, or stored in a database or retrieval system, without the prior written permission of the publisher.

本书中文简体翻译版授权由商务印书馆独家出版并仅限在中国大陆地区销售。

未经出版者书面许可，不得以任何方式复制或发行本书的任何部分。

Copies of this book sold without a Taylor & Francis sticker on the cover are unauthorized and illegal.

如果本书的封面没有粘贴泰勒·弗朗西斯公司的标签，则为未经授权的非法版本。

分析哲学名著译丛
出 版 说 明

　　分析哲学是当代西方哲学的重要流派，起源于20世纪初期，与数理逻辑、科学发展有着紧密的联系。它不拘泥于传统哲学设定的理论框架，要求对讨论中使用的概念进行澄清，注重推理的有效性，帮助人们破除思维的迷障。

　　我馆历来重视分析哲学作品的移译出版。1920年，我馆全力资助学界邀请分析哲学的开创者之一罗素先生访问中国，并出版了相关著作。其后分析哲学诸多大家的重要作品代有新出，百余年来未曾间断。近年我馆陆续推出《罗素文集》《维特根斯坦文集》等，蔚为大观。今次编辑出版"分析哲学名著译丛"，旨在将已经出版的名著译作修订汇编，对尚未出版的重要著作规划引进，以期全面描绘分析哲学的学术地图，系统梳理分析哲学的百年学脉，架设文明互学互鉴的桥梁，形成多元互动的人文交流，为中国哲学的建设提供助力，为世界文明的发展提供滋养。希望海内外学者鼎力相助，推荐佳作，批评指教，在我们的共同努力下，充实和完善这套丛书。

商务印书馆编辑部
2022年4月

目　　录

前言 ·· 1

第一部分　通论

1. 《批判》的两面 ·· 6
2. 经验的形而上学 ·· 17
3. 超验的形而上学 ·· 27
4. 先验唯心论的形而上学 ···································· 33
5. 结论 ·· 38

第二部分　经验的形而上学

第一章　空间与时间 ·· 44
  1. 作为直观形式的空间和时间：朴素解释 ···················· 44
  2. 作为直观形式的空间和时间：先验唯心论的解释 ············ 49
  3. 形式与质料：关系与感觉 ·································· 56
  4. 空间和时间的统一性 ······································ 63

5. "先天的"与"内禀的" ································· 69
6. 结论性的评论 ······································· 71

第二章 客观性与统一性 ································· 74
1. 分析论的纲领 ······································· 74
2. 形式逻辑和先验逻辑 ································· 77
3. 一个过于简略的论证大纲 ····························· 86
4. 为什么需要一个先验演绎？ ··························· 90
5. 客观性与统一性 ····································· 94
6. 综合，自我意识和为心灵所造的自然 ··················· 99
7. 统一性与客观性 ····································· 104
8. 先验主观性和范畴用于经验的限制 ····················· 121
9. 结论性评论 ··· 126

第三章 持存性和因致性 ································· 128
1. 一个"历史的"观点：被考虑和拒斥的原则 ··············· 128
2. 客观的与主观的时间关系 ····························· 132
3. 持存性："对唯心论的反驳"和第一"类比" ··············· 136
4. 因致性：第二和第三类比的论证 ······················· 146
5. 因致性：另一种尝试 ································· 154
6. 欺骗性逻辑的一个元素 ······························· 162
7. 真知觉与非真知觉 ··································· 165
8. 为什么只有一个客观世界？ ··························· 167

第三部分 超验的形而上学

第一章 假象的逻辑·················172
第二章 灵魂·····················179
    1. 对这个假象的揭示：一种重建·············180
    2. 休谟和康德：论自我···············187
    3. 先验唯心论的复杂性················189

第三章 宇宙·····················195
    1. 论证和反驳·················196
    2. 在任何情况下都存在的一个问题？··········206
    3. 对两种选项的再呈现···············207
    4. 康德的解决：其一般形式及三种解释········210
    5. 对解决的第四种解释···············222
    6. 再思宇宙论问题·················224

第四章 上帝·····················232
    1. 动力学的二律背反：被忽视的常规的批判解决·····232
    2. 动力学的二律背反：另一个备选的解决？······237
    3. 经验地无条件的存在：关于实体的窘境········242
    4. 从"宇宙论"理念到"超验"理念的过渡·······247
    5. 纯粹理性的理想·················249
    6. 哲学神学的假象·················252
    7. 最后的评论···················256

第四部分 先验唯心论的形而上学

1. 学说 ·· 264
2. 一些问题 ·· 269
3. 几个主张 ·· 270
4. 内感中的物自身和现象 ······················· 277
5. 外感中的物自身和现象 ······················· 280
6. 先验唯心论和经验实在论 ··················· 288
7. 形式概念和意义：经验和实在 ············ 296
8. 结论：经验的结构 ····························· 304

第五部分 康德的几何学理论

1. 康德的理论与批评者 ·························· 310
2. 物理学的与现象的几何学 ··················· 314
3. 反驳和审核 ······································· 321

索　引 ·· 328

译后记 ·· 333

前　言

　　这本书源自始于1959年、每两年在牛津大学开设一次的康德《纯粹理性批判》讲座。正如任何可能读它的康德学者将会很快发现的那样，本书绝非一部"历史－哲学"学术著作。我没有面面俱到地研究那些影响较小的康德前辈的著述，也没有研究康德自己的较小部头作品，以及在过去两百年间产生的浩繁注疏。我写作的理想读者是学习《纯粹理性批判》的学生，他们和我一样曾一再研读这部作品，既感到作品的深刻，也感到理解它的极端困难。我尝试呈现《纯粹理性批判》所含思想体系的一个清楚、简洁和统一的解释，这个解释至少要能确凿地被文本如其所能地支撑起来；我尝试表明这个结构的某些重要部分如何能被彼此分离地坚持，并且表明在这个体系本身内这些部分如何被设想为是互相关联的；我尝试给出完全拒斥其中一些部分的决定性理由；并且我尝试指出，尽管仅仅限于指出，其它部分的论证和结论如何能被如此修正和重构，以使它们成为更可接受的。在追求这些目标时，我把这本著作的某些特点，尤其是繁复的建筑学式细节和大量"先验心理学"理论，贬低到非常次要的地位。这并不是说我认为"先验心理学"毫无价值可言。尝试重构它至少将是心灵哲学中一项有益的工作。但是，我认为若做出这种尝试，无疑会使本书失去其思路上的某些平衡和清晰。

我给本书这个标题，不仅是因为它部分地响应了康德自己考虑过的一个标题，而且是因为它简要地暗示了其思想中的三条主线。他以两种方式勾画了感觉的界限，而以第三种方式跨越了它们。他论证了，一方面，对于任何我们自己真正可以理解的经验观而言，某种最小结构都是本质性的；另一方面，企图逾越结构性概念或其它任何概念的使用的经验限制，只会导致缺乏含义的主张。独断论的唯理论者逾越了感觉的上限，而传统的经验论者则没有达到感觉的下限。但是康德得出这些限制性结论的论证是在看似违背了他自己的批判原则的一系列学说框架中得到阐发的。他企图去从感觉的诸界限之外的一个点划出感觉的界限，而如果界限被正当地勾画出来，这一个点就不能存在。

在本书开篇的"通论"中，我以"经验的形而上学"、"超验的形而上学"和"先验唯心论的形而上学"为标题区分了这三条思想主线，它们形成了后续三个主要部分的题目。这三个部分并非完全独立，而且也不可能完全独立。只有当图像是完整的，其每一部分的意义才能被充分把握。

哈特（Hart）教授通读了本书的手稿，我要对他表示最大的感激之情，衷心感谢他的帮助和鼓励。我要感谢我的学院的管理层批准我休假，这使我得以从1965年1月至6月间摆脱教学工作；在这段时间及随后一个长假中，本书绝大部分章节的定稿得以完成。我要感谢露比·米格小姐，她审阅了本书校样，并提出了很多有价值的修改建议，其中大部分已被我采纳。

所有来自《批判》的引文,极个别有修正外,都出自康普·斯密的译本。引文按照惯例给出 A 版和 B 版的页码,对于两版相同的段落就同时给出两版的页码。

P. F. 斯特劳森

1966 年 6 月于牛津

第一部分
通论

1.《批判》的两面

想象跟我们所知世界迥然不同的各种世界是可能的。描述跟我们现实拥有的经验迥然不同的各种经验是可能的。但是,并非所有对于一种可能经验的自许且语法上容许的描述都是真正可理解的描述。就经验的可能的一般结构而言,我们能设想的或我们能理解什么是有多种限制的。对这些限制的探究,对一些观念的探究——这些观念形成了我们对世界和对世界的经验的所有思想的限制性框架——无疑是一项重要而饶有趣味的哲学事业。在这方面,没有任何哲学家像康德那样做过如此艰苦卓绝的尝试。

理解其尝试的核心困难在于这样一个事实,即他是通过某种误导性的类比来思考该尝试的。一个常见的随意的、科学的说法认为:我们经验的特征,事物显现给我们的方式,部分地被我们人类的构造、我们的感觉器官和神经系统的本性规定着。人类知觉机制的工作机理,我们的经验因果地依赖这些工作机理的方式,是经验探究的课题,换言之,是科学而非哲学探究的课题。康德确实意识到了这一点;他确实知道这种经验探索和他从事的探究属于完全不同的种类,他是要探究各种观念的基本结构,我们唯有根据这一结构使自己理解关于世界的经验观念。然而,他尽管意识到了这点,却根据与经验探究的不自然的类比设想哲学的探究。他在发现经验的限制性的或必然的特征时,就宣称它们的根源在我们的认知构造中;而且他把这种学说看成对于解释知识的可能性，解释关于经验的必然结构之知识的可能性来说是不可或缺的。无疑，这一学说本身是不融贯的，而且它掩盖而非解释了其探索的真正特征；因此在理解《批判》时，核心的问题恰恰就是拆解的问题，即把事实上独立于这个学说的分析性论证和所有建基于这个学说的部分拆解开的问题。

然而，区分《批判》中的这两个思路，仅仅是更为广泛的任务中的一个部分，这项任务是要区分批判学说中仍能带来丰硕成果的、引人入胜的东西与显得不再可接受的，甚或有前途的东西。与此相应，我将以简略的对照展示这个区分的要素，以此来开始这个导论性的概览，随后，我将对这部著作的某些核心主题做较为充实但依然是导论性的解释。

与诸多前人和后辈一样，康德强调了如下事实，迄今为止哲学中取得的成果，和数学和自然科学中取得的相比是相形见绌的。如果哲学也要走上"科学的可靠道路"，一个必需的条件是，它要限制自己的僭越；而这种必要限制的首要工具则是康德在整个《批判》中反复阐明、应用的原则。这一原则是说，除非将观念或概念与其应用的经验条件或体验条件关联起来，否则对它们的使用就是不合法的，甚至是无意义的。如果我们想以某种方式使用一个概念，但不能明确给出以这种方式使用的概念将要应用于的经验状况是什么样的，那么，我们根本就没有真的考虑这个概念的合法的使用。① 这样使用这个概念，我们就不仅是

---

① "所有概念，以及与其相关的所有原则，即便是如此的先天地可能的，都要联系到经验直观，就是说联系到可能经验的材料。离开这种联系，它们

在言说我们并不知道的,而且我们无法真正地知道我们所说的是什么。

这个我将之称为康德的意义原则的原则,是经验主义哲学家不难赞同的原则。他们很容易赞同康德从中引出的结论:彻底拒斥超验的形而上学。康德坚称,哲学的整个领域(僭越最大和共识最小的领域)的存在是由于忽视了意义原则。哲学家由于摆脱了明确地给出他们所使用概念的应用的经验条件的职责,因此他们似乎在给出关于"实在"本身的本性的信息,而非给出实在在我们这样的被造物的有限的、以感觉为界限的经验中的现象的信息;但他们这种表面的知识是幻觉,而批判的、科学的哲学的第一任务就是保证它被认作幻觉。哲学的第一任务就是去设立自己的限制。

康德不满足于仅仅得出如下这个一般的否定性结论:超验形而上学是不可能的。他认为,用无法确定其应用的经验条件的理念去思考不只是哲学家的错误,而且是人类理性自然的和不可避免的倾向。从某些方面看,这甚至是一种有益的倾向。某些理念虽然自身没有经验的应用和意义,但它们却不可避免地出现在科

就没有客观有效性"(B298)。(参考韩林合译文:因此,尽管所有概念并且连同它们一起还有所有原则或许是先天可能的,但是它们均关联到经验直观,即关联到可能经验的材料。在没有这样的关联的情况下,它们根本没有任何客观有效性,而不过是一种单纯的游戏。——中译者)关于最一般的概念、范畴,康德说它们"只允许经验的运用而且一旦不应用于可能经验的对象,就是说感性世界,就没有任何意义"(B724)。在《批判》中这类典型的句子有几十处。

学探索的过程中,并且可能起到无限拓展经验知识的有益功能。①只有认为必然存在与这些理念相应的实在,以及认为通过纯粹思想(不夹杂任何经验)就能获得关于这些实在的知识时,才会产生**形而上学**知识的假象。正是在这种思想中意义原则被违背了。《批判》的很大一部分是致力于表明,在一些非常著名的情况中,我们如何被诱惑而违背了这个原则;并且致力于证明,我们由于违背了这个原则,导致了形而上学知识空洞且时有冲突的特征。

随之,作为一种形式的知识的超验形而上学,或者如康德更愿意说的,作为一种科学的超验形而上学,被一般地宣称为、并被详尽地证明为不可能的。但是这绝不意味着任何形式的科学形而上学皆为不可能。相反,存在着大量真正科学的形而上学的确定的任务,按照康德的看法,这是可一劳永逸地完成的任务,而且他至少部分地已在《批判》原创的、激动人心和困难的部分完成了这一任务。这是我指出过的任务:探究观念和原则的限制性框架——观念和原则的使用和应用对经验知识是本质的,而且观念和原则隐含在我们能够形成的任何融贯的经验观念内。当然,有人可能不仅怀疑康德实施这个纲领的细节,而且怀疑这个纲领自身,并将怀疑表达出来。也许可以认为,这一探索不太可能得到任何微不足道的结果。但如果这些怀疑是不合法的,这种探索能够带来丰硕成果,那么,它会完全配得上形而上学之名。它会

---

① 按照康德的看法,这不是没有经验意义的理念的唯一功能。他认为道德生活依赖于这些理念;但是他明确区分了道德思想和以知识为目标的思想。我们会看到,意义原则尽管就理论思辨和知识要求来说是要被严格地解释的,但我们必须有所保留地理解它。

是最一般的、最基础的研究，正如形而上学一直被称作的那样；而且形而上学的方法将会是非经验的，或曰先天的，这不是因为它像超验形而上学那样，声称它关心的是经验不可达至的对象的领域，而是因为，它关心的是所有经验探索所预设的概念结构。这种探究不同于"超验"探究，康德有时将之称为"先验"探究，尽管他对这种表述的使用并不一致。

在对意义原则的坚持及随后对超验形而上学的拒斥上，康德与贝克莱、休谟的经验论传统比较接近，而这个传统，至少在英格兰，可说在艾耶尔的著述中得到了最清晰的现代表述。但康德在构建其经验的肯定的形而上学时，完全离开了这个传统。传统经验论的核心问题是通过这样一个假定而设立的：经验真正给予我们的只是分散的、转瞬即逝的感觉印象、心像和感受；而这一问题是要表明，在如此微薄的基础上，我们如何能够为我们关于世界（这个世界包含着持续而独立存在且互相影响的物质事物和人之）的日常图像提供一个理性的辩护。的确，休谟以如下形式拒绝了这个问题：这种辩护是不可能的，并且不是必须的。这是因为理性发现和留下的沟壑，被想象力有益的虚构填补上了。最复杂的传统经验论者休谟的观点和康德的观点间，存在着微妙的、有趣的平行。但是二者间也存在着巨大的沟壑。这是因为康德拒绝了休谟从未怀疑过的经验论的基本信条。康德不是以素朴的或精致的常识看法拒绝这个信条的，在二十世纪的英格兰这种看法有时似乎是传统经验论的变种。相反，康德以如下方式拒绝：证明经验论的最简单的经验观念是不融贯的、孤立的，证明唯有在一个更大的框架中，在必然包括了关于客观世界的概念在经验中的使用和应用的框架中，经验论的最简单的经验观念才有意义。因此康德实施的旨在肯定的形而上学的纲领，被认为蕴涵了对他所说的"可疑的"唯心论的拒绝，即使这种唯心论仅仅是哲学反思的方法论起点，而非终点。任何一个哲学家，如果他要求我们从个体意识的私有的材料出发向外对我们关于客观世界的信念进行辩护，或是拒绝我们的辩护，那么就证明他没有理解一般经验可能性的条件。笛卡尔和休谟这样的哲学家虽然在其它许多方面是不同的，在这个方面却被认为是相似的，也都没有理解一般经验可能性的条件。

我到此为止提及的《批判》的主题明显是协调一致的。有人可能会想说，它们一起形成了真正经验论哲学的框架。这种哲学，一方面摆脱了超验形而上学的幻觉，另一方面摆脱了传统经验论对意识的私有内容的痴迷。它们一起呈现了《批判》更温和的、更可接受的一面。但是仅提及这些主题是对这本著作极为片面的解释。这些主题的展示和展开始终是和更加可疑的学说交织在一起，我曾提示过这些学说的来源之一。的确，康德认为自己探究的是我们所有的经验知识已预设的观念、原则的一般结构。但是，他之所以认为这种探究是可能的，仅仅是因为他将它也设想为（并且首要设想为），对像我们这样的存在者的认知官能的结构和机理的探究。这部著作的用语始终是心理学的。他将其在我们的经验概念中发现的任何必然的东西，都归之于我们机能的本性。

通过提出某种基础的二元性，他为此种归属提供了依据，这种二元性是任何关于经验或体验知识的哲学思考中都不可或缺的。它是这样一种二元性，其一端是一般的概念，另一端是经验中遇到的一般概念的特殊例示。任何能够进入我们的意识经验中的事项，我们都必定能够以某种方式对它进行分类，把它认定为具有某些一般特征。为使经验知识成为可能，我们必须有一般概念，就是在说，我们必须具有上述的认知能力。同样明显的是，如果这些能力是能够行使的，我们就必须有行使这些能力的质料；一般概念的特殊例示必须在经验中遇到。这个基础的二元性的重要性被康德充分地认识到了。对于在经验中对一般概念的特定例示的觉察，他以"直观"一词来表示。这个要点浓缩在康德著名的箴言"思想无内容是空的，直观无概念是盲的"中，[①]他对之做了反复强调。

有很多术语表达了这种不可或缺的二元性。康德的用语是心理学的，是关于心灵的范围和机能的。他区分了感性的接受机能和知性的主动机能，通过前者我们具有直观，后者则为概念之源；据此他把在一般经验构想中发现的那些限制性特点归属给这些机能，这些机能是那些特点之源。因之看起来，概念只有一种方式可被例示，即在空间和时间中，或者至少在时间中，我们觉察到这些概念的例示，除此之外不存在任何其它可设想的方式。与之相应，时间和空间被宣称为"在我们之内"，只是我们感性的形式，只不过是我们觉察能够被归于概念之下的特殊事物的方式。康德进一步论证，我们使用的概念，在应用于我们经验时，必定隐含地关涉某些特定的一般观念（诸范畴）的使用，否则，

[①] A51/B75。

就完全不可能有这样一类事物：自我意识觉察到时间中前后相继的经验。这样，这些观念的可应用性是任何可称为经验或体验知识的事物的可能性的进一步的必然条件。但是这个必然性又一次被表述为我们认知构造的后果；只是这次它被指派给了我们知性的机能，而知性被描述为作用于我们的感性以达到它自己要求的满足。

正如我们将看到的，这些指派已经包含了康德有强烈的动机去赞扬的灾难性模型的种子。我们所知的自然世界，我们经验的所有内容，完全是以我们刚提及的那些特点为条件的：我们的经验本质上是对含合规律的对象的空间和时间世界的经验，这些对象被设想为不同于我们对它们的前后相继的经验。但是所有这些限制性特点同样仅仅是表达了事物在构造得像我们这样的存在者（即具有我们具有的感性和知性）的经验中必定如何显现的方式。对于作为自身的事物①，相对于其现象，我们没有且不可能有任何知识；这是由于，知识仅当关乎可被经验的东西才是可能的，而且事物除非服从我们的知性和感性加于它的形式，否则不可能被经验。

康德将这种"先验唯心论"（在它看来整个自然世界仅仅是现象）与其它形式的唯心论截然区别开来。康德所说的典型的

---

① 原文为 of things as they are in themselves, 更贴近原文的翻译是"对于作为其自身来看的事物"。things in themselves（thing in itself）一般译为"物自身"、"物自体"，即就其本身来看的事物。在下文中，我往往从简，在一段话，或相邻的几段话中，把首次出现的 things as they are in themselves 翻译为"作为其自身的事物"，然后就将之直接翻译为"物自身"。——译者注

"经验"唯心论者,把意识时间上相继的状态看作确定地实在的,并且质疑或否认空间中的物体的实在存在,质疑或否认我们关于物体存在的知识。与之相对,康德认为,先验唯心论者是经验实在论者,他不认为意识状态在存在的实在性或确定性上具有比物理对象更优先的地位。然而当我们看康德是如何支持这一主张时,我们必定会有所怀疑。他确实像认可我们关于"内感"(其形式是时间)的对象,即心理状态的知识是直接的那样,认可我们关于"外感"(其形式为空间)的物理对象的知识同样是直接的。他确实也说过,我们指向内部的经验不能给我们带来对我们自身(作为我们自身)的知识,正如指向外部的经验不能给我们带来其它事物自身(作为它们自身)的知识。但是,**这些**比配并非真的等于给了空间中的物体("外部对象")和意识状态("内部规定")同等的实在性。这个认为自然界物质的和心灵的构成成分都仅仅是现象的学说,最终仍然给了物体和意识状态不同的权重。先验唯心论者的康德,比他自己承认的更接近贝克莱。

先验唯心论学说,以及与之相连的图像(心灵接受和建立秩序的器官从事物自身的不可知的实在产生出我们所知的自然),无疑是同情地理解《批判》的首要障碍。我们或许想对这些学说做弱化的解释,把它们说成是也许未被其使用者完全理解的解释性装置。这样,这个认为我们只能有作为可能经验的对象的事物的知识,不能有作为自身的事物的知识的学说就有某种歧义;我们有时或许会对这个学说的微妙的或者反讽的意义感兴趣,这个意义康德有时似乎是近于认可的。我们还可能会想把心灵构造的自然的整个模型,仅仅解释成以喜爱图像的想象力容易把握的形式呈现分析的、概念的探究的装置。然而，所有这些解释，使《批判》的很多解读带上了至少是半信半疑的反讽的腔调，这种腔调是和《批判》的特征完全不符的；而且存在其它的、更具决定性的理由支持这样的看法：它们完全不合康德的意图。

康德的意图之一在"序言"中表达得非常清楚。康德在那里说，他不仅要抑制独断论形而上学的僭越：主张给我们提供超感性的知识；而且要抑制感性的僭越：主张感性和实在物（the real）具有相同的范围。关于我们必然不知超感性事物的证明，通过使超感性的领域既免于我们知识的冲击，也免于我们怀疑论的冲击，从而捍卫了道德和宗教的关切。在当下的语境里，还有一些其它的、不同类的提示更直接地关乎《批判》的宗旨。因此，意义原则在应用于范畴时，被康德当作知性机能在整饬经验中所承担的角色的本性的**后果**推了出来。并且正是这种关于经验的必然特点的知识的可能性，被他看作依赖他的先验主观主义，即心灵构造自然的理论。这确实是他骄傲地将之称为通往革新的、科学的形而上学的关键的"哥白尼革命"的本质。恰恰是因为经验的对象必须合乎我们心灵的构造，我们方能具有关于经验的本性的、在《批判》中以概要形式被演示的先天知识。最后，康德声称解决第一个"二律背反"的结论，决定性地确证了时间和空间的观念性论题，如果他的意思仅仅在说，这一结论证实了意义原则在世界界限问题（世界在时空上是否是有界限的）上的应用，那么这将是极端误导性的。

那些关注于先验唯心论论题的互相关联的学说，并非是同情地理解的唯一障碍。其它障碍可部分归于康德著书之际科学知识的状态。他无保留地相信欧几里得几何学、牛顿物理学和亚里士多德逻辑学的终极性；在这些信念之上，他建立了其它更可疑的信念。这样，他相信欧几里得几何学不仅提供了物理空间的结构为真，而且提供了关于物理空间必然为真的唯一东西；并且在这个信念发现了在他看来更有力的支持空间先验地"在我们之内"的论题的论证。康德的几何学理论尽管作为一个整体是不可辩护的，但仍包含着不少宝贵的洞见；而且它由于相对独立于《批判》的主要结构，没有使我们想要保留的属于主要结构的任何东西变得模糊不清。但他关于牛顿物理学的预设（被看作体现了一般经验知识的可能性条件）的信念则完全不同；由于急于确定性地得到自然科学被设定的先天原则，确实使这部著作核心的、关键的论证的实质部分，即"经验的类比"部分变得模糊不清。至于康德对传统逻辑的形式、分类的无批判的接受和无限制的使用的后果，则是相当不同的另一种情况。这或许部分是由于他无限制地相信某些精巧、对称的结构性框架，而他是根据自己理解的形式逻辑，自由地得出了这个框架，并确定地将之加于他的全部材料上。同样的划分、区别和联系的模式，在这本著作的不同部分一而再、再而三地重复出现。这一强加的结构的矫饰、精巧的对称具有一种可称为巴洛克式的特征，如果哲学中有任何东西是可称为巴洛克式的话。但是，这个特点尽管可能会给我们带来不必要的麻烦，也可能会带来不适当的愉悦，我们最终是会毫不犹豫地弃之不顾的。

2. 经验的形而上学

《纯粹理性批判》的中心及最难的段落，包含在名为"先验分析论"的部分；正是在那里，康德多少依据之前处理空间和时间的名为"先验感性论"的部分，试图表明：对于任何我们能够理解的经验观念而言，哪些限制性特点是它必须具有的。我将尝试简要地指出这种尝试的本性，并评估它在多大程度上取得了成功。

在康德假定或赞成的一般论题中，可以区分出如下几个：

1. 经验本质上显现为时间上的前后相继（时间性论题）；
2. 在某些时间性地延续的经验系列的成员内，必定存在这样的统一性，该统一性是为此等经验的主体之经验的自我意识、或经验的自我归属的可能性所要求的（意识的必然统一性论题）；
3. 经验必包含对对象的觉察，这些对象在如下的意义上是可以和对对象的经验区分开的：对这些对象的判断是在无须考虑特殊主体对它的经验的现实发生的情况下的判断（客观性论题）；
4. 在（3）中提到的对象本质上是空间性的（空间性论题）；
5. 必定存在一个统一的（空间－时间的）囊括了所有经验及其对象的经验实在的框架（时空统一性论题）；
6. 某些关于持存性和因果性的原则，必定在由空间内的事物构成的物理的或客观的世界内被满足（"经验类比"论题）；

这些论题的第一个被康德看成是完全无可置疑的材料,我们不能将它理解为其它的可能性;并且我们有可能满足于如此来看待它。第二个论题被康德看成与经验的可概念化的要求不可分割地相联,与**特定的**经验内容应被认为具有某种**一般**特征的要求相联;而且,这一论题由于这样地关联着,也许可被合理地看作什么可被看作"经验"的标准设置的定义。我怀疑是否有任何哲学家,甚至是最经济的经验论者,在实践中曾采用,或者尝试采用一个更加有限的观念。这个论题,换言之,这个标准设置的定义,充当了"范畴的先验演绎"的前提,而《批判》中值得康德和他的读者花费最多精力的这一部分,是论证中最难解的段落,也被看作整个哲学中给人最深印象和最激动人心的段落。上列论题的另一个,即我编号为(4)的空间性论题,与其说是被康德论证的,不如说是被假定的。事实上,它几乎没有被康德区分为一个独立的论题,尽管它应被如此区分。我们经验的对象——被设想为独立于对它的经验而存在——实际上是空间对象,从这个真理出发,我们似乎不能直接得出如下结论:空间模式是我们能够设想此类对象的唯一模式。如果我们去除掉空间性概念通常的感觉联想,并给予它一个主要是形式的意义,空间模式是此类对象的存在的唯一可设想的模式这一点也许是可被容许的;而且即便我们允许这个概念带有其通常的视觉和触觉联想,如下这一点仍是可以坚持的,即空间模式至少是这样一种模式:它跟必定能被我们设想的我们经验的独立对象的存在的其它模式是**类似的**。

所列的其余论题或显或隐地被"分析论"所持有。康德的阐示次序在这一点上也许会引起误解。由于先于"分析论"在"感性论"中断定了只有唯一的空间和时间,则可很自然地假定,被宣称为本质上是唯一的空间,是被设想为独立于我们对其觉察的经验而存在的对象之空间,这是因为空间统一性论题没有其它看似合情理的应用。由此我们可能会被误导去假定"分析论"是从"经验必然是关于独立存在的、形成了统一的空-时体系的对象的,然后据此去确立经验可能性的进一步的必然条件"这一假设出发的。这会是一个错误的印象。客观性论题-它或可浓缩为如下这一陈述,经验必须包括对对象的觉察,而对象形成了诸客观判断的主题——无疑在"分析论"中被隐含地持有着,同样被持有的还有如下论题,这些对象必定具有空-时关系上的统一性,而这种关系上的统一性又是由认为这些对象都属于一个统一的空-时系统的学说提供的。

　　正如我已提及的,"分析论"的根本前提是意识的必然统一性命题。这种"必然统一性"在《批判》中有许多别名。康德偏爱的一个表述是"统觉的先验统一性";统觉或意识的这种统一性有时又被称为"自我意识"的统一性。有时康德对后一个短语的使用或许给人以这种印象:他心目中的是某种特殊的关于自我的意识,它不同于表达在知觉、感受等等的习见的自我归属中的日常的或经验的自我觉察。但这种印象并非康德的本意。正如我说过的,他关注的是概念使用的一般条件以及把经验内容认定为具有某种一般特征的一般条件;而且他同时把这些条件看成日常的或经验的自我意识的可能性的基础条件。这些条件的满足设置了什么东西可被算作经验的最低标准;而且康德论证,该标准设置的要求能够被满足的下限是:形成可能经验的内容的时间地延续的经验系列,应该在它们之内如此地连接起来以产生一个统一的客观世界的图像,这些经验(或者经验的一部分)**是**关于这个统一的客观世界图像的经验。这个论证的要旨是在"范畴的先验演绎"和"原则分析论"某些章节中展开的;阐释的次序和细节再一次不是那么能促进理解。在"演绎"中我们发现反复强调的主张为:我们各种经验之间的某种连接性和统一性,对于将经验构造为关于一个客观的和合规律的世界的经验是必须的;我们在经验中应用的客观物的概念体现着这类统一性的规则;处于客观物概念下的经验的这种合规则的联系恰恰是为意识的必然统一性(亦即自我意识的可能性)所要求的。

这些有争议的主张的说服力决非一目了然。当我们求助于"原则论"的某些章节(它们被假定为包含了"演绎"所蕴涵的、更为详细的工作机理)时,这会变得更明显一些;当我们求助于被称为"对唯心论的反驳"和"经验的类比"的论证时,这会变得尤其明显。经验发生于时间的关系中;但是,**自我**意识("对我自己的作为在时间中被规定的存在之意识")为了成为可能,至少对以下两者之间进行区分是可能的:其一是我们的**经验**的次序和排列,其二是这些经验的**对象**独立地具有的次序和排列。反过来,这种区分为了成为可能,经验的对象必须被设想为存在于一个**恒常**的框架中,在其中各种对象能够具有它们自身的共存的和前后相继的关系,而且在其中我们能够在不同时间遇到这些对象,而这些相遇产生了我们对于对象的经验的仅为主观的次序。这一恒常的框架当然是空间的,是物理空间;而且康德在"对唯心论的反驳"中直接关注的是要指明:时间关系的这些必然区分必须在经验*之内*做出,因此我们必须直接、非推论地觉察空间内的各种对象。"对我的存在的意识同时是对外在于我的其它事物的存在的直接意识。"①

支撑这些章节中的所有复杂论证的基本思想可以大致表述如下。首先,没有人能意识到时间地延续的经验系列是**他的**经验意识,除非他能够觉察到这些经验为产生关于统一的客观世界的知识之经验,由此所涉及的经验系列形成了一个仅为主观的或经验的路径。其次,这个观念(对于自我意识的可能性是必须的)必定蕴涵在经验中实际使用或直接应用的概念的特征内。没有哪一套概念自身就足以产生这个观念,亦即要求这个观念(例如,朴素经验论者的简单的感觉性质概念就不会)。被应用的概念至少要包括在空间中持存的、可再辨识的对象的概念;而且任何能够归在这些概念下的对象必须展示"它们活动中有某种程度的规则性"②,也就是说,它们服从的变化本身必须至少一般地服从因果律。

康德假定自己建立的必然性比上述这些更严格。他确实论证了主观、客观时间关系间的必然区别蕴涵着持存性概念和因果性概念必然可应用于经验。但是,他不满足于空间中可被再辨识的物体的仅仅相对的持存性,尽管事实上这个论证最多只能建立这一点;他也不满足于我建议的关于因果性的弱推论。他从第一"类比"关于持存的论证推导出了量的守恒原则,而该原则是

---

① B276。
② 这个说法出于休谟。参见《人性论》第一卷,第四部,第二章。

无法从之推出的，而且该原则和关于持存的论证表明的必须被满足的条件的满足是完全不相关的；随之，在第二"类比"的著名论证中，康德声称要表明，关于客观变化的经验，关于前后相继的经验（它们发生在客观世界而非仅发生在主观的经验系列中），仅当每个事件都被看作因果地被规定时，才是可能的；但是，仅当批判的机能被粗糙的不从前提来的推论（non sequitur）弄得麻木时，这个推理的关键步骤才能显得合法。在确定建立他认为是物理科学的必然基础的原则时，康德在整个"类比"中试图强从论证中得出它并不会产生的结论。

无论如何，"先验演绎"、"经验的类比"和"对唯心论的反驳"共同建立了重要的一般结论。经验的标准设置定义（命题2）必定是可被接受的。无疑，有理由认为存在某些形式的达不到这一标准的感知。但是，经验的自我意识、经验的自我归属的可能性的基础条件的满足，似乎对于任何我们感兴趣的经验概念是必须的，而且的确对任何经验**概念**的存在都是必须的。康德的天才最清楚地展现在他确定了这些条件（在其最一般形式下）最为基础的原理，亦即确定了主观知觉的时间次序和这些知觉的对象独立具有的次序和排列——关于客观世界的构成成分间的关系的统一且常在的框架——的区分的可能性。几乎同等重要的是，他认识到这种区分必定是隐含在概念（经验内容被置于其下）内，这是因为绝不可能感知纯粹框架自身。这些是认识论中取得的极其伟大且崭新的创获，它们是如此伟大且崭新，以至于近两百年之后仍然并未被完全吸收到哲学意识中。

当然，这些主题还有不少进一步讨论的余地。或许有人以为，康德未陈述经验自我意识的可能性的**全部**条件。对此也许可以回答说，康德陈述了最根本的条件。再者，或许有人会质疑客观性论题是否真的带有康德在其中断定它的无限度形式的统一性论题。即使意识的统一性要求一个统一的、空间（或准空间）的世界的本源场景，它难道不会有一个潜在地更宽的范围吗？难道不能设想它充当了空间地独立的客观世界之间的纽带？对于声称穷尽了这种潜在的狂想，我们或可有把握地做出一个康德式的评论：是否准备容许我们的客观物的概念涵盖空间地独立的各个世界，将完全依赖将这些世界以其它方式系统地整合在一起去表现的可能性（若它是一种表现的可能性的话）；因为康德坚持客观性和系统统一性的一般联系，确实是对的。

以上对"分析论"核心论证的解释省略了大量在"分析论"的阐发过程中会发现的东西。现在我必须对这些省略做些评论了。"范畴的先验演绎"处于被康德后来称为"形而上学演绎"的一节和被称为"图式论"的著名段落之间。为了理解此种安排，首要的是记住康德赋予机能术语的重要性，尤其是他看待知性和感性之二元性的严格性。知性为概念之源，感性为直观的形式供应者，它们的合作对于经验是必不可少的。仅当直观被置于概念之下，经验判断被做出时，经验、经验知识才是可能的。但是，知性的一般功能可以脱离感性的模式而被探究。事实上，已经有一门探究这些功能的科学，即形式逻辑科学。由于这门科学给我们提供了这些形式的完整解释，我们的判断（不拘其内容）不落于这一种就落于那一种形式，我们也许会希望在这些形式中发现所有必然性的线索，而这些必然性是单由知性加予我们经验的特征之上的。逻辑学本身并不从事这项探究，它仅仅给我们提供关于这些形式间的逻辑关系的分析真理，以及关于形式上有效的推论的规则的分析真理。逻辑学完全不关注这些形式的应用条件的问题，这些形式在这些条件下方能**被应用**以产生个别地真的、或者有效的关于对象的判断。通过以最一般的形式提出这个问题，康德声称从他认为是基础的十二个命题形式，推出了十二个"知性的纯粹概念"（或范畴）。如果能做出相应形式的真判断，那么每一个纯粹概念或范畴都必定有经验的应用。这就是范畴的"形而上学演绎"。

这样在"先验演绎"中，正如我们已看到的，存在一个结果如下的一般论证：我们将我们的经验内容置于其下的概念，必定赋予这经验以某种合规则的连接性和统一性。康德得出的结论是，这一统一性的一般原则正是被已推导出的范畴必然可应用于经验之中所保证的。但是，"纯粹"范畴在"形而上学演绎"中被推导出时，是完全脱离感性的模式，仅仅按照知性（亦即概念的机能）的要求被推导出的。故此，要评估范畴应用于（这种应用要求知性**和**感性的合作）经验的实际意义，我们必须按照感性直观的一般形式去解释纯粹范畴。这就是实现了从纯粹范畴到应用范畴的过渡之"图式论"的角色，这种过渡是通过依据时间来解释纯粹范畴实现的。在"图式论"中，仅仅给出依据时间做的解释，而不用明确地提到空间，就足够了；这是因为在"演绎"和"原则论"的论证的前提中，被援引的是经验的时间特征；因为范畴的应用要求一个只能设想为空间的（或者和空间类似的）框架，是在论证的过程中才浮现出来的。

这仅仅要求我们对形式逻辑有适中的认识，以便既批判地对待形式表——在"形而上学演绎"中它是康德的推导的基础——，也存疑地对待这个推导的整个观念。他事实上做的从形式到范畴的过渡丝毫不会使我们感到奇怪。但是，这个三个一组共四组的十二范畴表，仍将其人为的排列加给了著作的不同地方。对范畴的必然应用要涉及什么的阐明包含在"图式论"之后、阐述"纯粹知性的原则"的一章。这一章与"先验演绎"一起，真正形成了关于经验之必然统一性和客观性的一个复杂论证，尤其在"经验的类比"和"对唯心论的反驳"中。至于剩下的几个原则，"经验思维的公设"中虽包含着对于与狭义的逻辑意义不同的可能性和必然性概念的使用的指导和告诫，但并未增加多少新的东西。"数学的"原则（"直观的公理"和"知觉的预知"）被认为是从知性的观点出发陈述数学应用于经验对象的必然条件；然而它们与"分析论"的一般主题的联系非常微弱，而且即便是联系起来的话，也是通过"综合"概念。

迄今为止，对于"综合"概念，我还未置一词，尽管它在"先验演绎"中，尤其是在第一版的"先验演绎"中，极其重要。我把"演绎"看作一种**论证**，这种论证通过分析一般经验概念来达到这样的结论：某种客观性和某种统一性是经验的可能性的必然条件。而且"演绎"就是这样的一个论证。但它也是先验心理学的想象主体的一个尝试。康德由于把经验的必然统一性、连接性看作心灵活动的产物，就像所有的先验必然性那样，因而感到自己有义务对这些活动做些解释。这样的解释是通过如下的方式给出的，即把经验的必然统一性看作是我们的机能（尤其是知性所控制的记忆和想象）用离散或分离的感觉印象和感觉材料生产出来；并且这种生产的统一性的过程被康德称为"综合"。这一综合理论，跟先验心理学中的所有尝试一样，都面临一个 ad hominem（针对人的）反驳，即对于它的真我们不能要求任何经验知识；因为如果这样就是要求被认为是经验知识的在先条件的东西之发生的经验知识。认为作为经验的在先的条件之综合过程会发生，认为作为这个综合过程所加工的材料的离散印象会先发生，这两个信念是互相支持的、且对于双方来说都是必须的。但是根据假设，经验无法支持其中任何一个信念；而且由于两者中的任何一个对严格的分析性论证都非必须，因此，这整个理论最好被看成是康德的解释模型不可避免地将他引入的各种错误之一。

放弃综合的故事似乎留给我们一个需要回答的问题：当我们谈论经验的必然统一性时，被如此统一的事项是什么？它们的必然统一性在于什么？对这些问题的回答是极为寻常的，而且的确就隐含在已经说过的东西里。第一，被统一的事项就是经验，它们在我们日常对我们所见、所感、所闻等的报道中被报道出来。不使用我们的经验所经验到的对象的概念，关于这些经验的可信报道一般来说就是不可能的。第二，体现在对象概念中之合规则的经验统一性，恰恰就是在我们对我们所见、所闻、所感等东西的日常描述中之一般的融贯性和**一致性**所例示的。此类的概念的可应用性，因而一般经验的客观性，必然与一致性或统一性的这种要求之实现密不可分地相关联。在讲述梦中的故事时，一致性的要求或许真的被放弃了；但是在讲述一个梦时，客观实在的概念的使用是第二位的使用，其原因在于，这些概念这时脱离了它们使用的条件，而正是这些使用条件才使这些概念成为关于一个客观实在的概念。

3. 超验的形而上学

建构之后是拆除。"先验分析论"之后是"先验辩证论"。《批判》冗长而令人印象深刻的这一部分实质上比"分析论"容易理解，故此我将按比例给它较少的篇幅。

"辩证论"的首要目标是揭示形而上学假象；揭示的首要工具是意义原则。如我早前所述，康德推进一个衍生论题旨在指出，某些理念（其应用的经验条件是无法确定的，它由之成为假象的根源）若被看作与经验知识的对象有联系，当它们被以不同的方式，即他所称的"调节的"方式应用时，在经验知识的拓展中，它们可能还是会有有用的，甚至必然的功能。此类理念为上帝的理念、及灵魂的理念（被设想为单纯的、非物质的实体）。虽然认为我们能有与这两个理念相应的对象的知识，甚至能形成关于它们的确定的观念是假象，然而康德认为，心理学和一般科学的进展，受益于甚至依赖于如下的思想：把内部状态看作**仿佛**是一个非物质实体的状态，把自然世界看作**仿佛**是神圣理智的创造物。这样去思想就是对这些理念做调节性的使用。康德的主张是，当人类理性忙于科学事物时，理念的如此使用对于人类理性来说是自然的，甚至必然的；这一主张显然不合情理。但是，当我们考虑"辩证论"的一般结构时，他何以坚持这个观点就会变得更清楚。

这是因为假象也有一个系统的结构。的确，康德对于体系的激情没有在什么地方比在框架的构造上更不受限制了；而且再一次，康德在其中讨论"辩证论"的主题的这个框架是建基于形式逻辑的。这个逻辑框架本身不过是一种哲学好奇心。① 但是认为存在真正的类比、联系的看法又的确渗入了这个框架结构中。康德注意到，典型的系统的理性探索是，它提出的问题是这样的：对这些问题之一的回答会形成同样一般的另一个问题的主题。如此以来，典型的科学事业的就是寻求更一般的解释，就是尝试把更大范围的现象置入一个统一理论的领域中；而且这种对更广泛的解释的追求，跟在其它不仅元始、而且精致的探索中的自然趋向是类似的，例如迫使我们的探究深入到更大空间和更远时间的领域的趋向，以及探索越来越细微的一般物质成分的倾向。我们也许可以通过说所有这类探索都具有**系列的**特征，这些探索揭示的事项形成了一个**系列**，每个事项与其前件有典型的关系，来确定这一类似性。康德认为某种系列探索的不可避免的伴随物是整体性的理念，是关于在探索的过程中被揭示的事项的系列的**整体性**的理念；而且这一观念似乎将某种选择的必然性加于我们。这些系列或者有终极的、限制性的项，即世界在时间中的绝对的开

---

① 逻辑框架的依据是"演证"，即认为有三种，且只有三种，不可避免的辩证假象，每一种与演绎推理的三种形式之一相关联，且它们都来自一个统一的"理性的要求"，这种"理性的要求"被设想为间接推理的机能，它要求一个给定结论的前提的完整性。进一步的阐述被认为是由范畴的四分法规定的。

端，在空间中的界限，自然中所有事物的终极的根据或条件，物质的终极成分等等，或者没有限制性的项，它是一个无穷的或无限的系列。在这种选言命题似乎强迫我们的地方，康德认为他能够证明包括这两个选言支的哪一个都会导致矛盾；由此他把"辩证论"的这个部分称为"纯粹理性的二律背反"。他对"纯粹理性和自身的冲突"的解决有赖于援引意义原则。在处理作为整体的系列的概念时，我们未能考虑是否有任何可能的直观或经验合乎这个概念。但是，康德坚称，不存在任何方式，在其中经验能够决定去支持选言命题的一个选言支。问题是，在明显必然的选项中要坚持哪一个，在经验中是无法解决的；而且因此看似把选言命题强加给我们的绝对整体性概念并无经验的使用。"在其经验意义上'整体'这个词总是仅仅相对的。"①

  康德将他的解决看作是对先验唯心论论题的确证。如果空间和时间以及在空间和时间中的世界，是作为物自身存在的话，那么在每种情况下的选言命题将会作为必然真理被坚持。由于假设坚持它们会导致矛盾，我们不啻得到了一个期望的证明：空间、时间和自然世界不能作为物自身而仅能作为现象存在，它们仅在我们之内，以及诸如此类。这个证明似乎是基于如下这个前提：在空间和时间内的事物**如果是**物自身的话，那么意义原则就不能应用到它们之上；而它们就是概念能够真正被用到其上而无需考虑概念使用的经验标准的事物。空间和时间中的事物不是这样事物的结论**或许**可被解释成对"作为其自身的事物"的整个观念的

---

① A483/B511。

反讽式的拒绝，和对意义原则的自主性的迂回肯定。如果这是正确的解释，人们将只能认为，先验唯心论论题是以误导性的过度反讽方式一般地表述出来的。但是，除了极其明显的反讽，反讽不是康德的特征。真正浮现于此的是先验唯心论最终否认自然世界独立于我们的"表象"或知觉而存在的一面，对于这一面我在说康德比他自己承认的更接近贝克莱时已经提及。

许多其它问题必须等到详细讨论"二律背反"时才能提出。康德用于推出各种矛盾的论证的有效性是非常可疑的；这些"理性的冲突"不能有经验的解决，这个问题对于我们不像对于康德那样一目了然。物理学的发展（在康德那时还无法预见的）似乎给了尽管无界但有限的物理空间及空间中的世界的观念以经验意义。为了回到"辩证论"的一般结构问题上来，我现在暂时不论这些问题。

如我已经说过的，"辩证论"的统一性论题是，在对系统知识的追求中，人类理性不可避免地会被引导去持有的某些具有**绝对**特征的理念，这些理念的经验应用的条件是无法确定的，但它们在知识的进展中也许能发挥有用的调节性作用。这个论题是复杂的，它有必须清楚地区分开的四个部分：(1) 哲学讨论中的理念都具有康德所称的"绝对"或"无条件"的特征（例如，绝对的整体性，绝对的元始开端，终极的、无条件的根据，物质的绝对单纯的成分等等）；(2) 由于系统探索的本性，我们**不可避免地**会被引导持有这样的理念；(3) 所有这些理念本质上都**超越**了所有可能的经验；(4) 在产生它们的领域里，某些理念具有**调节性效用**。即使在"二律背反"中被考虑的那类宇宙论探索的情况中，这个复杂的学说，正如我在之前的几段中指出的，似乎也并非所有部分都为真。但是如果我们考虑到康德之后的科学发展，这些探索的一些至少确实似乎提供了这四个特征必然交互联系的极好例子；而且康德的建议看起来是完全合理的：在这些例子中对于科学来说适当的调节性理念是被设想为无限系列的整体性的理念，它为探索设置了一个永远不可完成的任务。

这个一般论题在宇宙论探索中的成功，一定鼓舞了康德在他认为不可避免地导致辩证假象的另外两个领域（神学和心理学），形成该论题的可能性的夸张的观念。哲学史无疑提示我们，认为我们能够有关于灵魂（一个绝对统一的、持存的事物或实体）的知识的信念是尽管不是不可避免却是自然的**哲学**假象。但是，认为这个理念是心理学的系统经验研究自然地会将我们引至的理念，则是错误的，认为这一理念在这种联系中有调节性的效用，同样是错误的。再者，**上帝**的主题无疑为绝对的和终极的观念提供了充分的领域。**上帝**是绝对的必然的存在、绝对的完满、一切事物的终极根据等等。但是，仅就上帝的理念建立在"二律背反"中所讨论的观念而言，亦即建立在绝对开端和本源原因的观念上而言，我们才可似乎有理地主张，我们不可避免地被理性引导去持有这样的理念；而且即便如此，就如康德所承认的，这个根基也并不足以支撑**上帝**的理念。另一方面，康德建议整个科学的事业必须在一个理智创造者的观念的监护下进行，以及在有理性特征的对普遍解释的追求中，我们不可避免地被导至这个理念，是毫无道理可言的。上帝的理念或诸神的理念，有许多根源，其中一些和理性并无明显的联系；而且把任何此类理念和科学解释相联系，与其说是给科学家带来了一个必然的灵感，毋宁说是给神学家提出了一个棘手的问题。

康德在"谬误推理"中对关于灵魂的知识的形而上学假象的揭示是极其漂亮的,并且由于它与"分析论"一般论证的联系,也特别重要。康德所攻击的是这样的学说:在自己的情况中,我们每个人都能知道一个持久的、全然非物质的、非−复合的、思维的事物,这个事物是被我们每个人用"我"指称的。攻击的思路是被意义原则所规定的。如果我们要在时间中合法地使用统一性或数的同一性的关键概念,我们就必须根据经验的标准,把它们应用到经验内遇到的对象上。但是如果我们完全脱离了物体,仅考虑我们如此的经验或意识状态(内感的内容),无疑我们不仅不会,而且不能在此界域中遇到任何我们能确认为是意识状态的持存主体的东西。那么,这个假象是如何产生的?康德的回答可归结为一个口号:经验的统一性被混淆为统一性的经验。已论证的是,自我意识要成为可能,一系列经验成分间就必须存在如此的统一性,从而能把它们构成为关于单一的客观世界的各种经验。既然这个条件的实现构成了自我意识的可能性的基本根据,经验现实地归属给某人,就要求进一步的条件(或许可以这样认为)。必须存在一个经验主体的历时同一性的经验地可应用的标准。这样的标准的确存在:正如康德自己似乎承认的,它们牵涉到如下这个事实:"思维的存在者(如人)自身是……外直观的一个对象",① 亦即空间中的一个物体。但是我们会由于一个事实而想忽视与如此标准的关联,这个事实是:当我们使用"我"这个

---

① B415。

词在把当下的或记忆的经验归属给我们自己时，我们实际上并不必须使用这些标准。（例如，当我具有疼时，我无须去查看并查明是<u>我</u>具有疼。）故此我们可能想认为我们具有关于一个持续的、同一的主体的知识，这种知识独立于任何同一性的经验标准。这样，我们就试图从包含经验标准的背景中抽象出"我"的力量，而这个经验标准的背景给了"我"指称一个持续主体的能力，然而我们在抽象的时候仍将"我"看作具有那种能力。但是如果我们做了这种抽象，除了表达一般意识，或经验的可能性的一般条件之外，"我"这个词就什么也不表达。故此，我们混淆了经验的统一性和统一性的经验；故此，产生了关于持存的非物质的灵魂之知识的假象。但它仅仅是一个假象；而且如果我们屈从于这一假象，在对灵魂的看法上我们就无力去抵御与之对立而不那么诱人的理论观，因为缺乏在它们之间做出裁决的经验手段。康德补充说，演示如此的知识主张的空洞性，对于他自己的批判哲学是本质的；因为如果这种知识是容许的，那么，我们的知识必然就超越了经验领域并进入到事物自身的领域。

4. 先验唯心论的形而上学

现在我们必须对先验唯心论学说多说点什么了。我已经提到了我们也许会想做的，康德的一些说法也使其看似可信的平淡的解释；而且我也说过，无论多么不情愿，我们必须断定说，它们不合乎康德的旨趣，或者说它们不能持续地合乎康德的旨趣。这个学说不仅是说我们无法获得关于超感性实在的知识，而且这个学说是说实在是超感性的,并且我们无法获得关于实在的知识。在很多点上,这个学说迅速地一头扎入了不可理解性中。例如,让我们考虑一下如下这个看法,由于时间和空间仅仅是我们感性的形式,我们对空间和时间中的所有事物,包括对我们自己的觉察,仅仅是对它们的显现,而不是对它们自身的觉察。这样我们是在时间的外衣下觉察到我们自身,并且因而仅仅觉察到我们显现给我们的样子,而未觉察到我们自身。但是关于我们自身的真理是什么样的真理,使我们在时间的外衣下显现给我们的真理?我们是真地这样显现给我们,或者我们仅仅是这样显现给我们,以便显现给我们?我们似乎或者必须马上取第一种选项,或者徒劳地在这一选项的无用地精心构造变体上延宕。进一步,这是一个在时间中发生的,我们真地这样显现给我们的时间性事实吗?这样说将会使我们回到我们的选择;因为出现在时间中的一切都属于现象的一端。因此,我们真的以时间的外衣显现给我们自身并不是发生在时间中的东西的事实。我是真地时间性地**显现给我自身**;但我并不真地**时间性地**显现给我自身。但是现在"真的显现"是什么意思?这个问题是无法回答的;可理解性的界限已经被突破了,从任何标准看都是如此。康德几乎不能根据这个事实和他的意义原则所设定的标准相一致,而意义原则发源于当下讨论的学说所属的一系列学说,就声称这个事实并不令人担忧。一个学说的不可理解性被一个发源于它的原则所证明,不构成对这个学说的捍卫。①

---

① 我们在下面第四部分第 4 节会更充分地展示这一学说的不融贯。

这仅仅是这些学说很容易导致的许多不融贯之一个实例。但是这种诉诸人身（ad hominem）的批评对于理解是不够的。我们必须看看在这些学说中，什么观念被误用了，哪些真理被歪曲了；以及它们是如何被误用和歪曲的。在此我们必须回到导论的开端所提及的类比或模型上。我们知道，对于任何是科学的或日常观察的自然时空世界中的成员的存在者来说，这个世界的时空对象只有通过以某种方式**刺激**这个存在者的构造才能感性地**显现**。对**象确实显现**的方式，它们显现得具有的特征，部分依赖它们对之**显现**的存在者的构造。假设存在者的构造不同，同样的事物会有不同的显现。这些事实对许多哲学家来说，如罗素和洛克，是否认我们感性地或知觉地觉察到了事物真正的所是或其自身的很好的理由。例如，对象显现为有色的，但是人们认为，对象并不真的是有色的。真实情况是对象具有某些物理性质，而我们具有一些物理构造，这样，前者对后者的影响使对象对我们显现为有色的。这一推理路线虽不吸引人，却完全是可理解的。我们仍然能够知道"对象真正所是"是什么意思。它们是这样的对象，它们被认为仅仅具有物理理论归于它们的性质，尤其是那些提供了知觉的因果机制解释的理论。它们是被看作真的具有这些（第一）性质的对象，这些性质使它们能够不同地显现给装备有不同感觉和神经器官的存在者，但是它们不被看作具有进一步的（第二）性质，它们明显具有的第二性质是通过第一性质对这些器官的影响被解释的。

这一观念尽管也许并不吸引人，却不是不可理解的。的确，抱有这种想法的有科学精神的哲学家，是从现象和实在对比的一些日常应用出发的；这是因为（如贝克莱抱怨的），并**不**存在这样的环境，如他所言，在其中事物能够如它真正所是那样**显现**。但是具有科学精神的哲学家并没有切断我们和关于事物真正所是的经验知识的关系。经验知识和感性经验的联系仍然存在；仅仅是这种联系不那么直接了。

康德对于作为其自身的事物和作为其显现的事物的对立的观念，和具有科学精神的哲学家对于这个对立的观念，看起来具有同样的出发点。他们一致认为，因为仅当我们被对象刺激，并且仅当对象显现为我们被如此刺激的结果，我们才觉察到对象，由此，我们并没有觉察对象。但是他们的下一步却相当不同。具有科学精神的哲学家并不否认我们具有事物自身（它们刺激我们产生了感性现象）的经验知识。他仅仅否认，在正常条件下，感性地显现给我们的事物具有的性质，是并且我们知道是（或者**全都**是）包括在"事物自身"具有的性质中的。但是康德完全否认了关于"事物之所是"的经验知识的可能性，而正是这些事物刺激我们产生了感性经验。显然和这种否认一致，的确为这种否认所要求的，是也要否认科学的物理对象**是**作为其自身的事物，是刺激我们产生了感性经验的事物。通过把自然世界的整个空间-时间框架归于经验主体的接受性构造，通过宣称整个自然世界不过是现象，康德能够在形式上把这些否认和他与具有科学精神的哲学家的共同出发点协调起来，从而应用作为其自身的事物和作为其显现的事物之间的对立。但是形式上的协调的代价是高昂的。这是因为，由此引起的对象"刺激"主体构造的术语上的错位，使对象这个术语完全超出了其可理解的使用的范围，亦即时空的范围。认为我们仅觉察到事物之所显而非它们之所是，因为它们向我们显现的是我们受对象刺激的构造结果，唯有当"刺激"被思考为某种在时间和空间中出现的东西时，我们才能理解；但是当补充说，我们理解的时间和空间只是我们的一种机能或倾向，它以某种方式为自身不在时间和空间中的对象所刺激，那么我们就不再能理解这个学说了，因为我们不再能知道"刺激"意味的是什么，或能将"我们自身"理解成什么。

康德的确提供了"刺激"主体的进一步信息，但并未能使它变得更加清楚。任何依赖觉察对象的存在的觉察模式都是这样的觉察模式，在其中"主体的表象能力受对象的影响"。所以，对作为其自身的事物的觉察（"非感性的或者说理智的直观"），会是一种**创造性**的产生了自己的对象的觉察；这样的觉察"就我们能够判断的而言，只能是属于元始的存在者。"①康德指出我们不能理解这种觉察的可能性。他没有指出围绕着这些观念的所有难点同样围绕着认为空间和时间中的事物是现象的整个学说。

这样，现象和本体、先验唯心论、自然界的终极主观性的学说可在如下这样的意义上被理解：我们能够追踪这样一些步骤，本源的模型或者支配性的类比由之被歪曲、改变成了违背可理解性所有的可接受的要求（包括康德自己的意义原则的要求）的形式。进一步，我们能理解引起模型或图像的角色，在康德看来它充当了捍卫他更可接受的观念的助手：它们显得既要去证明

---

① B72。

意义原则，又要去解释他的"科学的"经验形而上学的规划的可能性。我们甚至可以，而且应当在哲学中为这样一个概念找到空间，它至少执行了康德的本体概念的一些否定功能。在拒斥无意义的教条，即我们的概念图式和实在完全不符合时，我们无须信奉约束性的教条，即实在完全如它实际所是那样为该图式所把握。我们乐于承认存在我们不知道的事实。我们还必须承认，也许存在**某类**事实，对于它们，我们现在具有的观念并不比我们的先辈对这样一些事实的观念多，这些事实是在我们的概念图式中而非在他们的概念图式中被承认的。我们不仅学习如何回答旧问题，而且学习如何提出新问题。关于实在的诸方面（它们会在那些我们现在还不知道如何去问的问题之答案中被描述）的观念，正如关于本体领域的观念那样，限制了声称现实的人类知识和经验与"实在事项的范围是一致的"的主张，尽管不以同样极端的风格。

限制而非增加对先验唯心论的形而上学的同情，似乎是必要的。尽管把先验唯心论的形而上学学说和康德肯定的经验形而上学之分析性论证拆分开是困难的，然而，当拆解工作完成之时，值得注意的倒是这些学说似乎丝毫没有伤及那个分析性论证。

5. 结 论

在这个简短的解释中，还未触及对《批判》及其问题的许多质疑。我以考虑两个不是无关的问题作结。

在《批判》中，康德常常使用某种我未提及的区分，即先天分析命题和先天综合命题之间的区分。这两种命题据说具有如下共同点，它们为我们所知不仅是真的，而且没有经验能够否证它们或提出它们的反例。从这方面看，这两种命题和真的经验命题相对，而真的经验命题是这样，我们能够知道它们为真，仅仅是因为它们在经验中被确证，同时它们也仅在此限度内为真。康德认为，分析命题的先天特征没有提出什么深刻的哲学问题，先天综合命题的情况则完全不同。他确实在"导论"中说，《纯粹理性批判》致力于解决的总问题可以概括为：先天综合判断是如何可能的？

人们可能会觉得，对康德如此重视的区分，我们应给予更为详尽的解释。然而，这么做事实上能否带来好处是可疑的。康德没有在任何地方给出哪怕是勉强过得去的对先天分析判断和先天综合判断之二分的理论解释；从他那些偶然的、分散的例子中我们一无所获。当然，在一般被算作先天的命题中，有许多可区分的子集；而且在这些命题的论争史中，许多哲学家至少追随康德到这种程度，即希望把"分析的"称号限定给属于一个或多个子集的一些命题。但是，这种可清楚地表达的一般限定是否确实都会限于对应的一类先天综合命题，这类命题恰是康德概括的问题要去处理的，是很可疑的。我们可以枚举属于这个所意指的类的几何学与算术的真命题，以及被认为的经验科学的先天预设。但是，除非根据康德对自己的概括问题的回答，否则我们不能真的形成关于这个所意指的类的一般观念。康德借助先天综合命题一般意指的恰恰是，他假定我们关于必然的知识的那类命题仅能通过动用《批判》的"哥白尼革命"的所有资源，通过诉诸"对象符合我们的表象的样式"的模式，亦即对象符合我们感性的构造和知性的规则，才能得到解释。正如我已经论证的，由于没有任何东西是真的通过这个模式、或者能够通过这个模式被解释的（因为该模式是不融贯的），故此必须得出的结论是，康德实在没有一个清楚的、一般的关于先天综合命题的观念。

人们可能会说，即便不再能欣然地以康德的概括问题的方式提问，一个问题仍然存在。我已经把某个规划的贯彻、或部分贯彻当作《批判》取得的主要的、肯定的成就。这个规划是规定我们使自己可以理解那样的任何经验观念的基础性的一般结构。无论我们是否选择把描述了这个结构的命题称为"先天综合的"，这些命题具有独特的特征和地位这一点至少是清楚的；而且康德"哥白尼革命"的理论是解释这些命题的地位的一个尝试。毕竟，把这种规划的表达式——"关于**我们**使自己可以理解那样的任何经验的观念的基础性的一般结构的规定"——解读为以下建议难道不是很容易吗？康德似乎是认为，所有必然的限制，我们在这样的经验观念中发现的必然限制，是被**我们**的机能强加的限制。而且设若我们无论如何抛弃了对这种规划的可行性的康德式解释——该解释是不融贯的，且没有达到其目的——我们准备提供其它什么解释？对此，我能够给出的唯一回应是，我在此丝毫看不出高阶学说是必须的理由。人类所用的这套观念，或曰思想的图式，当然反映了人类的本性、需求和处境。它们并非静止的图式，而是允许随着科学的进展和社会形式的发展做无限的雕琢、校正和拓展。在概念性的自我意识的阶段，也就是哲学反思的阶段，除了其它东西，人们也许会以他们的处境、需求来设想各种东西，而且以可理解的方式讨论他们的思想图式适合各种东西的方式。但是，若可设想的各种东西仅在它是各种观念的某种基础性的一般框架之内的变体才是可理解的，若进一步的发展仅在它是对于或源自某种一般根基的发展才是可设想的，这就没有什么可奇怪的。在此绝不能要求或允许康德那样的解释。为了给融贯的思维设定限制，完全没有必要像康德那样，尝试去思考这些限制的两边，尽管他的诉求是否决性的。思达这些限制就已足够。没有哪位哲学家在任何一本书中比康德在《纯粹理性批判》中更接近于达到如此艰苦卓绝的目标。

第二部分
经验的形而上学

第一章　空间与时间

　　四个重要的二元性统摄着康德关于人类知识本性的理论：现象与事物自身；直观与概念；先天与经验；内在与外在。所有这四者都出现在这部著作的第一个主要部分"先验感性论"中。我们通过直观和概念的二元性，试图理解它们在那里是如何关联的。

1. 作为直观形式的空间和时间：朴素解释

　　事实上，直观与概念的二元性是二元性的一种形式或方面，而二元性必然为任何严肃地考察人类知识、其对象或其表达和交流的哲学所承认。这些是哲学考量的三种不同的方向而非哲学的三种不同考量。存在理论、知识理论、陈述理论是不能真正分开的；而我们的二元性，必然以不同的形式出现在所有这三者中。在第一种形式中，我们不能避开在特殊事项与它们所例示的一般种类或特征之间的区分；在第二种形式中，我们必然会承认我们既具有一般概念，又在经验中意识到处于概念下、本身不是概念的事物之必然性；在第三种形式中，我们必须认识到对如语言的或其它装置的需求会使我们既能以一般的词项进行分类或描述，

第一章 空间与时间

又能指出我们的分类或描述所应用于的特定的实例。

把这些考量中的第二个或认识论的方面看作统摄的方面，如康德所做的那样，本身并不是一件坏事，尽管如他的例子令人瞩目地表明的，这并非没有危险。这些危险将会很快显露出来。首先，我们当然可以承认说，我们不能形成这样的经验观念，这样的经验知识观念，它不容许我们在经验中觉察到特殊的事项，这些事项是我们能够认定或分类为一般种类或特征的实例的。我们必须具有这样的认定、分类能力，亦即我们必须具有一般概念；而且我们必须有行使和发展这些能力的场合，亦即我们必须具有康德所谓的直观。

康德以其更丰富的关于心灵范围或机能的术语表达这些必然性，因此大大增加了认识论道路的风险。他区分了感性和知性，前者是接受性的，由之对象被"给予"我们，后者是主动性的，由之对象被"思考"。经由前者我们具有直观，而后者是概念之源。两者的合作是经验、经验的知识所必须的。目前，我们允许这个术语危险的潜能保持隐而不显。目前，机能必须合作的学说可被理解为对于以上段落更加朴素地表述的必然性的生动再肯定。

那么，认为空间和时间是直观形式的学说情况怎样？我们也可以相当低调地开始。直观和概念的二元性仅是特殊实例与一般类型的二元性的认识论方面。它仅是在经验中遇到的特定例子，并且在那里被看作某一般类型的实例的思想。没有理由认为我们不能诉诸这一二元性任一或所有方面去帮助我们理解这个空间、时间学说。很显然，在其最一般的形式下，这个思想乃是关于空间、时间与另一方面,即一般概念的特定事项、特定实例之观念之间的特别的紧密联系的。这个思想看起来是明显有力的。试取任意一个一般概念、任意一个关于事项的一般种类的观念,唯一的条件是:处于其下的事项,设若有的话,是可设想地能够在经验中遇到并且成为经验觉察的对象的,而且看起来显而易见的是:它现实地发生的任何特定实例必现实地发生在**某时**,它可被现实地发现的任何特定实例必现实地被发现处在**某地**。为获得于特殊实例上之应用,通名必须找到一个位置处所——或者更谨慎地说,即使不是位置的,至少也是时间的处所。一般概念的特定实例之同一性跟空间、时间密不可分,一般概念的特殊实例之存在亦然。重复一次,这些一般概念的特定实例,设若有的话,是可经验地遇到的。空间-时间的位置提供了区分一个特定事项和其同一类型的一般的另一个特定事项的基础性根据,因此提供了特定事项之同一性的基础性根据。①

现在,让我们引入康德的另一个二元性,即"先天的"和

---

① 康德未在《批判》中深入考察经验陈述理论这样一个哲学思考方向。但值得注意的是,当一个现代哲学家寻求陈述一般经验陈述的语义条件时,他如何再现我们基础性的二元性,以及他如何隐含地把二元性的特殊"方面"跟空间、时间连接起来。奥斯汀说经验陈述要求存在两种语义约定,对之他做了如下描述:

"**描述**约定把语词与在世界中发现的处境、事物、事件等之**类型**相联;**指称**约定把语词与在世界中被发现的**历史处境**等相联。"

奥斯汀的语义约定二元性对应着康德的认识机能的二元性。就指称(即特殊化)约定而言,联系据称是通过和历史处境相关而达到的。因为"历史的"明显是一个时间词,而"处境"无论如何,根本上是一个空间词,这恰好合乎康德的学说"直观的形式是空间和时间"。

"经验的"二元性。对于此二元性我们或许也可以从寻找一种相对朴素的解释来开始。"先天的"的变体是"纯粹的"①，而"经验的"与"源于经验"和"属于感觉"为伍。"先天的"和"纯粹的"经常与"先于经验"相联，也与"在我们之内"相联；但是只要我们是想对该对立做朴素的解释，我们就应忽略最后一种联结。在前面的通论里我提出，康德在形而上学中的主要肯定性成果，要到他的如下尝试中去寻找：揭示出我们能够使之对我们是真正可理解的任何经验观念的一般结构。如果存在这样的结构，如果存在不可或缺地进入到这样结构中一套观念，那么这套观念中的成员无疑就会具有特殊地位。将它们跟那些与我们的经验特征相对应的一般性程度低一些的观念相对照是恰当的，而这些特征是可被抽掉而无伤经验的观念的整体结构的。对于概念，对于它们是真概念的特征，也是如此。

设若我们借用这种意义上"先天的"和"经验的"之间的对立，进而，在这种借用的意义上来看待康德的学说，即空间和时间不仅是直观的形式，而且也是直观的"先天"形式。我们面对的不仅是认为如下两个观念之间紧密相联，即"可在经验中遇到的特殊事项"跟"这些事项中被时间和空间地排序的事项"两个观念之间紧密相联。我们面对的关于这种联结的看法是如此之至关重要，以至于它不可能被伤及而不摧毁整个经验的观念。我们的第一个冲动也许是去反抗这一看法，在涉及时间排序的地方以

---

① 康德在"纯粹的"和"先天的"之间做了区分（见 B3）；但是此处忽略这一点不会引起混淆。

一种方式去反抗，在涉及空间排序的地方以另一种方式去反抗。完全抽去时间、时间序列的观念，同时又保留一般经验的观念，我们也许会立即承认这是一项超越我们能力的任务。用通常的语言说，我们指的是经验的一些时刻，它们特别地被拔高为"无时间的"的时刻。但是，它们仍然是时刻，其时间过程中的位置，其前其后有其它时刻。否则我们无法设想它们构成了任何我们能通过"经验"理解的东西的一部分。所以一般经验的观念似乎真的与经验的时间序列的观念密不可分。空间次序的观念至少初看起来是不一样的。例如，听一连串的音符也许看起来是一类经验的个例，这类经验能够独立于其它所有东西被融贯地考虑。一般经验难道不能被设想为仅由这样的一连串听觉经验所构成？而且"经验中可遇到的特殊事项之空间次序"观念的任何必然的（甚或是可能的）位置究竟在何处呢？

在"先验感性论"中康德没有论证，甚或没有明显地断定，至少某些在经验中能够遇到的特殊事项之空间次序，是任何我们能够使之对我们是可理解的经验的观念的必然元素。稍后他会断定这个观点的康德的形式："外感"直观是经验可能性的必然条件——最明显地是在"对唯心论的反驳"和"对原则体系的一般说明"中。他论证了经验自我意识、对象知识的可能性是通过范畴交互依赖的，并且对于一般经验的可能性，两者都是必须的，然后在"对唯心论的反驳"中，他想宣称，空间对象的直观之发生是前者（经验自我意识的可能性）的必然条件，而在"说明"中，他想宣称空间对象的直观之发生是理解后者（一般经验的可能性）的必然条件。这一论证过程仍有某些不是完全清楚的东西。假如像下面这样论证的话,就会更加清楚,或许会更有康德这个哲学家的特征:经验可能性的一般条件要求存在可在经验中遇到的特殊事项的可感次序的**某种**模式,它要异于时间的而且至少和空间的类似;进而宣称,就目下看我们无法设想任何空间模式的替代者。如果最后这一断定如其可能的那样被挑战的话,退缩到如下稍弱的说法将会是可能的,亦即,如前述论证已表明的对于经验的可能性是必需的特殊事项间的关系系统,必类比于空间被设想,至少是为我们所设想。在通论中,我已尝试通过分别列出客观性论题和空间性论题来纠正康德在阐发其观点时这一含糊不清之处。

2. 作为直观形式的空间和时间:
先验唯心论的解释

上一段是一个预告。其值得铭记的关键点是,尽管康德确实在我建议我们也许可以使用先天术语的意义上把空间和时间看成是直观的**先天**形式,但这个意义既非"先天"术语对他来说的最初意义,也不是他提出"感性论"学说时的最高意义。这个最高意义是那个不可避免地、直接地会引导我们达至先验唯心论的学说幻想物。这个我们努力使之摆脱康德对经验的分析性解释的模式已经几乎带着其所有力量,在"感性论"开首的段落中呈现出来。我们必须让康德术语到目前为止仍被抑制和忽略的所有内涵显现出来。

作为引导,我再次考虑一下空间和时间是直观形式这一陈述，先不管其"先天"资格。我把这个陈述再现为"特殊实例的观念与空间、时间次序的观念之间"的紧密联系之认识论倾向的陈述：空间和时间是殊相的形式。但是这个认识论倾向自身就足以将一个危险的歧义引入这个陈述中。让我们把它解读为：空间的模式、时间的模式是我们在其中觉察到一般概念的特殊实例在互相关系中被排序的模式。在此歧义表明了自己。空间的方式、时间的方式是特殊的实例在其中被排序的方式，**因之**，是**我们**在其中觉察到实例是被排序的方式吗？抑或它们是**我们**觉察到特殊实例是被排序的方式，并且**因之**是实例在其中被排序的方式吗？对陈述的解读，把重点放在"我们"之上，就足以使天平倒向主体性的一侧。

我们也许会注意到如此多内生于认识论倾向的东西。但是康德审慎得多。这个模型的本质框架被有意识地呈现在"空间和时间是感性直观的形式"这一学说中。

让我们先处理"人类直观本质上是**感性**直观"这个学说。就其自身而言，这里看似没有任何哲学家的冒险。这相当于说，如康德解释的，我们对一个对象的觉察或知觉需要我们被这个对象**刺激**。这进而恰相当于被感知对象的存在是一个存在，而我们对它的知觉是另一个且不同的存在，故此，在非逻辑的或因致的意义上，知觉的存在依赖对象的存在，尽管对这个作为对该对象的知觉的知觉，描述的正确性是逻辑地依赖该对象的存在的。任何认为我们觉察的对象是不依赖我们对之觉察的理论都要如此承诺。如果我们想到作为一般经验观念的分析者的康德时，对如此早且缺乏根据地肯定这个论题感到困惑，这会仅仅是因为，在任

第一章 空间与时间

何严格的分析中，我们将此论题看成这样的论题，它必须通过论证被表明陈述了经验的一个必然特征。因为如下这点并非一目了然的：不可能存在如下这样的经验，或者说对任何这样的经验我们都不能形成一个融贯的观念，在这样的经验中被觉察之对象的存在仅为其被感知。

论题本身仍不重要。完全改变了这种状况的是，将如下这种进一步的学说附加到"我们的直观在这种意义上是感性的"的学说之上，这种学说如康德理解的认为"空间和时间仅仅是我们感性的形式"。这一附加并不必然改变这种状况，只要我们把这后一种学说仅仅解读为空间的形式、时间的形式是特殊性的形式这一认识论倾向的陈述。只要我们做如此的解读，我们就可以假定"进行刺激的"对象，就是那些空间地、时间地被排序的事项本身，就是我们的一般概念应用于其上的事项本身，这是由于我们的直观是"感性的"，我们对特殊事项的觉察非逻辑或因致地依赖该对象的存在。但是，毋庸置疑，这很清楚并非是所期望的解读。① 空间地、时间地被排序的事项并非所讨论的进行刺激的对象，充其量仅仅是它们的效果，即刺激的对象呈现给如我们这般装备了感性直观的空间的、时间的模式之存在者的现象。这才是"空间、时间是这种直观的形式"这一学说的全部主观性力量。也称它们为"先天的"形式仅是为了强调其主观性：空间和时间是"在我们之内、先于经验的"；我们认知构成的特点，以及由于这个原因，我们具有的那种经验的可能性的条件是，对象以

---

① 例如可参见 A42/B59。

如此的方式刺激我们以产生对空间地和空间地被排序事项的觉察。由于直观对于对象知识是本质性的，而且我们仅有感性的直观模式，所以我们不能有关于刺激的对象之所是的知识，除了否定的知识，即它们不是空间和时间中的事物。

不言而喻，这样的学说极可能会证明是悖论的沃土，在其中诸多如此明显冷静的论题突然有了如此震惊且颠覆性的意义。这些我将在后面给予更充分的考虑。但是有一个难题，这个难题是康德在"感性论"中所面对的难题，在这个阶段它必须至少得到一些预先的考察，并且必须被置于跟我在开初就提及的那些二元性中的第四个的关系中，即内在与外在关系之中。空间和时间都被指派给我们心灵的构成，而且所有发生于我们经验中的被空间或时间地排序的事项，被宣称仅仅是心灵构成被"作为其自身是不可知的"对象刺激的产物。但是我们的经验或意识状态，其中一些状态为对空间地相关联事项的知觉，而另一些不是，难道不是本质上发生于时间次序中吗？而且，在知道我们自己的意识状态是什么时，难道我们不是至少知道了关于我们自身真正之所是或其自身的某种东西？即便我们不知道任何其它事物自身。并且，承认这些点难道不是跟"对时间地被排序的事项的知识，不是对事物自身的知识"学说无法兼容吗？

康德显然感觉到了这个困难，或者说他看到了它会被感知为一个困难。他的解决是否认两个命题中的第二个，而这两个命题看起来合取会跟"对时间地被排序的事项之知识不是事物之所是的知识"的学说无法兼容。这是说，他否认了我们在知道自己的（时间地被排序的）意识状态是什么时，我们由之也知道了关于我们自身的、或我们心灵自身的东西。同时他借助如下的学说把这种否认跟感性形式的一般理论联结起来，这一学说是说，在空间、时间这两种模式（经验中所遇到的特殊事项在其中被排序）中，时间模式的独特之处是：在其中特殊事项是"我们自身"这一方面的**自我刺激**的结果显现为被排序的。因为进行刺激的对象是我们自己，我们或许就能称刺激的结果为**我们自己的现象**，并且能合法地谈论经验自我意识，谈论意识到我们自己的（时间地被排序的）心灵状态，只要我们记住这不是关于"我们真正的自身"，而是关于"我们的显现"的知识。这就是"时间是**内感形式**的学说"的力量，尽管还未完全地被阐述出来。该学说部分意指的是我们准备将之当作我们无法真正地设想其任何替代的而接受的东西：亦即所有特殊的意识状态，包括我们对被空间地排序的对象之知觉，是被时间地排序的。这个学说的其余意指是"这些被如此排序的状态"的现象是"我们自身"非时间的自我刺激之产物。时间**只是**内感的形式。

时间地被排序的意识状态中包含了对空间地被排序的事物的知觉。（正如我已经论及的，尚未被肯定，但将要被肯定的是，若我们不坚持这一点，就无法形成可能经验的观念。）觉察到特殊事项为"空间地被排序的且具有如广延、形状等空间特征"，依赖于我们具有空间的或"外在的"直观机能，它被称为"外感能力"。说空间不过是我们感性的一种形式（外感的形式），带有**某种**隐含意义，即时间同样如此。这是说，对象自身的对认知构成的刺激，其结果就是产生"对于空间地被排序的且具有空间特征的事项"的觉察，不过就是我们认知构成的一个特征。但是就感性直观的这两种形式来说,它们能被肯定的东西之间存在着差异。这样,对于那些事物自身,它们刺激我们的外感而产生对空间事项的觉察,我们不能肯定它们跟我们是同一的或跟我们的性质是同一的,就像我们跟我们自身是同一的那样。我们不能肯定,我们也不能否定。[①]对于这一点,我们必定永远是无知的。但是无论事情怎样,存在着我们能肯定的其它东西。刺激我们外感的机能造成对空间地被排序的特殊事项的觉察的对象,不管其自身跟我们自身是同一的还是不同的,抑或不管它们是否具有相同或不同的本性,我们都能确定,它们的现象,即它们使我们对之有所觉察的空间地被排序的特殊事项,必如其在空间中那样在时间中被排序,即必展示同时或相继的存在关系。由于所有特殊的意识状态,包括对空间地被排序事项的知觉,都是必然在时间中被排序的,故而空间地被排序的事项亦然。时间"是内部现象(我们的灵魂)的直接条件,由此是外部现象的间接条件……所有现象都必然地处于时间关系之中。"[②]

康德会这样把对"所有空间地相联的对象"的觉察之时间联系性,表象为所有意识状态之必然时间联系性的一个后承,这尽管和以往所述完全一致,却是一个极其令人震惊的事实,值得进一步评论。它突显出先验唯心论的一个特色,我们(和他)有时或许会倾向于忽视它,尽管在其它时刻,由于他很容易诉诸于它,它又迫使我们关注它。伴随着自己对时间和空间两者的先

---

① "感性论"中没有明确地表达这一点;但《批判》稍后,尤其是在"谬误推理"中,它被明确地表达了。

② A34/B50-1。

第一章 空间与时间

验观念性的断定，康德常常断定两者的经验实在性。对此，他明显真地主张，要把自己的唯心论跟贝克莱"贬物体为单纯的假象"的唯心论相区别。① 但是我们或许会想，这种区分是否如康德所认为的那样清楚。在声称空间和时间有同等的经验实在性时，他看起来或许是说空间和时间中的特殊事项，无论其特征为何，不拘是关于空间中的（并且在时间中）物体还是单纯时间中的意识状态，就其现实的存在而言都有平等的地位（具有平等的经验实在性），尽管所有事项都仅仅是事物自身的现象，即它们的存在都依赖其它的事物自身（或者同样的事物）对我们自身进行刺激。但是，这并不是他学说的真意。这个学说不是说，通过刺激我们的认知构成，事物自身（包括我们自己）产生了两种不同的存在，即一方面为空间中（以及时间中）的物体，另一方面为时间地被排序的意识状态，包含对空间中物体的知觉。相反是说，**所有**现实的事物之间的相互影响的刺激都是时间地排序的意识状态；但是这些包括（这是后来被论证的，并且若经验是可能的，它们就**必须**包括）那些我们将之看作"对空间中物体的知觉"的意识状态。因而空间和时间，物体和意识状态，根本不具有平等的地位。由于康德坚称空间、时间中的所有事物都是同等的现象，我们（以及康德）也许没有意识到这一点；但是关于这两类事物，这个学说有完全不同的效力。在时间中被排序的意识状态是现象，因为它们仅仅是事物自身刺激的效果，并且不是如它们（我们）真正所是那样的、非时间的事物（我们）的状态。

---

① B71。

但是在一种强得多的意义上，空间中的物体是现象。它们甚至不是事物自身的效果。实则，在事物自身的效果中，存在某些我们不得不将之看作对于空间中物体的知觉的意识状态；并且离开这些知觉，物体根本是乌有。

在先验唯心论极其努力地工作的场合，尤其是在解决第一个、第二个二律背反时，它的这个方面决定性地涌现了出来。在该学说自身不再扮演那么积极的角色的场合，它的这个方面会退缩回背景中。目前，我暂时不对这个学说之整体做评论。我们必须等到所有其后果都展示出来后再做最后的评判。若强加给康德以一个可能经验的观念的分析者的角色，我们就会经常能完全忽视这一点。但是我们必须至少要对这个学说的最初表述了然于心。

3. 形式与质料：关系与感觉

我们自然必须问一问，通过什么论证，这些引人瞩目的关于空间、时间的学说得以在"先验感性论"中被支撑。最重要的论证，在空间的例子中，显然源自康德关于几何学命题本性的观点，在其它地方他将之称为"空间的数学"。关于时间的命题通过非常表面的参照被看成是类似的，他设想，这些命题具有跟几何学公理、定理相同的本性，而且我们关于这些命题的知识因而在他看来需要同样的解释。总而言之，空间例子中被要求的考虑从内容上看，比时间例子中的要丰富。在这些类似存在的地方，后者（时间）和前者仅有微弱的类似。因而我应该主要关注前

第一章 空间与时间

者。但是，由于康德的几何学理论值得得到充分的考察，如果我现在做这样的考察就会极大地打断对其一般的经验理论的展示和重构，故此我把对它的考察推到后面的部分，现在仅仅说，就这个理论的最伟大洞见而言，它不再能被当作一个"空间数学"的理论，同时它也无力建立起关于空间的先验唯心论论题。

剩下的其它考虑是什么呢？如果抛开几何学理论，我认为我们一定会吃惊于支撑先验唯心论论题的论证之贫乏。就康德的理智历史而言，我们可以提到早前的争论，空间（和时间）的绝对理论、关系理论的拥护者之间的争论，引起了他极大的关注；而且我们也可看到，他将先验唯心论看作协调了两者的真理而又没有陷入其错误。但是所有这些在文本中的提示都太过简略，不足以产生一个独立于那个再次倚靠几何学真理的本性的论证。另一方面，"空间概念的形而上学阐释"（及关于时间的相应部分）中四段编了号的文字被当作论证给出了。其中两段涉及空间、时间的单一性或唯一性，对此我将在下一部分里谈及。其余两段，我现在就对之考察，尽管它们是极其弱的；不过我的考察也仅仅是指出，它们就其自身而言是何其隐晦不明。

首先，康德论证说，空间观念不能来自关于空间地互相关联的对象或空间地和我们相联的对象的经验。这是因为这种经验预设了空间表象。[1]这个论证实在过于简短。从中得出任何稍微偏离这个意图的东西都是困难的，除非是一个同义反复，即我们无法觉察到对象是空间地相联的，除了我们有这样做的能力。如果

---

[1] A23/B38。

"空间的表象"之"预设"意谓的比这多,这个论证自身无法阐明它意谓的多出来的东西。

随后的论证建基于如下断言:(a)"我们从来不能向自己表象没有空间",尽管(b)"我们完全可以很好地把它设想成空无对象的"。① 这是建议了一种让我们去做的思想实验。但是尽管康德确信地宣布了其结果,这个实验是什么,以及这个实验的结果隐含的为何,都远非清楚。我们能够比如说闭上我们的眼睛并想象一个特色全无的黑暗;或者对我们自己说"无限的空的空间"这些词,而且似乎意谓了什么。这证成了(b)吗?随之,如果证成了的话,由之显示的是什么?这是说我们不能这样做,除非我们觉察到如此相联的事项的空间联系完全是由我们的认知构成吗?这看起来是过大的一步。(a)的情况怎样?或许它意味着我们不能真的使一个完全非空间的经验的观念对于我们是可理解的。也许我们确实不能。但是,即使我们能,关键点还是有待论证的;而且,即便这已被成功地论证,"空间是经验的先天特征"能够建立起来吗?这一先天是朴素解释的意义上的,而非在先验唯心论者的解释的意义上理解的。要得出一个先验唯心论者的结论,我们需要进一步的论证去表明,任何第一种意义(朴素)上的"先天的"的经验特征,也在第二种意义上是先天的。

显然,仅仅审视论证中的这些小细节,我们得不出多少东西。相反,我们必须从"感性论"的一般论述过程里,尽我们所能地找出这样的思考的线索,这些思考不同于来自几何学的论

---

① A24/B38-9。

证，而该论证或许被康德看作构成了观念性论题的根据。

在"感性论"的第三段，他以这样的方式提出一条建议，即区分现象的**形式**、**质料**，而现象为我们具有关于"处于一般概念下的特殊事项"的经验时觉察到的东西。形式据说是"那导致现象的杂多［即，现象之诸元素的复合］，被允许在特定的**关系**中排序的东西"。质料据说是在现象中对应于**感觉**的东西。由于形式直接被归于心灵、我们的认知机能，而且由于感觉据说是现象中这样的东西，它所因应的不能被归于感知机能，只能归于刺激这些机能的对象，故此这种唯心论的论题之一般框架就伴随着这种形式、质料的对立被给出来了；留下的仅仅是把空间、时间归于形式的而不是质料的一端而已。即便如此，我们似乎能从这一匆忙的构造中得出两个线索。其一在于形式和关系的联系中；其二在于形式和感觉的对立中。就空间和时间而言，联系与对立这两点都能以这样的方式如此地构成，以至于给出观念性论题的独立根据，甚或给出其根据的现象？

就第一点（形式和关系的联系）而言，我们可引用康德的话来反驳他自己。他承认坚持空间和时间的关系观又否认空间和时间的先验观念性，不是不融贯的。① 他说，对这种立场的反驳是，坚持这种立场将使我们无法解释关于空间、时间中的事物的必然真理的知识，几何学提供了这种知识的绝好例子。我们可以摆脱牛顿时空观的束缚，不把空间和时间看成独立存在的（"两个永

---

① 参见 A39–41/B56–8。

恒且无穷的自我持存的非实体")[1]，而将它们看作"如我们在经验中遇到的特定事项那样"的特定事项之间的关系系统。但是如果我们止于这一点，我们将没有解释我们关于自然的数学知识的充分理论。我们会不得不推出这样的结论，即使几何学命题对于空间事物为真，它们如此也仅仅是一个偶然真理。但是我们知道这个结论是错误的。只有进一步承认"在经验中遇到的特定事项的空间、时间关系系统，其根源仅在于我们的心灵"，我们才能避免这个结论。康德就是这样论证的；而且在这样论证时，他清楚表明，并没有独立的一个步骤，从空间和时间的关系特征（作为现象的特征）到达其（空间和时间的）观念性。从几何学而来的论证是不可或缺的。

如我已经暗示的，认识论倾向的探索可能会促成假象。通过强调"形式"和"关系"的联系，以及消除认识论倾向，我们可以如下两种方式来表述"空间和时间是直观形式"的学说，一是写作：空间和时间是在经验中遇到的特定事项间基础的关系系统；另一是写作：空间的和时间的模式是基础的模式，在其中在经验中遇到的特定事项相互关联着。通过再次引入认识论倾向，我们把后一种表达式重写为如下：空间的和时间的模式是我们在其中觉察到在经验中遇到的特定事项的基础模式。这种重写引入了我已经提及的歧义。

这种对立，这种在作为形式的空间和时间这一方面，跟"属于感觉的东西"的另一方面之间的对立，究竟是什么呢？康德在

---

[1] A39/B56。

第一章 空间与时间

空间的例子里明确了这种对立的本性，而且在这样做时，表明这一点跟空间的关系没有跟空间性的关系那么紧密，这一点跟"空间地关联的事项"的观念的关系没有跟"一般空间特征和关系"的观念的关系那么紧密。在评论说感性的纯粹形式也许也可被称为纯粹直观后，他继续写道：

> 如果我们从物体的表象中……去掉属于感觉的东西，诸如不可入性、坚硬性、颜色等等，这种经验直观中仍然会留下某些东西，即广延和形状。它们属于这样的纯粹直观，即便没有任何现实的感觉能力的或感觉的对象，它也先天地存在于心灵中。①

我们看似处在熟知的场地上，这个场地被洛克走过，而且被贝克莱以不同的精神走过。我们或许想直接地响应贝克莱对洛克的批评。如果我们真的抽掉了颜色和坚硬性以及所有"属于感觉"的东西，这样我们剩下的远非广延和形状的"纯粹"观念，而是缺乏意义的语词——至少缺乏所有能说得通的被表达为与一切种类的直观（即任何类似于对特殊事项的感性觉察的东西）相联的意义。（所涉及的语词或许通过其作为未解释的符号在一个形式系统中的位置，赋予意义了纯逻辑的力量。）但是在此，恰恰是这种贝克莱的反对在某种程度上被引向了错误的方向。康德关于纯粹直观的学说并不是以洛克的第一性质学说的精神所设想的。在我引用过的两句话中，是第二句而非第一句，提供了这

---

① A20-1/B35。

个学说的本性的真正指示。这个学说是说,"没有任何**现实**的感觉能力的或感觉的对象"呈现出来,我们也具有这样的机能,在想象中给予我们一些形状的个别例子,而这些形状是跟特定空间概念(例如,三角形的概念)相应的,在这些个别例子的帮助下,我们能够确定跟这些概念相应的所有事物必然具有的其它特性或关系,而这些特性和关系并不能单从这些概念推导出来。①

不错,贝克莱式的反对被减弱了,但并未被平息。上面所引两句话中的第一句至少要被判断为会引起误会的。这是因为或可指出,除非在某种感觉模式下,比如在视觉模式下,否则我们将无法行使这种想象力构造的机能;而且我们很难理解下面这个说法意谓着什么:看到一条线而没有看到在最宽泛意义上可被称作颜色边界的东西。但是我们不必表达这一反对。我们可以看出,康德真正想表达的是,将某类空间概念,尤其包括空间形状概念与"属于感觉的东西"对立起来,为了确定某些必然属于处于这类概念下的事物的属性,我们并不依赖对"在经验中现实地遇到的对象"的特征、关系的经验观察的结果,不论他的表达是多么有误导性。其实,为了得到这一结果,我们依赖于行使我们感性直观的机能:但仅仅依赖其"纯粹"的,而非其经验的行使。

这样,我的看法是,在"空间和时间"与"属于感觉的东西"的对立上,除了对先验唯心论学说的简单肯定,我们所能找到的至多是对纯粹直观学说的简短而且可能是混乱的表达,而这个学

---

① 参见 A713/B741。

说需要进一步的发展去解决我们关于数学真理的知识问题。① 我们再一次发现，并无独立的论证来支持先验唯心论意义上"空间是先天的"的论题。迄今为止我们面前的所有考虑，若它们不只是对于这个学说的简单肯定的话，都要依赖从几何学而来的论证。

4. 空间和时间的统一性

在对空间的讨论中，关于"先天的"和"直观"的表述，康德至少有三种尽管相联但是不同的配偶方式。在时间的情况中至少有两种是类似的。首先，他声称**空间和时间都是**经验直观的先天形式，这是我们讨论其朴素解释和先验唯心论解释讨论过的学说。第二，他声称**我们具有先天的或非经验的空间直观的机能或能力**，通过行使该机能或能力我们具有了关于几何学真理的知识，这个学说我们也已提及过。第三，他声称**空间和时间本身是先天的直观**。

我们现在要关注的是第三个学说，"形而上学阐释"中编号的后两个段落陈述了这个学说。其中心思想看来是：存在且只存在一个空间和一个时间，且两者皆为无穷的。让我们首先关注前一思想。通过考虑空间的情况下可能对之提出的反驳，我们能很

---

① 人们有可能根据不同的理由指责这种混乱。例如，有人可能指出，康德主张我们不根据经验观察而有关于几何学图形的命题的知识，这种主张与关于颜色关系命题的相似主张是相当的。但是颜色是被康德当作"属于感觉的东西"的最初例子的。

好理解它的力量。说只存在一个空间至少是说，每一个空间地相联的对象都空间地与每一个其它如此这般的对象相联。这就是说，空间地相联的事物只有一个系统。对此，或可反驳说，空间地相联的事物事实上的确有各种空间地独立的系统。例如，某一个人（X的）视觉图像的元素之间或许有空间关系，而且另一个人（Y的）视觉图像的元素之间也是这样。但是，探究 X 和 Y 的视觉图像的元素之间的空间关系是毫无意义的。它们并无共同的空间。再者，探究我的视觉图像的元素与我屋子里的我的身体或物体的诸部分之间的空间关系，也是毫无意义的。包含我桌上墨水瓶的空间并未包含我的心灵之眼中的墨水瓶。在我的心灵之眼中的墨水瓶并未占有或占据我的物理墨水瓶所属之空间的任何部分。

即便这个反驳所说的为真，康德显然也将会视之为毫不相干的。他断定其每一成员是在一个单一的综合系统中空间地相联的一类空间地相联的事项，是一类公共的物理物体，它们被我们设想为我们知觉的对象，一般不同于我们对它们的知觉、意识状态。正是这样的物体占据的空间被他宣称为是统一的且独一的。

现在看起来我们的确具有这种物理空间的观念，而且看起来我们的确也具有一个类似的时间的观念，尽管没有"物理的"这个词隐含的限制。我们把任何跟其它事项处于时间关系中的现实事项，看作与**每一个**这样的其它事项处于时间关系中。我们把所有现实的时间殊相看作在一个单一的时间关系系统中相联，正如所有的物质殊相被看作在一个单一的空间系统中相联。这是说，我们具有单一的空间–时间系统的观念，它囊括了每一个发生之

第一章 空间与时间

物和每一个物理地存在之物。①

我们以这种方式设想空间和时间这个事实，如何与康德断言的空间和时间是纯粹或先天的直观相联系呢？就"直观"这个再次与"概念"相对立的词来说，我们认为他至少部分地想表明，"空间"这个词是以两种不同的方式被使用的，一种方式下，它是一个一般概念词，另一种方式下它不是。这样，我们会把一个特定的三立方英尺的空间当作"三立方英尺空间"的一般概念的一个例子。我们会再一次说，由这个房间的地板、墙壁和天花板所限定的空间，比由另一个房间的地板、墙壁和天花板所限定的空间大。两者皆为"空间"概念的特定例子。但这些特定空间虽然都是"空间"的一个特定例子，却不是我刚刚使用这个词的意义上，即与空间地相关联的物理物的综合系统相关意义上的空间（或**空间**）的特定例子。相反，它们是空间的**部分**。"各种时间"和"时间"的情况也是如此。

让我们暂时将此当作对与空间和时间相联的对"直观"的这种使用的阐明。被这样理解，这个词的这种使用显然并未给"空间和时间的唯一性"学说增添任何东西。那么"先天的"资格又如何呢？我们会把它看作空间和时间本身的单一性要被归于我们的感性机能吗？或许如此。但是，不同思路汇合在这一点上，以

---

① 说相对论物理学已经迫使我们放弃了这种观念是不正确的。它仅仅迫使我们修正它。我们依然把每个物理殊相（事件或对象）看作空间地、时间地跟每个其它的殊相是相关联的。我们仅是不再把时间关系、长度、变化的速度等等规定，看作独立于这些规定由之而构成的参照点。一个单一的综合系统的基础观念，是不会由于存在不止一种可能的对于它所包罗的事项排序的方式而陷入危险的。

及"感性论"跟"先验分析论"的学说整合的缺失,这些都给解释造成了某种困难。

让我们首先看一看我们相对朴素意义的"先天"。认为空间和时间的统一性是这种意义上的先天的,就是认为它是任何我们能够形成的融贯的经验的观念的本质元素。我已评论过,被宣称为"本质上为一的"空间只能被理解为物理空间,在该空间中有相互关联的公共物理物体,它们被我们设想为是不同于我们对其的知觉的对象。这样,认为一个单一而统一的时空系统的观念是朴素意义上先天的,已涉及了关乎我们经验的必然特征的一个颇为复杂的承诺:首先承诺了(一种形式的)客观性论题;其次承诺了空间性论题;最后承诺了空间-时间统一性论题。无疑,康德承诺了这几点的全部。而且,如果整体的《批判》有单一的主导观念的话,它就是朴素意义上"先天的必然性"的存在只有通过如下的论题才是可阐明的,这个论题是说这样的必然性反映的只是我们认知构成的特征。但是在这一点上诉诸这些必然性去证明把空间和时间归于我们的感性机能是正当的,看起来会与以下的事实不协调:统一性和客观性的主题属于"分析论"的中心主题,而"分析论"被假定为要阐明知性而非感性赋予我们经验的本质的条件。这一点值得坚持,并非着眼于使康德关于机能的模型顺利运转,而是为了断定在何种程度上,"感性论"中肯定的论题可被看作预设于"分析论"的论证之中。

我们来看看康德以之来支持空间和时间不仅是直观(即每一个都本质上是唯一的),而且是纯粹的、先天的直观"的实际评论,他的评论看起来等于说:一个单一的无限的、无穷的空间,和一个单一的无限的、无穷的时间的观念在某种意义上**先于**我们可能形成的任何特殊的或有限的空间和时间的观念。我们不能通过此前给定的空间成分来形成（构成）一个无穷的囊括万有的空间而得到这一空间的观念；相反我们只是通过引入到无穷的囊括万有的空间的限定得到了特定空间的观念。

我们如何解释这一点呢？我们几乎不可能将之看作关于次序的评论，在其中各种观念明显地形成于人类思维中。这样的话，我们将不得不认为它无法令人满意，因为提及的这两个选项并未穷尽所有可能，而且两者都不如第三种选项更能说得通，亦即虽然我们并不真的仅仅是通过在心中对经验到的不同空间进行相加形成一个囊括万有的空间观念的，但我们确实通过超出各种有限的界限（各种空间的经验）使用空间概念，后来形成了这个观念。

即使我们把这个评论看作关于概念预设的次序，而非关于概念时间地形成的次序的，它也无法令人满意。一个可以很好地坚持的说法是，囊括万有的空间观念真的隐含在我们将通常的空间概念应用于经验实在，应用于我们将之当作真正的物理空间的操作模式中。但这并不能构成支持概念优先的例子。被一系列空间地相联的特定的物理对象规定的特定空间的观念，或许涉及到囊括万有的空间的观念，包含了所有这样的对象的空间观念；但是囊括万有的、包含了所有空间地相联的物理对象的空间的观念，确实涉及到被"一系列这样特定的事物"所规定的特定空间观念。

我认为在此如果不再次诉诸来自几何学的论证，就无法理解康德的思想。按照康德的看法，我们关于几何学真理的知识，尽管依赖直观却独立于经验直观。它决非依赖对我们通过感觉能力所觉察的现实物理对象的观察。它完全依赖纯粹空间直观机能的行使。如果我们愿意，我们或可借助画在物理的纸上的物理线条行使这种机能。但是我们同样可以很好地在想象中行使它。通过行使这一机能，我们不仅得到了我们在纯直观中构成的空间形状（如三角形、圆形）的必然特征，而且还得到了空间（在其中我们构成了形状）的必然特征，如，它是无穷的和三维的。这样我们就能恰当地把无穷的（欧几里得式的）空间描述为一个纯粹直观，即描述为纯粹直观的机能行使的结果。先验唯心论论题，就空间而言，是这样一个复杂的论题：空间直观或空间觉察的机能，**能被纯粹地**行使，即完全不依赖作为其自身的事物对我们认知构成的刺激，它与下面这一机能是同一个机能，这一机能在不同的角色下，被事物自身对我的刺激所触动，而且这样就承担在经验直观中对空间地被排序、空间地被刻画特征的事项的觉察。这就是为什么空间的纯粹数学也是关于物理空间的数学的理由，以及为什么纯粹几何学的命题必然对经验直观的物理对象适用的理由。

我已经说过，对这种几何学理论的评论将留到后面。但是现在提到它会有助于阐明一些东西。当康德为了无穷空间而主张先天直观的地位时，我们能理解他是在考虑空间直观机能之纯粹的、非经验的行使的结果。我们无须假定他肯定了特定的**经验**空间观念涉及囊括万有的空间观念，同时又否定了相反的蕴含，其中前一观念是被一系列空间地相联的特定物体规定的，后者则包含了所有如此相联的物体。相反，承认如下论题的道路是敞开的（尽管康德是否清楚这一点远非明显）：物理空间（它包含所有空间地相联的物体）的必然统一性不能仅依据"感性论"中所做的思考。几何学对只有一个包罗万象的物理对象的系统没有什么好说的。

即便是"形而上学阐释"带编号的段落中我认为无用而没考虑的前两段，在这种眼光下也变得更清楚了。论证1中预设的"空间表象"，论证2中"思想它无对象"的能力，或许都可以被理解为暗指纯粹的或非经验的空间直观机能的行使。当然，如果我们的确以这种方式理解这些短语，我们就把包含它们的段落化归为仅仅是来自几何学的论证的依附者。它们就失去了其独立论证的地位。但在它们的情况下，所失不多。

这样，我们再一次得出这样的结论：空间和时间作为先验主观主义意义或先验主观主义的各种意义上的"先天的"（在任何意义下都隐含着它们"在我们之内而先于经验"），其规定不论采取宣称空间和时间本身是先天直观的形式，还是采取宣称它们是（经验）直观的先天形式的形式，其根据都不能独立于来自几何学的论证及其在时间的情况中的差强人意的类比。

5. "先天的"与"内禀的"

到此为止我已经提到了"先天的"表述的两种意义或解释。在第一种或说朴素的解释中，一个概念或特征（元素）如果是任何我们能使之对我们是可理解的经验观念中的本质性的结构元素，就可被称为先天的。在第二种或说先验唯心论者的解释中，称一个元素是先天的就是声称，它的作为经验特征的呈现可完全归于我们的认知构成的本性，而不归于刺激了我们的认知构成以产生经验的作为其自身的事物的本性。或许有人坚称，由于局限于这个表述的两种解释，我忽视了它可能具有的第三种意义，而这一意义在哲学史中是很常见的；而且康德的一些论证或许更令人满意，它们是想建立，我们的空间和时间观念（而非空间和时间本身）在这第三种意义上是**先天的**。这第三种意义，在关于我们的观念的来源的古老而著名的争论中，是通过"内禀的"这个词来表达的。也许至少康德的某些论证应被解释为试图确立空间和时间观念具有笛卡尔和莱布尼茨认为至少我们的某些观念具有的特征，而对此特征，洛克和休谟由于断定我们所有的观念都源自经验而全部予以否认。

存在拒斥这种建议的两个很好的理由。其一是，无论这些争论关注的真正问题是什么，它们常常被争论所用的术语无望地掩盖。这些术语有太多的、太过多的隐喻暗示：观念或被当作写在心灵的白板上的东西（从经验之原型复制的或为上帝之手刻入的）；或被当作心灵房间中的家具（从百货店、经验挑选的，或者是固有的结构部件）。即便坚决地努力逃避这些图画，关于来源的争论也往往会陷于毫无结果的观点的来回变换：一方面，所有思想、认知、分类等等的机能必须是获得的机能（由于婴孩根本就没有思想）；另一方面，这些机能的获得又预设了能够获得它们的机能。

拒斥这种建议的第二个理由是决定性的。无论内禀性论题被假定为意谓什么,对于康德宣称是先天的"表象"而言,都毫无益处,除非它跟如下的论题相合,或以之为其后承:在经验中相应特征的显现、在世界中的呈现,是可单归于我们的认知构成、我们的机能的本性,而不归于刺激我们的构成以产生经验,并的确以产生我们的世界的那些事物自身。康德不会关注这样的命题:时间和空间的**诸观念**是"先于经验而内在于我们的",它并不包含这个论题:空间和时间本身是先于经验而内在于我们的。后来在拒斥人们就被认为是知性所提供的范畴、经验中的先天成分所提出的类似的建议时,康德明确地表明了类似的做了必要修正的观点。①

6. 结论性的评论

[1] "感性论"包括或隐含了一些论题,假设我们来仅就它们是否为真表态而不必保证其逻辑特征的话,我们会很愿意宣布它们为真,或者至少接受它们是对我们现实使用的经验观念、世界观念的可信反思。它们包括以下:(a) 意识的特定状态是时间地被排序的;(b) 这样的状态包括对特殊事项的感觉-知觉,这些既是空间地又是时间地被排序之特定事项被设想为不依赖意识状态而存在着;(c) 这些特定事项被排序地处于其中之空间是统一的,即每一个这样的事项是空间地互相关联的;(d) 这些事项和包括对这些事项的感觉-知觉的意识状态被排序地处于其中之

---

① B167-8。

时间是统一的,即构成经验,或者可在经验中遇到的每一个特定事项,是时间地互相关联的。

[2] 和这些无例外的论题交织在一起的是先验唯心论的复杂学说,其复杂性反映在如下互相关联的论题中:其一为,空间和时间是经验直观的先天形式;其二为,空间和时间本身是纯粹直观;其三为,我们具有纯粹的或先天的空间、时间直观机能。这个引人瞩目的学说和其所有的复杂性,在"先验感性论"中找不到明确的支持,除了来自空间例子中的几何学论证,以及在时间的例子中类似论证的得过且过的建议。来自几何学论证的至关重要的前提是,人们知道几何学命题对于空间中的物理对象必然成立。

[3] 就列在[1]中的无例外的论题而言,问题是,在我已提及的表述的相对朴素的意义上,它们中的哪些体现了我们的经验观念的先天特征。它们全部都体现,这一点远非清楚。尽管也许每个人都准备承认,例如统一的物理空间的观念形成了我们现实使用的实在观念的一个部分,但有大量的证据,以文学和哲学幻想的形式,却倾向于去挑战如下这个论题:我们无法形成另外一个没有这个特征的融贯的观念。现在,我们对于《批判》主要兴趣是,康德在多大程度上成功建立了,某些特征是我们经验观念的先天(朴素意义上的)特征。当我们认为他主张"我们观念的某些特征"的这种特征时,我们当然必须想到他会将这一主张与进一步的主张关联起来,并用它解释这一主张。这个进一步的主张认为:所讨论的特征的唯一根源是我们的认知机能。但我们如下这样想却是错误的:因为我们的经验观念的特征主要出现在"感

性论"中，我们或许就断定说，康德将其根源排他性地指派给感性，因此不能期待有进一步的论证以建立其为我们的经验观念的先天特征的主张。用康德自己模型的术语来说：感性机能跟另一种机能，即知性的机能的合作，对于经验是根本的。对于"我们的机能因应事物自身产生经验"的模型，我们可以满怀信心地期待进一步的展开。我们会至少期望进一步的分析性论证，这种论证可能意在确保我们已经提到的某些特征，以及尚未提及的特征，在我们经验观念中的先天成分之地位。

第二章 客观性与统一性

1. 分析论的纲领

在先验唯心论的背景下，对于批判性探究下一阶段的目标，关于机能的含义丰富的术语提出了一个听来似乎简单的陈述。感性和知性的合作对于经验是根本的，正如这些机能被事物自身刺激对于经验是根本的那样。感性先天地带给经验的东西在"先验感性论"中已经被宣布了。正是"先验逻辑"要去确定知性的先天贡献。这门科学"将关注知性的法则……仅就其先天地与对象关联的范围内"。[①]

如果我们试图将关于这些目标的陈述与先验唯心论者的背景分离开来，并且用我们更素朴的术语重构这一陈述，我们或许会面对一个相当单调的景象。这是因为如果经验是可能的，我们必定要觉察到特定事项且觉察到它们处于一般概念下。由此我们提出直观和概念的二元性，提出感性和知性的必然的合作。我们不能设想任何形式的不关涉对我们觉察到的特定事项的时间序

---

① A57/B81-2。

第二章 客观性与统一性

列的经验；而且（尽管这是仍待论证的）我们也许不能融贯地设想任何形式的不关涉至少上述事项的某些的空间序列的经验。由此我们提出"感性论"关于感性的**先天**贡献的论题。那么我们现在面临的问题是什么呢？这个问题似乎必定是这样的：抽掉特殊性的形式后，抽掉在经验中遇到的特定事项的时间、空间的次序后，仅仅通过我们能觉察的特定事项必定处在（被置于）一般概念下这个事实，我们能发现哪些特点是必然包含在任何融贯的经验观念中的？

这个问题看似给我们提供的可发挥的东西极少：的确，如康德平淡地说的，除了"关于一般对象的思想之形式"外什么也没有。① 然而随着研究的推进，我们逐步觉察到，"对象"这个词是在比我们最初认为的更重要的意义上使用的。它意味比仅仅一般概念的特殊例子更多的东西。它带着"客观性"的内涵。知道一个对象的某种东西，例如，它处于如此这般的一般概念之下，就是知道某种东西，而这与任何特定的意识状态的发生，与对"所讨论的处在一般概念下的对象"的任何特定觉察经验的发生无关。对于对象的判断，如果是有效的，就是客观地有效的，就是独立于特定觉察状态的发生，独立于特定的经验而有效的，这乃是判断中关注的。

如果我们把康德看作一般经验观念的结构的分析者，那么我们认识"对象"这个词的权重时必定会带着复杂的感情。一方面我们好像能希望，对于知性先天贡献的探究，或许会比乍看起来

---

① A51/B75。

更富成果。另一方面或许很可能是这样，我们无法形成一个经验观念，除非该经验观念关涉某些可确认的一般概念或某一类一般概念的使用，而该经验观念被理解为包含着这种重要意义上的对象的知识，此外，更不用说，如果朴素地解释的"感性论"学说为真的话，该经验观念必定具有我们假定的仅为时间的或仅为空间的概念。如果确实如此，"分析论"的任务就是确定这些概念或这些概念类型，而且显示它们有这种地位。显然，康德认为存在这样的概念，而他为此准备的名称是：它们是范畴，知性的纯粹概念。

这样，认识到"对象"这个词的权重或会以某种方式激起我们的希望。但是，它似乎以另一种且更重要的方式打碎了我们的希望。如果经验必然包含这种重要意义上的对象的知识，是关于"经验"这个词的定义的事情，那么，某种关切就从分析性事业中消失不见了。乍看起来这个探究似乎是这样推进的，仿佛这是定义的事情，仿佛论题"经验包含这种意义上之对象的知识"是被看作分析性论证的基础性**前提**的。但是随着论证的推进，我们高兴地看清的是：事情并非如此，并非这个作为前提的论题让位给了一个它由之而来的更为基础的原则，我们现在将该原则直接命名为意识的必然统一性原则。就客观知识的原则一端来看，这种放弃自己为探究的前提的地位的让位，将我们将面临失去的所有深刻识见和关切重新给予了后者。那么，我们必须做的就是尽我们所能地去追踪和解释这个论证，默认其暂时的篡夺，并为真正的、首要的前提确定其无上地位的时机做好准备。

2. 形式逻辑和先验逻辑

康德首先求助于形式逻辑寻找发现范畴的线索。我将尝试不依赖和先验主观性相联的模型，重构导致这一步的推理——这条推理思路初看不无吸引力，然而在进一步的考察下崩解了。

我们从对一个熟知的观点的再肯定开始：一切经验、一切经验知识，都要求感性和知性的合作，即觉察特定对象的归属于一般概念之下。只是这一观点有所修正："对象"这个词要在我刚暗示的重要意义上被理解。现在我们关注的是，在诸对象归属于**概念**下的认定中关涉的是什么，在"把诸对象置于概念下"关涉的是什么。这跟对对象做**判断**是同一的。"知性能够对概念做的唯一使用……是做判断。"① 把一个对象置于一个概念下关涉到这样的思维，即某个特定命题对于某对象是真的，或者该命题是客观有效的。经验知识，与所有知识一样，本质上只能在命题中得到表达。

现在，在形式逻辑中，对于命题的一般形式我们已有一个完整和全面的分类。对于思想的一般形式，形式逻辑给我们提供了一套完整的理论。任何命题或判断都必定有形式逻辑中认定和分类的这样或那样的一般形式。这并非意味着形式逻辑直接给我们提供了我们正在搜寻的，即必定在经验对象中有其应用的一般概念。这是由于真正的形式逻辑，如康德反复坚称的，没有解

---

① A68/B93。

释形式逻辑区分出的"判断的功能"在做客观有效的判断时被使用，对象必须满足的条件。他所称的一般逻辑学，并不关心其形式和对象的关系，而是关心形式本身间的逻辑关系。"一般逻辑学抽掉了知识的所有内容，即抽掉了知识和对象的一切关系，而只考虑一种知识和另一种知识的关系中的逻辑形式。"① 一般逻辑学使用诸如真理、主词、谓词、假设命题等等概念。它告诉我们，例如，给定一个假设命题的真和其前件的真，那么其后件必然为真。但它根本没有直接谈及命题的假设形式能被用于做出真的或有效的关于对象的判断之条件，也就是说没有谈及这样的条件，在该条件下我们能真的或有效的肯定一个可能事态是如此地与另一个事态相联，以至于给定了第一个事态，我们将得出第二个事态存在之结论。再者，一般逻辑学在单称命题的情况中给我们提供某种显现为谓词的主词而自身不是谓词的事物之观念；但它丝毫并未谈及我们在判断对象时可在其下使用这个观念的条件。

然而，尽管形式逻辑以这种方式抽掉其形式和经验判断的对象的全部关系，但它无疑还能形成另一种平行的并不抽掉这种关系的"逻辑学"（先验逻辑）观念。这是由于经验或经验知识若要成为可能，我们必须做经验判断。逻辑学分离出来的形式正是我们做这样的判断时必须使用的。思想的必然性，把对象置于概念下的整个事务的必然性就是如此。因而我们必须有应用这些形式做出关于经验对象的真正经验判断、有效判断之一般条件的观念；而且应用这些形式于对象上的一般条件必须被客观地满足，

---

① A55/B79。

否则我们决不能做出客观有效的判断，而且经验知识或经验也将是不可能的。因而，若对于逻辑的每一个基础形式，我们都形成其应用于经验对象的一般条件之观念，其结果就是在每一个例子中都有一个纯粹概念或范畴，即一个一般概念，它必然要应用于经验世界。

这就是（已重构的）这一推理的一般思路。康德最接近于我刚陈述的形式的陈述或许就是《未来形而上学导论》中那个陈述。在那本著作的第39节我们看到："逻辑学家置于我们面前的工作完成了……我把这些做判断的功能（即命题的形式或形式特点）联系到一般对象，或者更恰当地说联系到规定这些判断为客观有效的条件，而知性的纯粹概念就产生了……"必须承认，当我们审视范畴表并将之与逻辑的判断表相对比时，在我们看来前者一般并不以康德的措辞所暗含的容易的和不可避免的方式"出于"后者。但是那是我们暂时放在一边的另外一件事。

在我们更切近地考虑为这种推导奠基的一般论证的本性前，我们将问康德在多大程度上仍然想找出知性自身对经验的先天贡献。这就是说，这个论证到此为止真的被理解为抽掉了在经验中遇到的特定事项的时间（或者空间）次序的吗？在《批判》中有一节提示了这个问题，开首的一句似暗示了一种否定回答。刚好在对范畴的实际推导之前的这一段话这样开始：

> 正如已多次重复说过的，一般逻辑抽掉了知识的所有内容，它要期待其它来源，不管什么来源，供给它表象，供给它要将之转化为概念的表象，……先验逻辑则相反，它的

> 面前已经有了先天感性的杂多，这是先验感性论给它提供的。……空间和时间包含了纯粹先天的直观杂多。①

然而，随着文本的展开，变得清楚的是，这一阶段并未诉诸我们直观形式的特定时空特征。诉诸的是"一般直观中杂多的综合统一性"的观念。② 这预先提及了在"先验演绎"中得到发展的学说。当下我们必须满足于宣称：这种"杂多的综合统一性"为对象的知识所要求，而且是知性的产物。

此外，还存在决定性的独立理由使经验的空间-时间性的在此阶段不能被诉诸。现阶段被推导出的范畴是"未图式化的"。如果一般逻辑的形式被用于做关于经验对象的判断，图式化的范畴就要被认为是必须具有应用的概念，而经验的特征就**是**特定地**时间**性的。通过这种条件的**添加**，它们从未图式化的范畴推导出来。而且，我们正是在思考它们必然的可应用性关涉的东西是什么时，才意识到它们具有应用于**空间**对象，即我们外感的对象的必然性。因而，在当下我们所考察的范畴的"形而上学演绎"章节中，本源的推导不能看作要依据经验的时空特征。我们必须这样来看待此处范畴的推导，仅仅是通过给逻辑形式加上这个观念，即在做关于觉察（直观）的一般对象的真判断时应用这些逻辑形式的观念，这些范畴就被推导出来，不管我们觉察这些对象的模式可能是什么。

当然，这样说比理解这样说的意义要容易。但是在一个意义

---

① A76-7/B102。
② A79/B105。

上我们能够理解它。我们在此可以看到，康德是要把直观与概念的区分、感性与知性的区分推到极限，尽其所能地抽出经验知识或经验的先天条件，他这样做，仅仅从这种区分的一端来考虑，就是仅从必须将经验的特殊对象置于一般概念之下来考虑，不拘"特殊性的形式"可能是什么样的。为了做到这一点，在此我又一次概述这个论证，我们必须使用逻辑学中区分出来的形式。逻辑学给我们提供了这些形式间的逻辑关系的分析性真理。例如，逻辑学告诉我们，如果关于一个形式的判断是真的，那么相关的关于另一种形式的判断必是真（或假）的。但是它并未告诉我们，不同形式的个别判断经验地为真，对经验对象为真的条件是什么。要具有经验知识，给定了关于一种形式的判断为真，我们能够去演算、或推论关于另一种形式的判断为真还是不够的。我们必须知道个别判断的经验的真。不拘我们关于对象的经验事实上会是什么样的，如果存在某种必须被满足的条件，存在某种必定具有应用的概念，使这些形式中的这一个或那一个得到应用，以便产生关于经验对象的一个真判断的话，那么，这种概念就会必然应用于经验中，即便对该概念在经验中具有应用的意义的完全说明还有待于添加空间-时间性的条件。而且，这种概念应用的必然性将完全可以溯源到把对象置于概念下的必然性，即溯源到纯粹知性自身。

　　这个论证的一般形式和它所依据的假定就是如此。我们一旦稍加细察，就会产生强烈的怀疑。让我们首先考虑康德对判断表中给出的"判断的逻辑功能"的分类。他所列出的形式特征分为四个标题，每个又分为三个分支。量的标题下分为全称、特称和单称；质的标题下分为肯定、否定和无限；关系的标题下分为定言、假言和选言；在模态的标题下判断被区分为某物是可能的、现实的与必然的。我们会注意到，这是一个什么样的清单并非完全清楚。它确实不是，康德也未把它看作，一个互相配合严密的逻辑形式的清单；例如，一个定言命题可是全称的或单称的。它也并非精确地是，尽管康德也许如此看待，关于四组特征的一个清单，以至于当命题具有了确定的四组之一中三个互相排斥的特征之中的一个后，任何命题的逻辑形式都能被确定。例如，一个假言命题可能具有一个全称的前件和一个单称的后件，那么它是全称的还是单称的？很明显，类别之间的关系至少是比这个建议所能允许的要复杂；并且这样的设立了一个模式，被生搬硬套地在整个"先验逻辑"中不断重复的分组和排列，是有些古怪的。

  念念不忘康德判断表细节上的瑕疵是无谓的。他至少制作了一个关于特征的清单，这些特征被认为对于命题的逻辑形式的分类是基础性的，而且不存在其它这样的特征。这个观念是要去构造一个平行的清单，跟每个特征一一对应的一个清单，它可被称为被推定范畴的解释清单；即这样的一个概念清单，它被认为是，每当一个展示了相应形式特征的关于经验对象的判断被做出时，一个适当的概念就得到了应用或使用。在这个平行清单中的每一个概念，都会被认为在经验实在中具有必然的应用。

  但是我们必须思考一下这个结论。不错，知识（在任何意义上，至少在我们关心的意义上）本质上是在命题中表达的。但是由此并不能推出，逻辑学家认为值得区分的命题的每一种形式或每一种形式特征，在知识的表达中都是绝对必然的。给定了观念所必需的最小成分，逻辑学家能够，如果他愿意的话，区分出无限多都属于形式逻辑的命题形式。如果我们允许每一种形式有一个范畴的话，我们会有无限多的范畴。但是康德声称他的范畴清单是完整的、无遗漏的。"我毫不怀疑地知道正是<u>这些</u>，并且也唯有它们这么多，不多也不少，能构成我们出于纯粹知性的对于事物的全部知识。"①

康德在此声称要去完成的东西，并不是知性的所有纯粹概念的完备清单；这是因为他提到，从他这个基础清单出发，制作出一个同样纯粹、先天的派生概念的系统，会是一桩不无趣味的任务。②他声称的是，他有了一个知性的*初始的*、非派生的纯粹概念的完整清单。唯有这些概念才配享范畴的名称；至于这些概念的派生者，他给予它们了"可谓述项"的名称。而这一点，尤其从康德之后逻辑学的发展来看，会使我们更加严厉地批判康德的逻辑形式或形式特征的清单。因为，一个形式或特征要配在清单中占据一个位置，它应是一个逻辑学家能够用其基础资源形成、用这些资源来描述的可能的逻辑形式或特征，还并不足够。它必须是一个本质性的形式或特征，一个能（并无其它的也能）展示这些基础的且不可或缺的资源本身的某个部分之形式或特征。只有在这种条件下，我们方能安全地尝试从命题的一个逻辑形式或特征推导一个范畴，即我们关于对象的思想中的不可或缺的概念元素。但康德清单中的所有项是不是都满足这个条件却是非常不

---

① 《导论》39节。
② A82/B108。

清楚的。例如，清单中包含了假言和选言形式，在现代逻辑中它们的类似物借助否定是可互相定义的。这些形式是逻辑学家能够形成的，甚或是我们事实上使用的，都是不够的。这是因为，如果一个形式是派生的，那么任何纯粹概念，如果其使用涉及这个形式的使用，就也是派生的，并且因而不是一个范畴。

我们如果要真的采用形式逻辑的线索，就必须三思。我们必须问什么是逻辑学家必须承认的最小的逻辑形式。仅就我们关心的逻辑形式而言，这就使我们面临这样的困难，逻辑学家对初始东西的选择**是**一种选择。例如，一般量的观念在现代逻辑中可以说是一个初始的观念，因为它不能用命题常项、名称和谓词来定义，除非是对一种在先的被限制的语言。但是，是否要引入存在量词而不做形式定义，并用它来定义全称量词，或者反其道行之，这是一个选择。所以，即便单考虑一个单一的逻辑系统，最好也不要考虑基础的逻辑形式，而是考虑基础的逻辑观念，即一个逻辑系统由之得以建立的观念的基本成分。即便以这种方式推进，也是在做选择，因为这还是去选择了一种而非另一种逻辑系统。或许这最后一点并不严重。因为看起来确实存在某些基础观念，它们必定以一种或另一种方式出现在任何我们能正当地将之看作关于陈述的全面而充分的逻辑中。而且如果我们以当代逻辑为指导的话，我们似乎不太会偏离正道很多，而当代逻辑是非常努力地追求初始概念的精简。当代逻辑常常分为两个部分：命题逻辑或真值函项逻辑；谓词逻辑或量词逻辑。在此基础上，相应地有两种基础的而非派生的观念：首先，一般真值函项组合的观念；其次，量词的一般观念。

第二章 客观性与统一性

两种观念中看来没有一种会以范畴方式产生丰硕成果。并不存在我们**必须**以之去设想经验对象的特殊方式，关于这样对象的陈述的真值函项组合在这种方式下才成为可能的。即使做**原子**客观判断的必然条件都得到了满足，真值函项地组合这种判断的可能性也不能取决于我们具有进一步的关于一般对象的先天概念。量词也是如此。即使我们能做出一个特殊的客观判断，是说某个**特定**事物适用某个谓词，我们也很难相信任何进一步的假设，这个假设乃是关于如下问题：为了阐明一个判断的可能性，该判断是说一个**非特定的**某物或其它物适用那个谓词，也即为了阐明量词的可能性，我们必须如何设想对象才能是必然的。

要点在此有两个。第一，真值函项组合的所有特定形式都能通过一般真值函项组合的观念来定义，该观念本身可通过一个命题的观念得到充分解释，而一个命题或真或假，但不能既真又假，同时所有涉及量词的形式都能通过存在量词或全称量词跟真值函项组合一起得到定义。第二，把真值函项组合的一般观念和量词的一般观念"跟规定客观有效判断的条件"相"联系"决不能产生"关于一般对象的先天概念"，这个先天概念**并非已经包含在一个单称的主谓命题的观念中**，即这样一个形式的原子命题中，在这样的命题中，一元或多元谓词被应用到指称的一个或多个特定对象上。这样，如果我们想对形式逻辑提供的线索做**任何**使用的话，我们必定诉诸这个单一的观念。

形式的原子命题的真假本质上是可确定的，而且它本质上关涉到引入一般概念以及它们在特定的或确定的例子上的应用。它本质上关涉对指称的确定对象进行谓述的概念。那么，沿着逻辑的线索就会提出如下问题：如果我们做经验判断，而这些经验判断的真假是可确定的，在其中我们谓述了指称的确定对象的概念，那么我们一般必须如何设想对象？或者，我们对之做如此的判断的对象的世界，一般什么东西必定是真的？但是，现在似乎这个问题没有给我们由之出发的那个问题增加多少东西，或就没增加东西，我们由之出发的问题是在把对象置于概念下的活动中涉及了什么？也就是说，在对经验对象做可确定其真假的判断活动中涉及了什么？绕道逻辑形式并没有推动我们前行一步。留给我们的仅仅是未图式化范畴的观念，它们（如果有的话）对应着个体"名称"（特称指称表达式）和谓词表达式的逻辑区分。把这种逻辑区分和对经验做客观判断的条件相联，看起来带给我们的充其量是特殊对象和作为"范畴"的普遍种类或特征的观念，这些普遍种类或特征在能够做出如此判断的世界中必定具有应用。但是这一点儿结果我们或已直接从直观和概念、感性和知性之本源区分中得到了。

3. 一个过于简略的论证大纲

诉诸形式逻辑所得到的结果不仅是贫乏的。这一结果是如此贫乏以至于它几乎使任何对康德从判断表推导出各范畴的细节的批判考虑称为无意义的。然而即便结果如此贫乏，取得进展还是有可能的。这是因为，或许可以说，虽然转向做关于对象的原子主谓判断的条件问题不是大的转向，却真的使我们更容易看出，如果我们准备通过将"先验感性论"的**所有**论题加于这个问题而使之充分的话（这些论题都能从先验唯心论学说中独立出来），一个可能展开的思路。

这样，问题可以这么来提出：如果我们能够做其真假是可确定的判断，在该判断中我们谓述了指称的确定的对象的概念，而这些指称的对象被设想为在一个单一、统一的时空系统中互相联系，那么我们一般必须如何来设想对象？再一次，这个问题和如下问题是一个：如此设想的、我们对之做如此判断的对象世界，一般什么东西必定是真的？在对这些问题的回答中，我们将同时发现我们的先天概念或范畴及其应用的保障。而且我们将同时取得这些结果，因为它们不是两个结果，而是一个。当然发挥作用的范畴将不是未图式化的范畴，而未图式化的范畴是康德设想为在形式逻辑提供的线索的帮助下可被发现的，并且无须诉诸我们现实的直观模式。发挥作用的范畴将是我们在我们的时空世界中现实地使用的图式化的范畴。

的确，如果我们准备沿着这些路线进行探究，我们可能会事实上取得某些进展。首先我们会论证说，为了保留从一个判断到另一个判断的时空系统的统一性，我们必须至少把指称的某些空间对象设想为历经时间持存的，并且在从一个场合到另一个场合的指称中是可以再辨识为同一的。由于时空系统的统一性要求在不同的时间应该只存在一个空间。除了空间的占据者，不管是各对象占据的空间本身，还是那个空间的各部分，都不是康德所说的经验直观的对象。因此，保留从一个判断到另一个判断中空间的统一性，要求占据空间者的持存性和可再认同性。这里，在占据空间的持存对象的概念中，我们或可说至少有了康德的图式化的实体范畴的一个模糊的类似物,而这个图式化范畴,康德明确地将之与直言命题的主词之逻辑观念关联起来。

进一步,就这些指称的持存对象必然要归属于其下的概念而言,能被再辨识性的要求有某种后果。我们不能仅仅再辨识一个事物,或把它认定为同一个事物,而不使用它是某个"特定的**种**"的事物的观念。在特定的应用中,正是"事物的种"的观念给了"同一的"表述以意义。这是说,必定存在我们把持存事物置于其下的概念,这样,所讨论的概念自身包含条件的观念,而在这些条件下,我们方能说归属于所讨论概念下的一个事物,跟此前归属于所讨论概念下被辨识的一个事物是同一的。但是,应存在这种使"持存事物的统一时空系统"观念的使用成为可能的一般的且足够容易应用的概念,看来至少要求,这个世界在其运转中展示某种规则性。如果事物运动变化,当其运动变化时,它们必定以其概念能给出的方式运动变化。我们的持存物的概念,必定是这样的事物的概念,这些事物是以规则的、可解释的方式运动变化的,或者如康德会说的,依照因致法则运动变化的。因此,如果这些概念是合用的,正如若统一的世界的知识是可能的,它们必定是合用的那样,那么,至少世界中的大部分变化必定服从因致法则。

当然,第二个结果甚至更强烈地回应了康德。因致概念的必然可应用性是他最为强调地论证的论题之一,尽管基于不同的根据。但是他非常清楚地意识到实体范畴与因致范畴之间的联系,尽管其根据不同。而且有些段落,甚至是"先验演绎"中的段落,看来关涉到那些我刚概述过的类似考虑。

第二章 客观性与统一性

以上所述不过是一个论证的概要。它意在提示，即便诉诸形式逻辑毫无结果，即便从一个客观判断的观念推导出范畴的尝试失败了，然而**如果**我们准备将"先验感性论"中提出的某些论题当作前提的话，在通往发现范畴的道路上还是可能取得进展的。但是，很清楚，首先，这不是康德的论证所走的道路；其次，它也不是任何论证都应走的理想的道路。第一点很清楚，因为事实上在到达"原则论"前，我们没有发现任何有细节的论证，旨在论证这一个或那一个特定的范畴（如实体或原因）是我们的经验观念中的必然成分，或是经验的必然特征。的确直到到达"图式论"之前，我们并不知道，范畴应用于本质上是时间的经验时，对它们的解释实际上是什么（例如对实体范畴的解释，是通过时间中实在物的持存）。而整个"先验演绎"的奥秘都处于从判断形式出发对范畴做的"形而上学演绎"与对特定范畴的这种解释、演证之间。

至于第二点，即论证应该直接走我刚概述的道路，在任何情况下都是不受欢迎的，提及我此前的某些评论就已足够。如果我们分析的希望——找到一个建立在如下述假定（或定义）上的论证，这个假定是说经验必然关涉**对象**（即**客观**判断的主题）的知识——会落空的话，那么，这些希望将会由于如下论证而更加令人失望，该论证假定经验必然是关于一个客观的且空间－时间地统一的世界的。这样一个论证的结论将跟这些可疑的假定一样，都是无力的。

4. 为什么需要一个先验演绎？

那么，我们不是要冒险沿着一条既无吸引力又非康德式的道路前行。相反我们要提两个问题。首先，在康德那里这个探究的下一阶段事实上是如何发展的。其次，来自下一阶段的同情而批判的希望会是什么样的？正如我们已经看到的，从上一阶段，即从逻辑形式到范畴的"形而上学演绎"，我们所获甚微；尽管很明显，如果我们要正确理解康德如何理解范畴在"先验演绎"这一阶段的角色的话，我们就必须把这种否定的想法先放在一边。然而把这种思想放在一边似乎首先就加深了理解"演绎"角色的困难。显然，它被设计来提供一个一般的论证，以建立范畴可应用于现象、经验对象的必然性。关于范畴，康德说："如果我们能证明，只有借助于它们一个对象才是能够被思维的，那么这将是对它们的充分的演绎，以及对它们的客观有效性的充分辩护。"① 但是难道不是"形而上学演绎"被认为正好证明了"只有借助于它们一个对象才是能够被思维"吗？对同一个结论，为什么必须要寻找另一个独立的证明？除非新的证明依据不同的前提，否则它将如何可能？

依据不同前提的观念再一次激起了分析的希望，而只要"客观性"概念出现在经验的前提特征中，我们似乎就被迫悬置这些希望。且把对这些希望的考虑再推迟一点，让我们注意，首先，

---

① A97。

第二章 客观性与统一性

尽管"先验演绎"的确是一个论证,但它又不仅仅是一个论证。它还是一个阐明,一个描述,一个故事。把它的角色理解为一个故事,我们就必须再次考虑一下我们在做朴素解释时回避的康德模型中的所有元素。我们必须记住"先天的"这个术语对于康德来说的主观性含义,以及他区分感性、知性机能的严肃性。说一个直观形式或一个一般对象的一个概念是先天的,对他而言,并非首要是说,它体现了"任何我们对之能够形成一个融贯观念的经验"的一个限制性条件。它首要是说,经验特征的对应来源或根源的某种东西。我们对于对象的觉察必定具有时空特征,**因为**我们的感性机能就是这么构成的。我们必定依照范畴思考对象,**因为**我们知性机能的构成所要求的就是这样。如果情况就是这样,那么,确实就不需要只有借助于范畴一个对象才是能被思维的这种进一步的**证明**了。但似乎可说其它的东西,亦即**阐明**被要求了。在我们面前有一部先验戏剧的材料;而且我们想知道这部戏剧是如何上演的。在心中我们有感性直观的纯形式和一般对象的纯概念。在心外我们有未被知和不可知的与这些形式对应的质料之源,有我们充满内容的经验由之构成的质料之源。自然,我们客观判断的主体-质料,就是结果。但是如果心灵制造了自然,那么我们会想尽我们所能地知道其制造过程的故事,我们尤其会想理解如此迥然不同的机能如何能配合以制造自然。在"先验演绎"中,这个故事被讲述了,这个阐明被给出了。"先验演绎"的**阐明**的角色,在第一版中的位置比在第二版中更为显要,这种角色就在包含了我在上一段中引用过的句子的那一段中被宣布了,现在我回到这一段:

这样我们在范畴中找到了这些先天地包含着每一个经验中纯粹思维的东西的概念。如果我们能够证明，只有借助于它们一个对象才是能被思维的，那么这将是对它们的充分的演绎，以及对它们的客观有效性的充分辩护。但是由于在这样的思维中，不仅仅是思维的机能、知性在发挥作用，并且由于这种机能本身，作为**知识**的机能意味着要关联到对象，要求关于这种关系的可能性的阐明，所以我们必须首先考虑形成了经验的可能性的先天基础的主观来源，不是从它们经验构成，而是从它们先验构成来考虑。①

再次，在"演绎"第一版末尾回顾性的一节中，其任务被说成"使感性和知性的关系成为**可理解的**"，因而使范畴的客观有效性成为"可以理解的"。②

现在回到"先验演绎"的论证的角色上来。我们会发现其基本前提是：经验包含诸元素的杂多性（直观），在经验的每一个主体的情况中，该杂多性必定在一个能够判断，也就是说能够概念化被如此统一的元素的单一意识中以某种方式被统一。我们会发现其一般结论是，这种统一性要求经验的杂多元素有统一性或连接性，也即经验要具有是统一的客观世界的经验的特征，并且因而能够在客观的经验判断中被言说出来，恰恰要求这种统一性。就我们关注这个一般结论来说，一个仍然很大程度上开放的问题恰恰是，如果对经验的概念化是为了满足客观性和统一性的

---

① A96-7。
② A128。

这些一般要求，那么特定的概念或概念类型（如果有的话）就是根本的。但是，基于"形而上学演绎"，康德会认为自己在那里将从逻辑形式而来的"纯粹概念"认作正是这样的概念元素是正当的。

如果这个概述是正确的，那么康德意义上对"先验演绎"的要求（该要求是他清楚地感到，但从未非常清楚地阐明的），要求"演绎"不仅是阐明而且是证明，就与我们悬置的分析的希望非常一致。"演绎"的这个角色主要就是要**确定**经验必然关涉对象（在重要意义上）的知识，并因而代替那个论题在这个探究中从在先的定义、或作为前提的假定而来的地位。当然，即便我们对"演绎"的一般论证感到满意，我们也不应追循康德，从论证非常普遍的结论推论出特定的结论：所列的"纯粹概念"必然可应用于经验中。这是因为我们并不如此地相信"形而上学演绎"，以至于认为这一推论是有充分根据的。相反我们会合理地盼望，在"原则论"中这些非常普遍的结论的进一步的工作，至少能部分独立于"范畴表"是正确的假定。

但是，看到康德关于《批判》的这个论证在"演绎"之后的展开计划包含了额外的一步，我们不应感到吃惊。这是由于，他所理解的"演绎"，不仅是关于我所提到的非常普遍的结论的演绎，而且是关于纯粹范畴的演绎。这些纯粹范畴是先前通过抽象从我们现实的、时间的直观模式得到的概念。他自然地发现在"原则论"从细节上继续演证每一个范畴的应用前，应该在"图式论"中提供另一个概念表，在这之前要将未图式化范畴应用的时间条件加之于它们来充实其意义。

那么现在让我们来考虑先验演绎，切记我们必须把它同时看作两个事物：既是对于一般经验概念的蕴含的论证；也是对造成了经验的主体机能之先验机理的描述。如果我们能够把后一方面完全化归为前者，根据分析论证来解释整个先验心理学，无疑会是令人满意的。任何这么做的努力，尽管会是英雄般的，但肯定是南辕北辙的。相反，我们必须在仍然意识到这两者的同时尽量分拆这两种元素；这是由于看来若不注意对这个模型的严格要求，我们很可能无法完全理解该论证的阐示。我认为，理解的一个更为严重的障碍是，部分因为先验心理学的要求，部分因为在这个探究的每一个阶段他都竭力追求最大的一般性和抽象性，康德推迟到"原则论"才考虑真正给"演绎"的非常普遍的论证和结论以实质内容。

5.客观性与统一性

我以权做前提的以下论题开始：经验必然包含被设想为不同于对其特定的主观觉察状态，不同于特定"表象"或"经验"的对象。康德坚称，诸表象要有客观的指称，表象之间就必须具有或展示某种统一性或连接性。如果我们杂多的知觉经验没有这类概念的应用所要求的融贯性和互相联系性，我们将无法使用关于对象的任何日常经验概念。康德将关于对象的概念当作统摄经验联系的规则来谈论。我们或许可通过如下评论显示这一点（康德在"演绎"中没有这么做，尽管他在"原则论"中这样做了）：任何特定的"反常"知觉，任何无法跟"表现在具体化这些概念的

第二章 客观性与统一性

判断中"之经验的一般过程相融贯的知觉,都仅被算作主观的知觉、假象或"表观",而不是世界如何客观地是什么样的真表象。康德将对表象的统一性和连接性的要求,看作是存在于我们经验的整个过程中的。其中不容任何缝隙。一个特定的反常知觉不被看作对另一个客观世界的一瞥,而是被贬到了主观假象的地位。类似地,如果任何经验片段被当作关于客观物的经验之一个片段,我们必定能够把它与其它片段整合起来,而该片段是作为一个单一的、客观的世界之一个单一的、统一的经验的部分。

我现在暂时搁置对最后这一连接性的要求之普遍性的怀疑,未来再对之做详细的考虑。一个更根本的反对甚至在解释如下问题的开初就会提出来:什么是关于对象的经验所涉及的东西,这些对象被设想为不同于对其特定的主观觉察状态。我们也许可以承认,关于对象的日常经验概念的使用隐含了康德所说的知觉之合规则的连接性,然而又否认这类概念的使用,对于被设想为不同于对其特殊的主观觉察状态之对象的经验是必须的。为什么被觉察的对象不能被设想为这样的事项:它们具有不同于对其觉察经验的存在,尽管它们处于其下的概念不能让人们把特殊的、被认定的知觉当作"反常"的来拒斥,因此不将该知觉当作一个对象的一个真表象?进而,关于对象的日常经验概念的使用跟以下观念是携手并进的:对象及其特定的特征存在于它们自己的次序、排列中,而这不仅在理论上,而且在实际上是可与对其主观的觉察经验区别开来的。但是,这个特征为什么应被设想为对于被设想为关于对象的经验是本质性的?为什么被觉察的对象不能被设想为这样的事项:它们具有不同于对其觉察经验的存在,尽管它们被设想为独立地存在于其中的次序和排列,恰恰点对点地反映了对其主观觉察经验的次序和排列?

除了康德的论证,或许存在拒斥这些建议的充分根据。然而,"演绎"第一版中有一段话几乎可被看作是从先验唯心论观点对这种反驳的回答。正是通过暗示这后一个学说一部分,康德在这一版中引入了客观性的主题。一般对象被设想为我们的感性经验之所出的独立存在事项。但是,**如其真正所是的**对象或对象自身,完全处在我们经验之外。我们绝不能觉察它们。我们所能觉察的全是现象,而"现象自身不过是感性表象,如此这般的感性表象自身决不能被看作存在于我们的表象能力之外的对象"。① 因此,如果我们的经验具有对于我们而言的、为经验知识所要求的客观性特征,那么我们的"感性表象"必定包含对于真正的、不可知的对象的觉察的替代者。这个替代者正是我们表象的合规则的连接性,这种连接性反映在我们对**经验**对象的概念的使用中,而经验对象则被设想为共同形成了一个统一的自然世界,该世界及其次序,不同于且支配着知觉的主观次序。在我们的经验范围中出现的,**实在**不过是主观的知觉自身;故此,所有能够通过关于对象的经验知识被真正理解的东西,乃是在知觉间存在着这样的规则和次序:该规则和次序关涉到我们能将这些知觉算作关于客观世界的知觉,而这个世界有其自身独立的次序,我们能将我们的知觉次序作为其后承归之于它。这个"**关于对象的经验**"的观念所能有的意义就是如此。但是,由于同一个理由,它

---

① A104。

的意义也不能少于此。

这是一个耐人寻味的论证。经验要被算作关于客观物的经验，它就必须恰恰展现出这样一些特征，而这些特征的必然性是被我们想象的反对者所质疑的，这个主张呈现为基于先验唯心论的学说，据此学说我们根本不能**真的**觉察到独立存在的对象，只能觉察到现象，而现象"自身不过是感性表象"。但是这个基础似乎是多余的。我们无须设定这样的前提，即我们日常设想为对象（其存在是独立于我们对其之觉察的）的东西**真的**并不是这样的事物，从而指出，如果经验包含了对象的观念的根据，对象的观念将是空的，就像它在使对象的日常经验概念之使用成为可能的连接性中包含那样。这里是康德先验主观主义的特征的重现。它经常被援引去支持一些能够自立的论题；这就是为什么我们有时想对先验主观主义的论题做这种平淡的解释。但是这种解释并不真的经得起整个工作的冲击。

我提及的这一段实则是插话。我们曾首先注意康德认为隐含于经验中的客观性的前提中的东西，而该前提是权宜之计的前提。现在我们要去关注这个权宜的前提让出自己位置之点，在这一点上变得明显的是，经验关涉对象的知识绝不单单是"经验"定义的事。一旦这一点变得一目了然，其它的也变得一目了然了：来自基础前提的论证不仅针对被一般地陈述的权宜的前提，而且针对所有被认为隐含于该前提中的东西。故此，讨论被认为隐含于权宜的前提中的东西是不是真的隐含于其中，就变得不必要了。

我们的感性经验会且事实上确实展示这样一种连接性，这种连接性能使我们使用关于对象的经验概念，能使我们把感性表象看作对客观世界中的事态的可靠知觉，除去少数反常的例外。但是，经验难道不可能具有完全不同的特征吗？难道感性表象不能在意识中前后相继而不具有使关于客观物的日常经验概念之使用成为可能的连接性？康德回答说不可能有具有如此离散特征的经验。他并不是把自己的回答建基于一个定义，一个将"对象知识"写入"经验"的意义之定义。他把自己的回答建基于一个完全不同的原则上。或几乎可以说，正如他所做的，他把自己的回答建基于一个重言式。当我们这样看待可能的经验，认为在该经验中感性表象前后相继而不具对于客观物的概念之使用是必然的连接性，我们至少要把此种表象的相继思考为属于一个单一的意识。康德断言不可能有这种经验，这一断言所建基的乃是这样的重言式：属于一个单一的意识之经验或表象，必定满足属于一个单一意识的条件。

那么，这些条件是什么？鉴于这个论证的状态，康德的回答必定被承认具有某种崇高性。一系列经验属于一个单一的意识所要求的是，它们应当恰恰具有合规则的连接性，该连接性也是它们构成一个时间地延续的关于单一的客观世界的经验所要求的。这样，整个论证的要点就转移到了意识的必然统一性上来了。

显然，这个回答引起了质疑，激起了反驳。然而，在我们尝试评价它之前，我们必须转而面对"先验演绎"的另一面，关于我们的机能的主动性的故事这一面，这个论证现在和这一面纠缠在一起。我并非要深入这个丛林的每个角落；相反我要在其上空盘旋直到看出其根本的特征。

6. 综合，自我意识和为心灵所造的自然

有时，康德这样来表达意识的必然统一性论题：如果我的所有表象对我而言是某种东西的话，"我思"必定可以伴随我的所有表象。这个思想看起来是一个复合思想，是两个思想的混合。（下文中我们会看到康德将一个思想看作隐含着另一个。）其一是早先的思想，认为直观必定被置于概念下以产生经验。故此，用康德的术语，知性（思想、概念、规则）的机能必定被使用。但是，进一步，如果不同的经验要从属于一个单一的意识，这些经验的主体之**自我**意识必定是可能的。必定有一个唯一且同一的知性在所有属于一个单一的意识的直观上从事其概念化工作，而这种同一性为这些经验的主体**所知道**必定是可能的。

想为或可被称为日常的经验的自我意识之这种条件的满足寻求一个解释，是徒劳的。"根据内知觉中的我们的状态的各种规定，关于自我的意识仅为经验的和总是变动不居的。没有不变的和常驻的自我能在这种内现象之流中呈现自身"。[①] 这是所有关于人的同一性的讨论都熟知的一点，尽管其全部力量未被指出，不论在这里的康德，还是在别处的休谟，都是如此。如果我们内部状态的"各种规定"并非"总是变动不居"的，如果比如一些内部状态是恒常的或相对地恒常的，这个问题就不能得到解决；它们仍将是我们的**状态**。要点在于，单单诉诸经验的自我觉察

[①] A107。

（对某人如此的内在状态之觉察）的事实不是在解决这个问题，而是在陈述这个问题。我们所考量的恰恰是各种意识状态之经验的自我归属的可能性之基础根据，而这是从意识这一端能够具有关于贯通其整个变化的（或恒常的）规定的自身的同一性之知识来看的。

康德有时似乎诉诸与知性机能的**活动**相联的一类特殊的"先验自我意识"来解答。似乎是这样，意识统一性的关键是要到这样一个事实中去寻找，即我们知觉中的连接性是由心灵**主动性**所**制成**。制成这种连接性或统一性的过程被称作综合；而且我们对自己同一性的意识从根本上不过是我们对这种综合或联结的能力，及其操作活动之意识。我们能够将一个给定的表象算作**我的**，仅仅因为我已经将之与其它表象相联、综合。现在，给定直观（对于我们这样知性是可能的）唯一的综合模式，是范畴所表象的模式；而且与范畴一致的表象的联结是它们在判断中的联结，这种判断关乎这种情况中什么是客观的。故此我的经验是对统一的客观世界的经验这个事实乃是如下事实的必然后果：仅当在该条件下我才能意识到我的各种经验都是我的经验。故此，康德做出结论说，我们自身也是**自然**中所有一般次序和联系的根源，这一点对于满足客观性和同一性的要求是必须的。

在此，许多论题互相联接起来了。我们直接关注的一个提议是，我们对于自身同一性的意识从根本上说乃是我们对综合或联结的能力及其活动的意识。在康德的一些评论中，我们似乎可以发现这个观点的表述。在第二版中他这样写道，不同的表象和主体的同一性的关联"只有在我能够把一个表象附加在另一个表象之上，并且**意识到这些表象的综合**"才发生；①或者，在第一版中，他更深刻地说，"心灵决不能以其表象的杂多思维其同一性……**如果心灵没有记住其活动的同一性**，而它通过此活动将所有领会的综合听命于……一个先验统一性。"②然而，在其它地方，重点不是放在进行综合和联结的**主动性**意识的，而是放在做这种活动（主动性）的**能力**的意识。在第二版中我们看到："认为在直观中被给出的表象全都属于我的思想等同于如下这个思想：我在一个自我意识中把它们联在一起或者说我至少**能**把它们这样联在一起。"③后来他写道："我是作为一个仅仅意识到其连接能力的理智物存在着的。"④

后两则评论的审慎特征应能让我们提防，不可过度解读前两则评论。毕竟，康德的确并非认为我们具有关于自我或其主动性的特殊经验或意识，它不同于他所认为的经验的自我意识，在其中我们仅仅能觉察我们自身的现象。在第二版中，他评论道："在知觉的综合的、本源的统一性中，我意识到我自己，既非像我显现给我自身那样，也不像我本身所是那样，我意识到的仅仅是我存在。这个表象是一种思维而非一种直观。"⑤再者，在第一版中，对于"'我'的单纯表象"——它是"先验意识"，并且"使所有其它表象的集体统一性成为可能的"——，他说道"不管这个表

---

① B133。
② A108。
③ B134。
④ B158–9。
⑤ B157。

象是清晰的，还是模糊的，甚至于无论它是否现实地发生，在此对于我们都不太重要。"①

我们也许恰恰对下面这点感到疑惑：知性进行联结和综合的主动性究竟以何种方式得以被指称，而这个指称被假定为揭示了在其下自我意识得以可能的条件，且这些条件也是多样的经验在其下可称为统一于一个单一的意识中的条件。综合统一性的至上原则"只不过是说出了这点：在任何给定的直观中**我的**所有表象必定隶属这样的条件，只有在其下我才能将它们当作**我的**表象归于那个同一的自我"。②这一点自身是很清楚的。在其下各种表象才有可能会被说成是统一于一个单一的意识中的条件，恰恰就是如下这个条件，无论它可能是什么，在其下经验的主体或可将不同的经验归于他自己，或可意识到这些不同的经验，在不同的时间，所属的东西之同一性。这个条件的满足被说成是依赖心灵进行的综合活动。但是，由于这些综合活动毕竟并未产生任何种类上异于日常经验自我意识所提供的自我知识或自我觉察，看来我们或许必须在综合活动的**结果**之本性中，而非在任何特定的对这些活动本身的觉察、或对在行使这些活动中发挥作用的能力的觉察中，寻找经验的自我归属之可能性的解释。或许经验的自我归属只在其下才是可能的条件正是客观物概念之下的经验的连接性，而该连接性被认为是综合所产生的。对于这种重点转移的可能性，我们将在下一节推究。

---

① A117，脚注。
② B138。

第二章 客观性与统一性

这样，康德在"演绎"中并未真正地澄清心灵活动的学说如何解释将经验归于某个自我的可能性，并由之解释多样的表象在一个单一的意识中的统一性。清楚地**被肯定的**是下面这个必然的联系，意识的统一性一方和表象与客观（经验）世界的关系一方通过综合建立的联系；而有待观察的是这种联系能不能独立于综合学说而被建立起来。同样被清楚地**肯定**的是自然中这样的次序，其根源的主观性，对于产生我们所经验的统一的客观世界是必然的，而对知性的主动机能一端的肯定，跟对在感性的被动机能之空间的、时间的关系模式之主观根源的论题是类似的。但是对这个肯定的唯一的支持在于综合学说中，而且这个学说或许由于在意识的统一性和我们经验的世界的统一的客观性之间建立了一个直接的分析性联系而被绕开了。

为了完全绕开综合学说，我现在将不在《批判》对其的详述上延宕，而《批判》为注疏者提供了用之不竭的素材。只在关系到澄清后面的评论的情况下，后续会有几次提及综合学说。在此我把自己限制在做最简略的评论。

综合学说严格地建基于能力的区分。单纯在感觉能力中、在纯然接受性中被给予的是一个事物。知性这种主动的能力，在其同样主动的副手——感性和知性之间中介——想象力的帮助下，用被给予的事物制成的事物则是完全不同的另一种事物。感觉材料自身是离散的、单一的、分离的、非复合的。所有的联结、所有的联系是被想象力所制造的，想象力把离散的感觉材料当作必然的积聚和再生，而其活动总是在知性（概念之源）的控制下。经验是这种联结或综合的主动性的结果。这不是说综合的主动性是限制在经验直观的材料上的。"纯粹的"综合也关涉到空间和时间的"纯粹杂多"之统一性的生成,以及纯粹数学的构造。

劳神苦思这些命题的地位是徒劳的。它们既不属于经验心理学(包括生理学的心理学),也不属于分析的心灵哲学,**尽管其中的命题也许或近或远和两者都有类似之处**。它们属于先验心理学想象出来的主题,属于康德模型的一个部分。当然,指出这几个要点已经足够,如果我们要追索康德的阐释所采用的思路,我们必须涉及这个模型的话。

7. 统一性与客观性

现在我们独立于先验心理学的学说去考虑以下论题:一系列分散的经验应该如何连接从而构成关于一个统一的客观世界的、时间上延续的经验,对于一系列分散的经验属于一个单一的意识而言,乃是必须的。在此过程中,我们会逐步领会到意识的必然统一性能够被呈现为基于一个更基础的前提,即建基于直观和概念本源的二元性的必然性,任何经验如可能,都要求这种二元性。但是我们首先必须回顾,一方面如何理解一个统一的意识观念,另一方面如何理解经验的观念,或关于对象的经验知识的观念。

不同的经验从属于一个单一的意识的观念与自我意识的观念,与一个经验或意识状态归于某人自身的观念相关联着。为使不同的经验属于一个单一的意识,这些经验的主体并不是必须不间断地把它们思维为**他的**经验;但是这些经验却必须隶属这样的条件，此条件是他**能够**把这些经验当作**他的经验**归属于自己所要求的。"**我的**所有表象……必须隶属这样的条件，只有在其下我才能将它们当作我的表象而归属给那个同一的自我。"① 这适用于"我的所有表象（即便是我没有意识到它们是这样的〔即是我的〕）"。② 这样，一系列经验所从属的意识的统一性隐含着这些经验的主体一方之经验的自我归属的**可能性**；这一意识的统一性隐含着，就主体一方而言，他将这些不同的经验归属的意识之数的同一性之**可能性**。

我们已经讨论了什么是被看作隐含在对**对象**的经验或觉察中的东西，而对象被设想为不同于任何特定的对之的觉察状态。③ 一个声称客观有效的判断，意味着"不管主体的状态如何"而为真的判断；④ 仅当客观有效的判断是可能的，关于对象的经验才是可能的。客观有效判断的可能性隐含着知觉中合规则的连接性，而这种连接性反映在我们对于对象的经验概念的使用中，这些对象被设想为具有自身的、不同于主体对它们的觉察经验之次序和排列的次序和排列。⑤

一个单一的意识中的多种经验的统一性要求关于对象的经验。我们可以通过考察这一主题如何抵抗攻击来检验它的力量。让我们从一个最明显的攻击思路开始。无疑，有人可能说，可能

---

① B138。
② 参见本章第5节。
③ B132。
④ B142。
⑤ 直至"原则论"，客观性的观念中的这一元素才被清楚地陈述出来。预先这样提及它们是必要的。

经验的内容必须以某种方式被统一，而且必须被置于概念之下。但是这样的意识所觉察的对象（诸宾格）为什么不能是如下事项的前后相继呢，即在这些事项间不存在可以划出的区别，得以区分对象（及其特定的特点和特征）的次序和排列跟主体对此次序和排列的觉察之经验，由此，这些事项将不是康德意义上的客观判断的主题。这样的对象可能是早先感觉材料理论家谈论的那类：红色、圆形色块、褐色椭圆、闪光、啸声、痒感、气息。概念、认知和记忆的某些间隔对于任何关系到经验的意识确实是必须的；而且所有这些都将会互相关涉。但是为什么概念就不能简单地是以此前的、有限的感觉材料词汇表达的感觉性质概念。主张一个可能的经验**或许**具有这种有限特征，跟承认它事实上具有不仅更复杂而且相当不同的特征，并不是不一致的。这就是说，或许可以不矛盾地承认：即使仅考虑我们现实的知觉经验的主观方面，若不运用实体性对象的概念，我们也不能充分地解释它们的特征。这个主张仅仅是说，如下所述并不是任何可能经验的必然特征：完全可以设想，经验应该作为其内容具有的正是这种我们已经谈到过的本质上分离的印象，而这些印象既不要求、也不允许"统一在一个对象概念下"，这是在康德理解的这个短语的意义上说的。

在"演绎"的第一版中有几段话几乎可被解读为对这个建议的评论。假设现象不允许以客观判断可表述的知识，它们"对我们而言便等同于子虚乌有了"；① 它们将仅仅是"诸表象的一场盲

---

① A111。

目的游戏,甚至于都比不上梦境"。① 或者又如,在一个生硬地表述的段落中,康德说,如果现象应与关联在一起的人类知识整体相一致是偶然的,那么,它们不如此结合,不以所要求的方式可联想的,就将是可能的;而且"如果它们不能被联想在一起,就会存在大量知觉,而且甚至是存在整个感性,在其中许多经验意识将在我的心灵中产生,但以分立的状态出现,而且不属于一个对我自己的意识。然而这是不可能的。"②

评论还不等于论证;并且在任何情况下这些评论看来都无法非常妥当地被表述。让我们把为反驳他的论题而提出的假设,称为纯粹感觉材料经验的假设,康德必定会在此假设中会发现的困难,真的是非常深层的困难。在起先相对表层的接触后,我们马上就发现在一个更深的层次上触及它。首先我们问:我们如何将一个意义附在一个单一意识的观念上,而一个单一的意识是前后相继的各种经验被假定为所属的?通过规定各种印象都**属于**同一个意识,我们似乎除了语词形式外,没有给关于本质上不相联的印象之前后相继的假设增加任何东西。通过说统一的意识就是前后相继地**觉察到**所有印象,我们似乎也没有添加更多的东西。麻烦在于,该假设给出的"觉察的对象",它们的存在事实上即是它们的被感知,也就是说没有可以区分这两者的有效根据,故此它们的被感知看似就只能是它们的存在。这个假设看似不包含被假定的觉察经验跟觉察之所及的特殊事项之间的区分的根据。由

---

① A112。
② A122。

于"经验"一词，我们易于忽视这一点，因为我们语词深层的隐含意义，及其隐蔽地保持的依附性，已在哲学思辨中被正式地放弃了。但是如果我们要严肃地采纳这个假设的话，我们就决不可忽视它。

我们已经达到了困难的更深层次。一开始我们就同意，经验既要求特定直观，也要求一般概念。若经验不关涉到把特殊事项认知为属于如此这般的一般类，就根本不存在任何经验。似乎在最短暂的和纯粹主观的印象中，也必定能够区分认知的或判断的成分，这一成分是不能简单等同于被认知的、构成了判断的主题的特殊事项、或者说是不能被特殊事项完全吸收的。然而同时，我们似乎被迫承认，存在各种特定的主观经验（例如倏忽而逝的痒感），此种经验中的各种对象（宾格）没有独立于对之觉察的存在。显而易见，康德必须将之当作克服这个困难的出路何在。出路在于承认，对于经验来说是必须的认知成分能够在经验中呈现，仅仅是因为将各种不同的经验归到这些经验的同一个主体之**可能性**。认知隐含了**潜在地**承认这样一种经验，认知必然进入这种作为自己的经验，作为与其它经验共享跟同一自我的关系的经验。这种潜在性是隐含在认知中的，这个事实拯救了特定经验中的认知成分使之不至于被吸纳到被认知的事项（而且因此拯救了作为**经验**的特定经验的特征），甚至在该事项不能被设想为具有独立于对之的特定经验的存在情况下。

那么，这样的承认的潜在性中隐含的，觉察自己具有这种潜在性之潜在性中隐含的（此潜在性在每一个经验中都必定呈现）究竟是什么呢？康德必定回答说，隐含于其中的最小的东西恰恰是纯粹的感觉材料"经验"的假设试图排除的东西。隐含的最小的东西是，至少特殊的经验的事项被认识到处于其下的概念的某些应是经验本身包含某些特定的、相关联的区分的根据：个别地看，一个经验判断**中**的主观成分的区分（如，在"这是一块沉重的石头"中，"在我看来似乎这是一块沉重的石头"是可区分的）；集体地看，一系列这种经验的主观次序、排列（这一方面）与事项（它们是经验所及）的客观次序、排列（另一方面）**之间**的区分。假设这些区分隐含在某些经验的概念特征内——由于一些经验没有其它经验的联结，一些经验或许必须被当作主观假象抛弃——我们就可以允许**也**存在完全缺少这种概念特征的经验，也就是说这些经验之对象（宾格）不是必须被设想为独立于对之经验而存在。被排除的是各种经验应该完全是后一类的。这是因为，如果经验完全是后一类的，那么甚至一个主体把这样的经验归到一系列经验的同一个主体的观念的根基也将完全是缺失的；并且如果这个观念的根基是缺失的，那么就不能在这样的"经验"中区分出不能完全被感觉宾格们吸纳的认知成分；而且如果这是不可能的，它们就根本不能被看作经验。至此我们知道了认为"我思"（以及"我"的同一个指称）必定**能够**伴随经验的单一主体的所有知觉的学说的力量；而且在此我们也知道了经验的必然客观性的隐含意义。但是其力量和隐含意义脱离了综合学说，脱离了先验心理学的论题。

现在让我们看看康德式论题会如何被从另一个方向攻击。或许有人会力主，康德对"可能经验"的要求甚至不能被康德自己满足这些要求的规定满足。让我们暂时假定：一般经验的可能性跟经验的自我归属的可能性是密切关联的。非常普遍的真理是：

将不同的状态或规定归于同一个主体,依赖于存在把这种归属的主体区分或辨识为其它诸多对象中的一个对象的方法。将这个普遍真理应用于当前的例子,我们可以用康德的术语说,将各种经验归属于经验主体之可能性,并且因此各种经验的自我归属的可能性,要求存在对应于经验主体概念的"被规定的直观";或者不用康德的这一术语,我们可以说,这种可能性要求存在经验主体的同一性经验可应用的标准。① 在现实的实践中,这个条件是由如下事实被满足的:我们中的每一个人,是各种物体对象中的一个物体对象,确为众人中的一个人。我们的人称代词,包括人称代词"我",有一个经验的指称;而且如果将经验归于经验之主体的观念是有意义的话,这个指称必须以某种方式被确保。

但是,康德给出的经验之自我归属的可能性的规定不包括参照这些事实(反驳在继续)。他谈到了先验统觉的"常驻的自我";但是他断非以此意指(至少相对的)常驻的人、世界内其它对象中的一个对象,人的同一性的经验标准的应用之点。然而,如果他拒绝这种对"常驻自我"的解释,是否他就掏空了将经验归于一个主体的观念的日常意义,而没有提供任何可以填补这个真空的东西?他实在没有什么**优于**感觉材料理论家的立场,这些人坚称:一个可能的经验,一个意识的内容,理论上能够是由本质上离散的、不知怎么由记忆和预期而连接的感觉材料组成的。康德的立场的确和这种理论家的**不同**。这是由于他坚称,为了存在一

---

① 这**不**是说,这个标准在经验的自我–归属中**必定**被援引。参见下文第三部分第二章对"谬误推理"的讨论。

系列属于一个统一的意识的经验,情况必定是,这个经验系列的某些(尽管不是全部)成员必须以这样的方式被概念化,以致它们一起形成一个融贯的客观的世界图像。故此,康德持有的乃是一个中间立场,处在感觉材料理论家和如下这些人之间,这些人坚持一系列经验属于一个意识的观念的意义依赖于存在经验主体的同一性之经验地可使用的标准。

但是,这一中间立场真的不是一种可能的立场(这个反驳得出结论)。如果康德的本质上相联的整体地形成了客观世界的图像的经验,能够有意义地被说成是意识的可能内容,那么,对于感觉材料理论家的本质上分离的经验,为什么就不能有意义地如此说?另一方面,如果人们反驳说,关于这种属于一个意识的分离的"经验"的谈论,没有被赋予任何意义,因为没有任何意义被赋予这些经验的主体将这些经验归于自身,也就是说没有意义被赋予自我意识的观念,那么这同一个反驳难道不能用来攻击康德的立场吗?康德主义者必须或者给予自我意识的观念更多的权重,或者必须放弃他对可能经验的感觉材料观念的反驳。

或许可以回复说,这种反驳是雷声大雨点小。这是因为其要点是可被承认而不伤及康德式立场的。对于康德来说,如下这点并非是根本的:他的规定对于解释经验的自我归属之现实发生是**充足的**。如果这些规定对于经验的自我归属的可能性是**必须的**,就已足够。或许这些规定并不代表我们使自我意识观念有所需意义所需的完备条件;但是康德已经成功地完成了这项困难的事业,从完备条件中抽出了更基础的部分。

那么,让我们从这个角度审视这个问题。我们可以考虑一个正常人的历史，在这个"例子"中各种经验之自我归属的条件已被满足，故此，不可能去反对谈论属于一个统一意识的一系列经验。这并非是说，该系列的所有成员事实上都自我归属了：一个人在沉思这个世界时（或者在跟这个世界互动时），比起他觉察或者思考正在感知（或操作）他所感知（或操作）的东西的他自己来，或许更易于忘记他自己。但是一清二楚的是，这样的一个经验系列，不拘是否自我归属了，其成员集体地建立了或产生了关于一个统一的、客观的世界图像（尽管并非所有的成员对之皆有贡献），而各种经验本身贯穿这个世界集体地构成了一个单一的、主观的经验路径，这个经验路径是贯穿这同一个客观世界的其它可能主观路径之中的一个。刚刚勾画出的反驳的要点在于，这样的一个经验系列的**主体的同一性**的观念，乃是依赖于一个人的同一性之复杂观念的。康德的规定更为基本的要点在于，这样的主体的各种经验本身必须被如此地概念化，以便去规定其经验的主观路径与客观世界之间的区分，这个客观世界是经验经由它而为一个路径的。我们可以说，一个人之历史，在诸多其它的东西中，是对于这个世界的一个时间地延续的**观点**的具体化。我们无须坚持说我们能够仅仅根据这种从所有其它的东西中抽出的、时间地延续的观点之观念，完备地解释经验的自我归属的观念。我们必须坚持的是，不给出后者（时间地延续的观点的观念）我们根本无法解释前者（经验的自我归属的观念）。

在此，感知的主体与他知觉的客观世界之间的因致关涉有一些隐含意义，我中断论证提及它，但不做详述。一系列经验建立了一个客观世界的图像，在此图像中这种经验的对象的次序、排列必须被设想为不同于形成这个系列的经验的次序、排列。但是无论如何，形成了这个系列的各种经验不能在任何次序中出场。这样的系列产生的客观图像，就是其的确产生的客观图像，部分是为它们自身次序中的成员所具有的。在主观的、客观的次序与排列之间存在某种必然的互相依赖性。当然我们无法根据这些极其一般的根据确定任何特殊形式的互相依赖性。根据这些极其一般的根据，我们只能指出如下一般事实：我们关于客观世界的各种图像跟我们贯穿客观世界的可能的知觉路径之图像不能彼此独立。对于这种互相依赖性的进一步探究是知识理论中的目标。我在此提及这点是为了更清楚地揭示关于客观世界的、时间地延续的观点的观念中的隐含意义。

　　让我们回到主要论辩上来。要考察的反对是，将经验归于经验之主体的观念，依赖于作为可区分的"直观对象"的经验之主体的观念。如果考虑复数情况的话，这样的主体必须被设想为可知觉地属于一个共同世界。回应的要点在于，如果这样的主体必须被设想为可知觉地属于一个共同的世界，那么他们就必须也被设想为每一个都有自己的对于这个世界的经验。恰当地理解的话，反驳者的要点和康德的并不矛盾；它包括了康德的要点。如果我们从事实中抽掉主体是其经验的客观世界中的可直观事项，我们就留下了世界是一个客观世界这一事实；并且，在主体对于客观世界的经验之本性中，必须给出这个事实。而这正是康德所给出的。满足康德的规定的一系列经验具有双重的方面。一方面它累积地建立了一幅世界图像，在这幅世界图像中对象和事件（及其特定的特征）呈现为具有客观的次序，这一次序逻辑地独立于任何特殊的贯穿世界的经验路径。另一方面，它作为关于对象的一系列经验具有自己的次序。如果我们将这样的一系列经验看作在一系列包含着细节的判断中持续地关联着的，那么，这些判断，把它们的次序和内容一起看待，将会是这样的：一方面产生一个客观世界的（部分）描述，另一方面产生一个对于这个世界的单一的经验的过程图。不仅这一系列的整体，而且这一系列中的每个成员，都有双重的方面。当一个客观判断被另一个所改正时，这一点就明显浮现了：当被改正时，保持不变的是主观经验，是"看似"。一般经验自我归属的可能性的基础根据就在于（经验）各方面的这种双重性，尽管要承认，它并非一般经验自我归属的现实性的完备条件，它还包括那些对于这幅客观世界的图像没有任何贡献，或者没有一致的贡献的东西。

认为经验主体的同一性的经验可应用的标准必然存在的人，或许会觉得，这一回答遗漏了其批评的精微之处。这是因为客观物的概念的使用是经验可能性的必然条件，被认为是当然的。但是一定不能承认客观性条件满足之必然性在本源论证中未被正确地、或者充分地解释吗？这是因为客观性条件的必然性是作为自我意识的可能性、经验的自我归属的可能性所要求的东西被解释的。然而它事实上向批评者承认，客观性条件的满足不足以使经验的自我归属成为可能，也就是说，不足以使经验的自我归属观念对于主体来说是完全可理解的，这个主体能够意识到其所有经验中他自身之数的同一性。但是如果客观性条件的满足自身并不能使这种自我归属成为可能，那么它将不能**作为**使这种自我归属成为可能的东西，使客观性条件的满足成为一个可能的经验的

第二章 客观性与统一性

融贯的观念中的必然的元素。一个充分的解释将会关涉到经验的自我归属的可能性之完备条件（包括存在着这样的主体：它乃是处在世界中的一个可被直观的对象）；而且**随后**要指出完备条件关涉到客观性条件。但是，经验的可能性要求经验主体是一个在世界中的可被直观的对象，这在康德的著作中并无任何暗示。

要拒斥该批评的这种终极形式，显示如下之点就足够了：为客观性条件奠基的要求能够且已被这样解释：该要求弱于各种经验的经验自我归属的可能性的完备条件的满足，尽管它被这个完备条件的满足所蕴含。唯一所需的让步是，这个要求的陈述有某种含混不清。我们考虑过的这个反驳，就其本源形式看，有赖于如下一点：将各种状态归于一个**主体**，要求主体自身是一个可直观的对象，而该对象有其经验可应用的同一性标准。为客观性条件奠基的要求并不恰恰就是，经验应该能被归于这样的主体，而是经验应当具有自我反身性的特征，该自我反身性**被康德用自我意识的观念来表达**。这个表达并不完全妥帖，因为我们马上被它引导去用**人的**自我意识，并因而用经验之日常经验的自我归属的完备条件思考。但是这个表达所意指的是少于此的东西，然而这种东西仍确实构成了人的自我意识的本质核心。

一般可能经验之必然的自我反身性的意义亦可表达为：经验必定是如此的以便为经验思想本身提供空间。客观性条件的要点在于它为此思想提供了空间。它一方面为"事物如何客观地如此这般存在"提供空间，另一方面为"作为存在的事物是这样被经验的"提供空间；并且它为第二种思想提供空间是**因为**它为第一种思想提供了空间。这个要点（如我们看到的，不尽妥帖）是通过援引所有特定的对于经验的客观判断中的主观经验的可区分成分被指出的,而且这个要点是通过援引贯穿客观世界的一个主观的经验路径被指出的,而这个主观的经验路径乃是其它可能的路径之一。必然存在的是,经验之所系的事物在世界中是怎样的与它们作为存在是如何被经验的之间,世界的次序与经验的次序之间存在着**区分**,这一区分隐含在经验中所使用的概念中,尽管区分不(总)是**对立**。这个必然的两面性是真正的连接点,连接了康德所称的"本源的(或先验的)自我意识"与所称的客观性条件。根据**自我**意识、经验的**自我**归属来表达前一个观念是合法的,尽管也许是误导的,因为,前一个观念虽说不等于经验的自我归属的可能性(即它不是给予经验主体的同一性观念以意义的完备条件的观念),但它确实代表了经验的自我归属的可能性之基础性的根基。这是因为"作为存在的事物是这样(已经)**被我经验**的"预设了"作为存在的事物是这样(已经)**被经验**的";而且后者反过来预设了一个区分,尽管不(总)是一个对立,即"作为存在的事物是这样被经验的"与"事物是这样如此这般地存在的"之间的区分。

故此,先验自我意识是不能被**认同**为经验之经验的自我归属的可能性的。但是它必定被认作该可能性的基本条件。而且它被表明要求客观性条件的满足。

对这种批评的最后形式的这种回应有一个重要的后果。它留给这种批评一个开放的问题:"一个可能的一般经验"的条件是否包括各种经验之经验性自我归属的完备条件的满足,即是否存在经验之主体的同一性的经验地可应用的标准。如果这些条件的确包括完备条件，那么先验自我意识的要求就来自于经验的自我归属的可能性的需求，并且最终从后者得到其可理解性。如果这些条件不包括完备条件，那么先验自我意识的要求就只能来自于一般可能经验的思想，而且这个要求的可理解性就相当独立于经验主体的同一性之经验可应用的概念。由于康德从未明确地直面这种选项，我们不太清楚康德对这个问题的回答将是什么。但有一点是清楚的，即两种回答跟如下的声称是兼容的，这一声称是说，"演绎"的论证确定了我们能使自己理解的任何经验观念之最一般的特征。①

这种回应也表明，在解读这个阐示时，援引"自我意识"观念时，需要留意很多方面。它并未表明需要特别小心以至于要求彻底地放弃该阐示的语言。

我将以几则评论结束这一节，这些评论并没有给论证增加任何东西，但在结束本节之前做这些评论或许并非无益。

[1] 首先，让我们简要回顾感觉材料理论家的可能经验的观念。如果这样的经验是可能的，那么对于经验的一系列相应判断将会是可能的。但是一组这样的判断将无法形成一幅对象世界的图像，这些对象间的关系不同于对于对象的经验间的关系。故此，它将既不能为贯穿这样的世界的经验的路径的观念，也不能为从个别的判断中分离出主观的、经验的成分提供根基。故此，它不能为经验必然的自我反身性提供根基，而经验的自我反身性

---

① 在这一点上，援引康德在"谬误推理"中对自我知识的主体的处理是可取的，这个处理补充了"演绎"中的论证。参见第三部分。

则是经验的自我归属的可能性的本质核心。故而秉持此说的理论家并未成功地描述可能的经验。

即便面对这个论证，我们也许仍然会因这个最后的反驳而认为，我们中的每个人都能很好地想象一段**他自己的**经验，如感觉材料理论家所描述的，并且因此能很好地设想大量不是他自己的类似片段。为了证明一个整体经验的可能性，该整体经验在其全部时间的范围内具有这样片段的特征，还要去求哪些更多东西呢？而这恰恰就是感觉材料理论家关于可能的经验的观念。**但是，我们即使具有我们所具有的概念资源，对于能够形成这种图像仍是不够的。必须表明的是：这幅图像自身包含自身作为经验的观念的材料**。而已经表明的是它并不包含。我们也绝不可假设能如此简单地回应这种可能经验观念的反对：提供对可能经验的观念的详述以至到允许"逻辑地构造"客观世界，同时保持感觉材料判断为经验的基本判断的地位。这是由于如果一个被详述的可能经验的观念有意义，则详述的一个更简单的观念也将是有意义的，或者如果这个后果是不可接受的，那么就没有合乎康德的要求的真正选项被提了出来，康德的要求是，基础的或基本的经验判断本身应当是客观判断。（假定综合学说隐含了任何与这种要求相对立的东西，将是极大的误解：无论我们如何解释这个学说，很清楚的是，综合不是以经验为根基进行的操作，而是经验的前提条件。）

[2] 本节对"演绎"中论证所做的研究是一项不断演进的研究；而且这个事实或许要求我们对其早期阶段做一回顾，以便使隐含在演进中的东西变得显明。如果"演绎"中有任何论题初看

起来据于中心的话，它乃是这个：经验的可能性要求自我意识的基本条件得到满足，在此情况下，一个主体的多种多样经验的自我归属的可能性是通过后者（自我意识的基本条件）被理解的，而该主体能够意识到这些多种多样的经验被归于的东西之数的同一性。随后，这个中心论题被论证为具有这样的必然性（作为一个后承），即经验（至少部分）之概念带来的连接性的必然性，而这些经验是主体能够将其构成为关于一个统一的、客观的世界的经验，归于他自己的。如我的阐示早些时候已表明的，能够把这个中心论题呈现为一个更为一般的论题——所有的经验都包含概念成分或者说认知成分——的后承。但是那里所呈现的联系并未预料到随后产生的自我意识观念的困难。[1] 这一阶段的论证如何能被重塑以考虑这个困难呢？

操作非常简单。这是因为拯救在一个经验中的认知成分，使之免于被同化为其感性宾格（并且由之拯救这个经验作为经验的地位），这种拯救的必然性与在经验中为经验本身的思想提供空间的必然性，就是同一的；而且正是这个必然性直接地要求"事物是怎样的"和"事物是如何被经验的"之间的区分，并且因此要求在经验判断（尽管并非在**每个**如此的判断）中使用客观物的概念。在这一重塑中，回避了对主体经验地意识到自己的数的同一性的参照。但是，通过指出经验的自我反身性所要求的条件，也是经验的经验性自我归属所要求的基本条件，通过指出"先验自我意识"是经验自我意识的核心，这一参照可被重新引入。

---

[1] 参见上文第 102 页及其后。[指边码]

呈现这种形式的关乎客观性条件的论证,就是呈现这个论证的最简形式。在对这个康德从未清楚明确对待的选项的铺陈中[①],我们看出可以得到一个更精密的论证。

我们将看到,随着这一节中对"演绎"的论证的研究的推进,看似简单的"多种多样的经验从属的统一意识"的观念对表述这个论证所依赖的基础思想来说,显得越来越不充分了。它首先让位于经验性的(人的)自我意识的可能性的观念,然后让位于深刻的先验自我意识的观念,即显现为经验自我意识的可能性的基本条件的经验的必然反身性。并且它必须这样;这是由于它仅仅表述了以这些术语解释时的融贯思想。

[3] 我最后的评论考察记忆。或许看似有些古怪,我处理了本节的诸多主题却很少明确涉及经验中的这个重要因素。从属于一个单一意识的时间地延续的一系列经验的观念,不论它是否关涉到其它东西,难道不是本质上关涉到记忆吗?经验中的概念成分的观念,难道不是关涉到认知并因此关涉到记忆吗?这个机能怎么**能**被如此地忽视呢?现在记忆当然是关涉到经验、认知、贯穿多种经验的自我同一性的意识。但是,它是如此深入地且本质地被关涉以至于不能被稳妥地处理,仿佛它真的如被假设的那样是一个可分离和可分拆的因素,也即是能被方便地援引去联接时间地相继或分离的片段以形成一个经验序列的一个因素。如果没有记忆经验就是不可能的,那么没有经验记忆也是不可能的。它们不管是从如何隐晦的层次浮现的,它们是一起浮现的。

---

① 参见上文第108页。[指边码]

8. 先验主观性和范畴用于经验的限制

迄今为止，对"演绎"中的几个思路，我只给了极少的注意，甚或完全没有提及。其中大部分和自然的次序的主观性论题相关，而这个论题是说，我们自己是自然世界的次序和客观性的根源，这个论题在知性方面对应着在感性方面的先验唯心论论题。当然，我们必须认识到，康德对主观性的观念做了两种截然不同的使用，正如他在两种不同的意义上使用了在什么是"在我们之内"和什么是"在我们之外"之间的对立。自然的次序的主观性论题，不是**撤销**自我归属的或可自我归属的各种经验的主观次序与这些经验中的一部分必须被设想是其经验的世界的客观次序之间的区分。这种客观次序的主观根源不是显现在日常经验自我意识中的自我，而是神秘的自我，作为其自身的自我。

先验主观性的两个论题，一个是"感性论"的，一个是"演绎"的，并不仅仅是平行的。在康德看来后者依赖，并且预设前者。某种推理看似进行如下①。由于所有存在于空间和时间中的自然对象和空间、时间一样，**在我们之内**（仅仅是现象、是感性的模态，它们并不存在于我们的表象能力之外），那么如下这点就是可理解的：它们应该必然地符合它们是经验知识及可能经验对象的知性条件。只能作为现象（亦即空间和时间中的事物）存在的东西**必定**满足以现象而存在的**所有**条件（不仅包括知性所赋

---

① 参见 A128-30, B164。

予的条件，而且包括感性所赋予的条件）。另一方面，如果空间和时间中的事物具有它们自身的存在，那么事物就不是必须要满足它们是知识对象的知性条件（亦即它们应当符合范畴）；而且除非我们准备将范畴看作是源于经验的，否则知识的对象符合范畴将仅仅是一个偶然之事、前定和谐的偶然。① 对于这种推理，指出就其自身的术语而言，它是值得尊重的，就已经足够了。但是，这些术语是属于这个模型的。

在"演绎"第二版的版本中，还有另一个要点，"演绎"在此和"感性论"学说的联结显明地建立起来。这样我们注意到，尽管在第 20 节结尾，康德宣称已经证明了"一个给定的一般直观中的杂多"是必然地服从于范畴的，但他仅仅把这称为范畴演绎的开端，而没有说任务已然完成，直到在 26 节中他诉诸如下这个事实：空间和时间不仅是我们的感性直观的**形式**，而且本身是直观。直至 20 节涉及知性必然的综合统一性的论证，被假设为抽去感性直观的现实模式、时间直观和空间直观而进行的。当我们真的涉及这些感性直观的模式时，我们被假设为能够恰好领悟一般结论是如何跟这些直观的模式相协调，以及它是如何以一般的方式在跟它们的联系中发挥作用。空间和时间或许可以脱离现实的经验直观，脱离感觉的材料被考察，如在空间的情况中，在纯粹几何学的构造中所做的那样。即便在纯粹直观这样的构造中，我们也在处理杂多，它们具有必须一起考察的多样的部分，亦即被综合和统一的部分。但是从另一个观点看，在纯粹直观中

---

① B166-8。

第二章 客观性与统一性

被如此综合的恰恰是关系的系统,在这个关系中,在经验直观中被遇到的,并且故此是服从于范畴(它们本身是综合功能)的事项,必然地呈现它们自身。空间和时间两者都是纯粹直观并且是经验直观的形式。故此,在一个**统一的**空间和时间中被经验地遇到,跟服从知性赋予"给定的一般直观的杂多"的统一性的一般原则(亦即服从范畴),是必然互相配合的。关于这一段,注意到如下就足够了:它或许可以被部分看作对"原则论"的预示,在"原则论"中范畴与直观的感性模式关联了起来,部分被看作对综合理论的复杂要求的另一个展示。

随之,我们必须注意康德假定的自然次序的主观性论题与"先验演绎"的另一个重要学说(的确是另一个假定的结论)之间的联系。这是范畴的使用是限制在可能的感性经验的对象上的学说。它是在"演绎"第二版中被特别强调的学说。① 关于它以及它与康德的先验主观性的论题的联系,我将会在下文论及先验唯心论的一般形而上学时做充分的论述。但现在我必须就这些在"演绎"中处理的主题说几句。

我在前一节尝试地从"演绎"分析性论证的重构版本得出的这些结论,是极其普遍的。通过一个可能经验我们可以理解的所有东西必定潜在是一个自我意识主体的经验,并且必定因此具有内在的连接性,而此连接性是客观物的概念带有的,它对于把意识主体的经验构成为对于客观世界的单一的经验过程,乃是必须的。这里并未提及任何特殊的概念或概念类型,如果经验是可能

---

① 参见 B146-8, B148-9, B165-6。

的，它们必定能够应用。基于"范畴的形而上学演绎"，康德认为自己可以正当地得出更加特定的结论，即被列举的范畴恰恰是这些概念；他认为，这是因为它们是我们必定要在经验中应用的范畴，如果我们要使用判断的形式的话，而这些判断的形式是我们做客观有效的判断中都要使用的，如果要做任何判断的话。

在我们当下的哲学时代中，似乎没必要特别强调如下这个论题：必然可应用于经验的概念，除非与其应用的经验标准相联系，也就是说应用于可能经验的对象，否则不可能用于知识的表达。我们认为，没有任何人会持这样的看法：日常的经验概念的使用能够脱离其经验应用的条件而不失去其意义。似乎范畴的情况并不比日常经验概念的情况更有理由假定这一点，如果对经验观念的分析显示存在这样的概念的话。这是因为使一个范畴（如果有范畴的话）与一个日常经验概念区分开的东西，是当我们把我们的经验观念推到融贯的抽象之极限时，我们仍发现这个观念隐含着我们所考虑的概念的可应用性。当我们能说如果经验在**这些**或**这些**方面是不同的，我们将不能使用这个概念时，我们称这一概念仅仅是经验的。当我们不能形成一个融贯的反事实的前件，由之我们推出与一概念相联的后件时，我们称这一概念是非经验的（**先天的**）。在此没有任何东西暗示我们能够使这样一个概念完全脱离其应用的经验条件，同时依然能用它做有意义的断言。

但是单纯用这些术语去呈现这个问题，就彻底忽略了**先天的**观念对于康德而言的双面性。经验的**必然**特征是因其根源的**主观**

第二章 客观性与统一性

性。在康德看来,这两个观念是不可分割地关联着。① 此外,经验的必然特征有两个不同的主观根源:一方面是感性,另一方面是知性。范畴被看作是通过抽离感性而关注知性的要求推得的。如果这个推得不是虚假的,从不同于感性直观角度看的话,如此推得的概念必定被假设具有**某种**意义。而且联系到道德主题,康德确实有其它理由获得范畴的非感性意义。我们必定要被容许去**思考**,例如,不受空间和时间条件限制的各种原因。② 这一切使康德用他的认知能力理论着力陈述加给就知识而言的这些概念的有意义使用的约束的理由,变得更加迫切了。这正是他所做的。范畴是"只是知性的规则,而知性的全部能力就在于思维……一种机能,故此知性由自身什么都不知道,它只是对知识的质料,即必定通过对象而给予它的直观进行联结和整理"。③

这样,一方面,"我们称为自然的现象中的秩序和合规则性是我们自己引入其中的。设若我们或我们心灵的本性,没有本源地将它们放置于现象中,我们就不可能在其中发现它们"。④ 另一

---

① 对于这个关联,在范畴的情况下,引用一句话比任何阐明性的评论更能有力地将之显示出来:"这种自然统一性应当是必然的统一性,即应当是现象的联结的先天确实的统一性;并且这样的综合统一性将不能先天地建立起来,假定这样的统一性的主观根据没有先天地包含在我们心灵的本源性认识能力中,一种综合的统一性的诸主观的根据没有包含在我们的心灵的诸本源性的知识源泉之中,并且假定这些主观的条件并非同时通过如下方式而拥有客观有效性,即它们构成了我们之终究认识了经验中的一个对象的可能性的根据(A125-6)。(参考韩林合译文。——译者注)
② 对比 B166 脚注。
③ B145。
④ A125。

方面，范畴的这种排序功能是它们在知识中的唯一功能。故此，范畴应用界限的论题被呈现为知性为自然的基础性次序负责的论题的反面。

然而仅仅基础的次序是如此。康德强调，尽管我们能**先天地**知道自然和一般法则的必然符合（经验可能性的一个条件），但这并不意味着通常的自然科学研究的方法绝不是经验的。在两版中，这个要点都被极清楚地陈述出来。① 当然，我们接着仍必须讨论康德认为自然和一般法则必然相合准确地说涉及什么。即便这一模糊的观念似乎超越了任何我们能看作"先验演绎"的分析性论证建立的东西。

9. 结论性评论

在这漫长讨论的结尾，我们实际上留下什么呢？我们能找到的分析性论证是极其抽象和笼统地被推进的；它是跟对主观性论题、机能的先验心理学的阐述纠缠在一起的；所有细节的或确定的结论，都完全依赖从判断形式向范畴表的推导。我们丝毫不能依赖这种推导。我们不相信综合理论。但是我们还剩下了某些东

---

① 在第一版中："诚然，这样的经验法则决不能从纯粹知性那里获得其来源。正如几乎不可能仅通过诉诸感性直观的纯粹形式去完全理解现象无法估量的杂多性一样"（A127）。

在第二版中："除了那些关涉一般自然的先天法则外，亦即空间和时间内所有现象的合法则性外，纯粹知性并不足以颁布现象的其它**先天**法则。特殊法则的特定本性并不能从范畴中推导出来，尽管它们全都隶属于范畴。要得到这些特殊法则的任何知识我们都必须诉诸经验"（B165）。

西；如果没有留下证明，也留下了去持有这样一个极为一般性的结论的理由：任何我们能够对之形成一个融贯的观念的经验过程，必定潜在是自我意识主体的经验，并且，必定具有如此这般内在的、概念带有的联结以把自我意识主体的经验构成为关于客观世界的经验的过程（至少部分上是如此），而这个关于客观世界的经验过程被设想为规定着这个经验自身的过程。至于这个一般结论是否蕴含了进一步的概念和原则的必然可应用性，以及如果蕴含的话，这些概念和原则是什么，这些都是有待于进一步论证的问题。康德将会使用的主要论证取决于客观性的一般观念跟时间次序的一般观念之间的关联。我们会期望这些主要论证的本性不那么抽象（比起"演绎"中的论证），同时，与之相应，我们会不仅希望得到更多特定结论，而且希望得到对一般结论更好的把握，抑或更坚定的确信，而该一般结论在"演绎"中我们是善意地抱有、而非完全地据有或确信的。

第三章　持存性和因致性

我们带着相当确定的希望从"先验演绎"来到"原则论",我们希望在"演绎"中所持的一般结论得到进一步的澄清,同时希望这些结论本身在这个过程中得以更坚实地建立。这是由于如我已解释的,"演绎"的论证实在是太过于一般和笼统了,以至于我们对它的持有只能是不踏实的。我们持有的学说为,在经验中存在概念带有的**某些**形式的连接性,它要能把经验构成为关于一个客观世界的经验,这是一般经验的可能性的必然条件。对这个学说的持有无疑将为如下确定的、可接受的论证所强化,该论证为:概念带有的某些**特定**形式的连接性是一个可能经验必然关涉的。如此被理解的论证,正是要在"原则论"中寻求的。

1. 一个"历史的"观点:被考虑和拒斥的原则

唯有在带保留条件的情况下,我们相当确定的希望才能说是可满足的。这些保留条件是重要的。它们是如此地重要以至于毫不奇怪许多哲学家采纳了与我刚提及的、有希望的原则观迥异的观点。这种我必须先行勾勒的迥异的观点,本身是关于形而上学本性的一般学说的应用；而且这种学说应用于原则论依赖这个事实，即康德实际上将之当作"原则论"的论证之明示的各种结论，在一些例子中，能被有理由地看作已存在于康德时代及其前、其后一段时间物理学理论的基础假设。故此他赞成量的守恒原则，变化的连续性原则，每一个状态的改变都有一个原因的原则，在任何时间中物质的所有部分都互相作用的原则。所有这些原则都很容易和牛顿物理学建立联系。并且这个联系肯定在康德的考虑中——如我们在B252的一个脚注中看到的，若不能从其它地方看到的话，在那里他谈及了每一个变化都有一个原因的原则，小心地说他并不把一个物体的匀速运动当作状态变化的一个例子。但是尽管康德把他的结论看作物理科学的前提，他没有且不能和"原则论"中宣称的目标一致，在短语"存在于他的时代的物理学理论的假设"隐含的历史视角下看待它们。然而这个历史视角对于我们而言是强加的；可以确定地说，这是因为包含在"原则论"的某些明示的结论中基本概念框架越来越多地在当代物理学中被抛弃，或者至少被挑战。

根据我刚提到的形而上学观，这种立场绝不是令人不满的。这诚然正是我们应当期待的。这是由于据这种形而上学的看法，这项事业的全部功能恰恰是环环相扣地描画出被掩盖的、基本的观念框架，一个时代或社会的科学思想，以及有人会加上的社会思想和道德思想，乃是在这个框架下运作的。这一观念框架本身不是科学家（或道德学家）当作某些特定问题的解决采纳的一种理论或一组原则，而是提供了使所讨论的时代或社会中的问题得以提出、或竞争的理论得以构成的术语。因而这样的几组观念并不被认为通向直接的反驳；相反，当科学（或社会）思想进入新的阶段后，它们是无声无息地被废弃的。形而上学家的全部任务，不论他如何设想这个任务，实则是通过弄清楚这几组观念实际上现在是什么，或曾经是什么，使我们弄清楚我们思想——包括现在和过去的思想——的特征。

隐含在对形而上学的这种解释中的区分并不是完全清楚的。但是清楚的是在其间存在某些东西。一个人如果不仅接受了这些区分，而且接受了对形而上学相应的解释，或许会赞扬康德对牛顿物理学的前提做了漂亮的工作，而且甚至会把他当作后来愿意对量子物理学和相对论物理学做同样工作的形而上学家的楷模。我们发现柯林伍德①和克罗纳②实际上表达过对"原则分析论"的这种看法。克罗纳的确建议整个《批判》需要哲学物理学家对之做彻底的重建。

> 其关于作为先天殊相和知觉形式的空间和时间的学说也许应为一个新的空间–时间观所代替；而其三个类比将为另一组观念所代替。怀特海的《自然的概念》及其它著作可看作……在这个方向上的尝试。任何肩负起这项任务的哲学物理学家不仅将从康德的一般路径，而且会从他对其时代的科学的考察之结果中获益良多。③

这是对此事的一种看法。假设这是唯一可能的看法的话，

---

① 《形而上学》，ⅢB。
② 《康德》，第四章。
③ 同上书，第87页。

《批判》作为一个整体就不会如我们期望的那样有趣了。接受这种看法相当于放弃了如下观念：我们会在"原则论"中发现对"先验演绎"中的一般结论的进一步详述，将之推进到包含更多细节的陈述，说明我们能使之对自己成为可理解的那样的任何关于客观实在性的经验之可能性的一般必然条件。相反，我们必须在新的眼光下看一看"先验演绎"自身，知道一般情况下我们不得不满足于历史的形而上学：解释科学思想在这一时期或那一时期或现在运作于其中的基础的观念框架。

这大大地偏离了康德的意图，且大大地偏离了他假定自己已取得的成果，以至于我们至少应对之有所疑虑。假设我们如柯林伍德那样，认为历史感的缺乏导致康德犯下了假设其时代科学思想的基础设定是一般科学思想的绝对必然设定的错误。但从他犯了这个错误，并不能推出不存在一般经验的可能性的可陈述的必然条件，也不能推出康德并未在"原则论"的任何一点上接近于陈述这些条件。或许推出的是，他更可能是错误地陈述了它们，他更可能是把他将之看作物理科学的必然前提错看成正是他所寻求的一般经验可能性的必然条件。如果这些前提和必然条件之间存在某种形式关系，例如，如果一种特定种类的科学的预设是经验的更确定的必然条件的话，他尤其易于犯下这个错误。

这样，康德在"原则论"明显地提出的结论的特征，对我们的希望就不是一个绝对的阻碍。我们能理性地拒斥招致预先屈服于单纯历史的看法，而且能有所保留地在尝试中坚持忠于"原则论"之观念，这是更切合康德自己的观念。有所保留的确是重要的。首先，我们不会把自己束缚于"范畴表"上，康德诉诸此表去辩护他对"原则论"的选择和呈现。其次，我们将会避开康德设置的一些陷阱，康德在关注其时代的物理科学事实上的前提时设置了这些陷阱。这意味着我们必须将我们能认为在"先验演绎"中建立的，或者至少是被有力地坚持的一般结论当作我们唯一的、宝贵的线索。我曾以一些方式表述过这些结论。其一曰："先验演绎"中首要地坚持的是经验的统一性或连接性，正是这种连接性关涉到并被关涉于对象概念的使用，而这些对象被设想为共同构成了一个客观世界。一个客观世界的观念和贯穿客观世界的备选的、可能的经验路径的观念密不可分，和主观经验与经验之所及的世界之间的区分密不可分，和经验自我意识的可能性密不可分。这样，客观性和经验的必然统一性或连接性之间的连接这个观念恰就是我们那一宝贵线索的核心，而且我们要在"原则论"中寻找的就是对必然地关涉到这个观念的东西的阐示。

2. 客观的与主观的时间关系

似乎在"原则论"中名之曰"经验的类比"一节中最有希望发现这种阐示。我们没有在"直观的公理"和"知觉的预知"中发现它。这两部分主要关注数学的可应用性，首先，应用于经验地给定的空间和时间的量——广延和持续，其次，应用于物理对象之性质的可度量性，这种可度量性反映在物理对象激起的感觉的度或强度的变化中。我们也没有在"经验思维的公设"中发

第三章 持存性和因致性

现我们想找的东西,这一节主要是对可能性、必然性概念用于自然世界的指导和警告,这一应用是在非狭义逻辑学意义上的。但是"类比"似乎承诺了我们正在寻求的某种东西。"类比"的一般原则被宣称是"唯有通过知觉的必然联系的表象经验才是可能的";① 康德自己对它们的回顾性描述如下:

> 我们的类比真正说来描画了在某些指数之下所有现象的关联中的自然统一性,这些指数无非表达了时间与……统觉的统一性的关系……总起来说,类比断定了所有现象都处于某一个自然之中,且必定处于某一个自然之中。因为,如果没有这种先天的统一性,那么任何经验的统一性进而在经验中对诸对象所作的任何规定均是不可能的。②

若说我们在这一阶段的这个论证上必须求助的只有"类比",这并非完全正确。在"原则论"中有其它两段值得我们现在去注意,这两段都是第二版加的。第一段是"对唯心论的反驳",它被不很合乎策略地置于"经验思维的公设"部分中间;③ 第二段是总结了整个"原则论"一章的"对原则体系的一般说明"。④ 两者都关系到外直观、对空间对象的觉察的必要性——康德在我刚才引用的对"类比"的描述中完全将这一点抽掉了,尽管有很好的理由。这些段落的第一段部分是一个反笛卡尔论证,旨在说明自

---

① B218。
② A216/B263。
③ B274-9,也需对比 Bxxxix-xli,脚注。
④ B291-3。

我意识唯有通过对外部对象的知觉才是可能的——尽管它不止于此。在第二段中，由于他已然在"类比"中论证了实体、因致性和共存性（或交互作用）概念的可应用性是客观经验的可能性的必然条件，康德补充说，我们能够给与这些观念任何意义或对之做任何使用的条件是，我们应当能把它们应用于外部或空间直观的对象，即应用于我们能够将之觉察为空间对象的对象。

　　这两段在再次强调康德极少将"先验感性论"的论题当作"分析论"的论证的前提中是同等重要的，而此前在讨论"分析论"和"感性论"的论题之间关系时，我已经预先暗示过这一点。在"演绎"中已得到论证的是，经验之间必定存在某种形式的联系，以便把它们构成为关于客观世界的经验。我们或许期待在我们目下的论证中，立足于"感性论"，康德达到把对象世界的空间性看作前提的程度。这样在"类比"中待解的问题将能够被陈述如下。由于世界是被设想为客观的，在发生于贯穿世界的经验路径中的知觉之次序和这个世界的客观成分独立地具有的次序和关系之间做出区分必定是可能的。这一次序和这些关系不能通过参照纯粹的空间-时间框架——它不是知觉的可能对象——得到规定。因而，客观次序就必定以某种方式被表象在我们应用于我们的知觉内容的概念中，或被表象在我们的知觉内容处于其下的概念中，这些概念，如康德所言，是关于知觉的必然联系的。"类比"中要处理的问题是去显示这种次序是并且必定是如何被表象的。

　　但是康德事实上并未以这种方式提出问题。在整个"类比"

第三章　持存性和因致性

中这个问题仅仅被呈现为弄清楚规定客观的**时间**关系的必然条件。这关涉到不仅在时间次序中，而且在**空间**－时间次序中规定客观的关系，而这不是这个论证所假设的东西，而是以某种方式从这个论证中出现的东西。在以上我已提及的两段里我们最切近地达到了对这一点的明确陈述。

我刚刚说过在"类比"中康德这样来呈现他的问题，即弄清楚规定客观时间关系的必然条件。我认为，康德把这个问题还原到这种形式，比其它任何地方都更清楚地展示了他对问题进行概括的天才。或许足够明显的是，给定了"先验演绎"的论证，康德的问题就是去发现，使时间上前后相继的经验（或知觉）成为**关于**客观实在的知觉，哪些东西是必须的，而对于该实在的其它时间的系列知觉也是可能的。但是意识到这个问题可还原为发现区分两组关系的可能性之必然条件确系一个伟大的洞见：（1）对象间的时间关系，这些对象是知觉之所及者；（2）知觉的（主观的）系列之成员间的时间关系。如果没有做出这种区分的方法，那么对象和关于对象的知觉之间的区分就没有任何意义可言；同时所有相关的观念也将随之崩溃：贯穿客观世界的主观的或经验的路径的观念，经验自我意识的可能性的观念，经验的必然的自我反身性的观念，因而经验本身的观念。从另一方面看，如果这个区分能够被做出，那么做出这个区分所需要的任何必然条件也是经验可能性的必然条件。"先验演绎"已经概括地论证了经验之间存在的**某些**形式的概念带有的连接性或统一性之必然性，以便把它们构成为关于可在客观判断中描述的实在的经验。这些形式的连接性、统一性是什么，我们或许有望在经验之间的规定客观时间关系的条件中发现，而客观的时间关系是跟主观的时间关系相对立的关系。

这些我们或认为在康德对其问题的解决中仍然可以接受的元素，确实共同形成了一个复杂的论证结构。但是康德并没有给出这样一个统一的论证。我们不得不尽我们所能把它从三个"类比"和"对唯心论的反驳"中的多个论证中搜罗出来。我将以一种复合的形式从考察"对唯心论的反驳"和第一"类比"中的论证开始。

3. 持存性："对唯心论的反驳"和第一"类比"

"对唯心论的反驳"宣称取得的成就是"使唯心论玩的这个把戏转而反对其自身"，这是通过证明经验自我意识唯有通过直接觉察到空间对象才是可能的取得的。第一"类比"宣称取得的（尽管并非实际取得的）成就是证明了量的守恒原则，是说在自然中实体的量不增也不减。然而，后者只是康德对一个更有希望的观念的令人吃惊的注解，这个观念显著地出现在两个论证中：这是论证知觉中必然存在某种持存的东西的论证。一个论证明显地关注自我意识的可能性的一般条件；另一个论证明显地关注规定经验对象间的时间关系的一般条件。从我们就这些问题的关联所说的来看，若两个论证指向一个共同的结论将是毫不奇怪的。

不幸的是，这两个论证仅仅是犹豫摇摆地这样做了。我们或有望获得而非实际发现的论证过程可被铺陈如下：不可能必然地区分（1）一个知觉的主观的系列中的成员间的时间关系，和（2）至少这些知觉所及之对象的某些对象间的时间关系，除非所涉及的对象被看作属于一个常驻的关系框架，在其中对象本身相互之间具有不依赖于我们对其知觉次序的时间关系（共存或前后相继）。这个常驻的关系框架是空间的。空间是客观时间关系的必然的持存框架。正如康德自己在B291中强调的，"只有空间被规定为持存的"。但是绝无感知必然的框架自身的问题，也就是说绝无感知纯粹空间持存性的问题。因而我们必须把某些对象感知为常驻的**对象**，即便我们对它的知觉并不是常驻的，我们必须把它们当作处于常在对象的概念下的，尽管对象是并非常在的知觉之对象。贯穿客观世界的主观经验的路径的观念依赖于世界的同一性观念，而这个世界贯穿我们的经验且无视我们经验中的改变；并且这个观念进而依赖于我们把对象感知为具有独立于我们对其知觉的持存性，并且因此在不同知觉情况下能够把对象认同为数上相同的。

但这两个论证都没有恰当地循此过程来进行。第一"类比"隐晦地论证了一个持存物的必然性，接着就跳到了已提及的守恒原则。"反驳"则是通过持存物对于直接觉察外部对象时必须的观念来论证的。让我们对后者做更切近的考察。康德开始说"我意识到，我自己的存在是在时间中得到规定的"，接着就直接推进到"一切时间规定都预设了知觉中存在某种持存的东西"，由之响应了第一"类比"。接着他继续论证这种持存的东西必定是我们感知的外在于我们的某物。然而，很清楚的是他对主要文本中的陈述并不满意。正如他恰当地评论的，"证明所用的表达中还存在着某种含混"；而且他再次在"前言"中一个长长的脚注里竭力改善这个论证，篇幅几倍于原来陈述的证明。也许我们有可能比我在刚才给出的论证过程中所做的更接近康德思想的实际进展。下面我将做这种尝试。

假定我们首先只考虑一个时间系列的表象或知觉，暂时不管这样的事实：我们用这样一个系列中的经验的成员资格意味的东西实际上跟它为潜在的自我意识主体的经验没有什么不同。那么我们或简单地把系列中的成员看作在互相的关系中时间地被排序的，在这个系列中每一个成员都有一个相对于其它的成员的确定的时间位置。但是现在回想一下我们暂时不管的东西，我们看到，这个系列的成员间的内在的时间关系不足以支撑或提供任何内容给如下这个观念：**主体觉察到他自身具有**在如此这般的时间（即在一个时间次序中的一个如此这般的位置上）的如此这般的经验。要给予这个观念以内容，我们至少需要含有多于这些经验的时间关系系统。但是，对于这个主体自身而言，除非通过自己的经验，他无法通达这种更广系统的时间关系。因而，他必须把这些经验或其部分看作是**关于**这样的事物（不同于经验本身）的经验，这些事物自身间具有这种更广系统的时间关系。但是被感知的事物或过程只有一种方式能提供一个独立于主体对其知觉次序的时间关系系统，亦即通过在不同时间的知觉经验中**持续**和可**重新**遇到。因而对不同于我自身的持存事物的觉察对于我给自己指派经验，对于我觉察到在不同时间具有不同经验的我自己，就是不可或缺的。①

显然，我们在此有的是支持客观性论题的一种形式的论证，其特别之处在于强调了持久性或持存性必须以某种方式呈现于客观的次序中。和往常一样，这里没有客观次序必定是空间次序的独立论证。相反，这里有从"不同于我们对其表象的事物"，经过"外部事物"或"外直观的对象"到"空间的事物"或"在空间中的事物"的转换。若直接地挑战这一点，康德会毫不犹豫地且合理地回应说，我们由于赋有我们被赋予的经验，因而无法使能替代一个客观的空间次序的观念对于自己是真的可理解的；或者，至少若我们能设想一个替代的观念的话，我们只有类比着空间才能设想它。以这种方式简短地重置该论证的过程，从而显示出这一回应的力量，或许是值得的。

这个处于所有论证客观性论题之核心的思想，我们此前已遇到了，而我最初是联系着"先验演绎"引入它的。经验的自我意识的可能性的基础条件是经验应当至少包含如下观念的种子：贯穿客观世界的经验的或主观的路径的观念。各种表象的单纯时间上前后相继，"现在是A，现在是B，现在是C等等"形式的观念，自身并不包含这个观念的种子。当且仅当我们扩大这种形式

---

① 这个被表达为反对笛卡尔主义的论证，把经验自我意识看作所有可能经验中的不可置疑的元素。这一论证可以在经验中的自我反身性的不那么强制的要求的基础上被重构。"如此这般的事物"和"被经验为如此这般的事物"之间被要求的区分必定在经验自身的时间系列内被提供出来，而其所以能够被如此提供出来，仅当后者中的某些被看作**关于**这样的事物的经验，这些事物自身间具有的时间关系是独立于它们现实地被经验的次序的。从这一点出发，论证得以如上进行。

到"在此现在是 A"等等,并且关注这种补加的隐含意义,我们方能发现这个观念的种子。这是由于将"在此"加于"现在"是完全多余的,除非它带有"其它地方现在"和"在此稍候再一次"这种对照的可能性,即除非它带有隐含着更宽广的和持续的空间(或准空间)框架的意义,而通过这一框架**一个**经验的路径恰恰因为不同的经验路径是可能的,而是可能的。因此,由于"纯粹"框架自身不是知觉的可能对象,在时间中的经验自我意识之可能性的基础条件是觉察到在空间(或至少是在空间的某种类似物中,而这种空间类似物唯有**作为**空间的类似物我们才能使之成为对我们可理解的)中持续的对象。

现在我们必须回到康德支持第一"类比"的论证的实际主张上来。我们必须面对如下这个对立:通过这些论证他认为他已建立的跟他确实能认为实际建立的东西之间的对立,而这些论证是说,持存性或恒久性必定以某种方式在客观的(空间的)次序中呈现。实际上,第一"类比"宣称的结论,是质量守恒或物质的其它可度量本质守恒的科学原则。有待证明的定理陈述如下:"在诸现象的一切变易中,实体是持存的;实体的定量在自然中既不增也不减。"① 在证明的第一个简短综述的结尾,我们得到的结论是:

> 这个持存的东西——只有在与它的关系中现象的所有时间关系才能得到规定——是现象领域中的实体,即在现象中的实在的东西;而且作为一切变易的基质,它始终保持相

---

① B224。

同。由于这个实体这样在其存在中并无变易,其定量在自然中不能被增加,也不能被减少。①

康德的这种解释的结果是相当难解的,除非基于我们刚才提及的假设,也就是说康德强烈地试图把如下两者同一化:他已成功地建立的关于客观世界的经验之可能性的必然条件;已设想是物理科学的基础性的、无可置疑的前提。基于这种假设,这种试图应该在目下这个例子中发挥作用就不是完全不可理解的了。我们或可说,康德已成功地建立了某种形而上学的守恒原则。他建立了关于空间之中的事物所组成的世界之同一性的必然守恒原则。必须被设想为绝对持存和恒久的是:笼括一切事物的空间-时间框架。同样千真万确的是,这种绝对持存的和恒久的框架本身完全不是知觉的对象,而其恒久性必定因此以某种方式被经验地呈现于我们对现实对象的知觉中。但是所需的所有东西是我们原则上应能够在这个持久的框架内安置我们遇到的每个客观事物,即在空间-时间关系的系统内把每一个我们算作客观事物的与每一个其它我们算作客观事物的联系起来。而要使这成为可能,如下两点确实不是必须的:我们应运用(甚或梦想到)任何科学的守恒原则,或者任何这种原则应事实上应用于我们的经验世界。无疑,必须的是,我们能够在不同的时间把位置,并因而把对象或过程辨识为同一的位置、对象或过程。由于我们现实的知觉经验的界限已给定,这进而要求我们应当把一些对象**感知为**具有持存性的,而我们对这些对象的知觉是没有持存性的。这

---

① B225。

要求我们的知觉经验仅能为某类概念的应用所描述，这类概念正是我们现实应用的（例如物质实体的概念），而这是感觉材料理论家试图以其它方法辩护的。但是这并不隐含必然存在绝对的持存性，不管是特殊对象的持存性，还是物质任何量的方面的持存性，如物理学家以"质量"或"能量"名称曾经或现在所做的。

康德在这个问题上的极端混淆出现在如下一段中：

> 现象中的各种实体是所有时间规定性的基质。若一些实体能够生成而另一些实体能够消亡，时间的经验统一性之唯一条件就被取消了。那么各种现象就会关联到两个不同的时间，而存在就会在平行的两个流中流逝，这是荒唐的。只有一个时间，在其中所有不同的时间必定被设定，不是作为共同存在，而是作为前后相继的。①

（在证明的最初陈述中）从单数形式的"实体"到复数形式的"实体"的转变是十分令人困惑的。对于单数的实体康德已说过，**它在自然中的量既不增也不减**。通过假定实体被分为相等的许多单元（或许是终极粒子），叫作各种实体，我们的确能够从这一断言中推出在自然中实体的**数目**不增也不减的结论。但我们仍不能得出各种实体既不能出于也不能入于存在，而仅能得出所失和所得必定总是且同时彼此抵消的。不管我们如何理解复数的实体，似乎明显的是，我们的概念图式（或者说我们的神话）能够容许任何类别（不管如何被设想）的特殊事项之存在的终结、开始，

---

① A188-9/B231-2。

而不会伤及我们对这些事项所属世界的空间-时间框架之持续的同一性、统一性的把握。若存在物质持存的和不可毁灭的基元性的成分已是或现在是某些科学看法或理论的前提,那么这个事实仅仅显示了这样一种看法或理论的前提绝不是关于客观世界的经验之可能性的必然前提。

或许我们能更贴切地解释所讨论的这一段,尽管不是去辩护之。让我们说,康德已显示了必然存在某种恒久的、持存的事物,亦即自然的整体框架;而且若单词"实体"和绝对持存的概念联结,它就应当被用之于自然的整体框架,正如它为斯宾诺莎所用那样。同时,他至少是部分地觉察到,在经验中将这种持存呈现给我们的东西不是绝对持存的事物,而是知觉仅仅相对地持存的对象,这些对象在其相互关系中产生了唯一常驻的框架。①因此把转义上的"实体"这个词也应用到这些对象上是很自然的。这样我们应当具有复数的实体;而且至少某些种类的相对持久的空间-时间的殊相自然有历史的、确系亚里士多德式的权利被称为实体。若我们现在假定绝对持存性和复数性这两个观念的复合,这两个观念分别属于这个词的这两种用法,并且假定——在我已提及的试图的影响下——这个结果与这个词的第三种科学应用的同一,那么我们就有了我们准备去阐释的结果。

很明显,康德对其实体学说不仅感到困惑而且感到不安。在第一"类比"的结尾,他重复了其一般结论:"持存性这样构成一个必然条件,唯有在此条件下,对象才能被规定为一个可能经验

---

① 对比 B277,"对唯心论的反驳"注释 2。

中的事物或对象",然后他接着说:"在后文我们将有机会进行或可被看作必然的审查,它着眼于这种必然的持存性及与其相连的现象的实体性之**经验标准**"。[1]康德应感到需要对这一点做进一步的考察,这是非常自然的。在此他必须不仅要考虑这个一般的且值得赞赏的康德式原则,即只有根据概念的经验使用的条件我们才能给概念以意义。同样需要考虑的事实是,所讨论的概念被假定为范畴,即这样一个概念,我们对之做经验的使用是我们具有关于客观世界的经验的必然条件。概念能够应用于客观世界的必然性确实和**这个**必然性是同一的。那么对应用于经验对象的、物质量的守恒的科学原则的使用,无疑可以给出一个描述。对于概念的经验使用可给出规则。但是认为这个概念的使用必然隐含在任何不以科学为念的人的经验判断中,却是完全说不通的。未受科学精神教化的人完全能看到或思考在烟雾中某些事物的上升或化为灰烬,而无须以任何方式假定任何历经变迁而量上同一地、持久地存在的事物。若我们真在处理一个范畴,那么我们在处理的是任何能够有客观经验的人**必定**应用的,至少是隐含地应用的一个概念;但是隐含地应用的学说在这个例子中是完全说不通的。这样,康德事实上没有告诉我们为科学家所用的守恒原则的任何东西。他把"一个实体的经验标准"的整个问题推迟到我引用过的后来的一段,在其中他说,"实体似乎不是通过现象的持存性,而是通过行动更好和更容易地揭示自身的",[2]同时又说,

---

[1] A189/B232。我们发现相关的段落在 A204-6/B249-51。
[2] A204/B249。

第三章 持存性和因致性

"行动是建立一个主体的实体性的充足的经验标准,而我则无须再通过知觉间的对比来首先寻找该主体的持存性"。① 但是,尽管他说"行动"是持存性的一个标准,他却并未告诉我们行动的这一个或某一个标准是什么,除了说过行动指示了主体的因致性与其结果之间的关系。我提到这一段主要是将之看成感到不安的兆头,但我不会对之做进一步的考察。

就第一"类比"而言,将之和"对唯心论的反驳"一并考虑,那么我想我们可以说如下这些。康德没有成功地证明他将之当作"类比"和"反驳"的结论而肯定的科学的守恒原则。但是他的确证明了某些重要的东西。对客观物的经验要求规定客观的时间关系的可能性。说客观的时间关系是可能的,就是说我们能给"对象"和"发生"指派共在的和前后相继的时间关系,而且当必要时我们能区分这些时间关系和我们知觉的时间关系,尽管我们当然是以我们知觉的强度为基础指派的。为了使这成为可能的,我们就必须把对象看作属于,而且把事件看作发生于一个同一的、常驻的空间框架。为了使这个框架成为可能的,我们进而必须具有持久性和统一性的经验地可应用的标准,而经验地可应用的标准是具体化在概念中的,我们把并非持久的知觉之对象归于这些概念之下。若我选择称呼这类概念为"实体的概念",那么我们就必须有且应用实体概念。

---

① A205/B250-1。

4. 因致性：第二和第三类比的论证

在第一"类比"中，康德宣称关注的是客观时间规定的一般条件；而且他坚称任何这种规定都关涉到被以某种方式呈现在知觉中的客观的持存性，这些知觉本身是变化不居的。现在无论任何时间关系，因而任何客观的时间关系，根本上是两种关系：前后相继的关系，同时存在的关系，或如康德所言，共在的关系（时间的重叠关系能用其它两种关系来分析）。在第二和第三"类比"中，康德似乎从客观时间关系规定的可能性的一般条件问题转到了他似乎作为特殊条件来处理的不同问题：关于客观的前后相继的经验知识和客观的共在的经验知识的条件。看起来这两种情况的条件的进一步的**独立**证明的观念一定有某种古怪之处。这是因为任何对于规定一般时间关系的条件的解说，或任何完整的解说，定然都为对于规定这两种关系的条件之解说。因而，自然的过程看起来应该是把第一"类比"的结论当作任何进一步的论证的前提；并且若客观的持存性是呈现在变化的知觉中的话，去探究进一步需满足的条件。但是，这些仅仅是预先的疑虑。在我们转到对论证本身的考察时，让我们将其放在一边。

第二和第三"类比"的中心思想或可被表述如下。就所有被看作是对客观物的知觉的前后相继的知觉而言，某个问题产生了。这个问题是，这些知觉能否发生于对立的次序中以至于在它们事实上发生的次序中，它们是否有一个或可被称为"无关次序"的特征。这个问题的意义并非直接明显的。但是它至少被康德对之的回答部分地澄清了；这个回答如下。若我们感知的是一个客观的变迁、一个事件，一个不断转化的客观事态的例子，那么我们对这些客观地前后相继的状态的前后相继的知觉就**缺少**"无关次序"的特征。① 我们前后相继的知觉就不能发生于和它们事实上发生于其中的次序相反的次序中。更肯定地说，它们所具的次序是一个必然的次序。另一方面，若我们前后相继地感知的是客观共存的事物或事物的部分（一些事物或一个事物的一些部分，它们是为我们前后相继的知觉看作始终同时存在于时间内的），那么，我们对这些客观共存的事项的前后相继的知觉就具有"无关次序"的特征。它们就能够发生于和它们事实上发生于其中的次序相反的次序中。

康德尤其在客观的前后相继的例子里，借助于重心在认识论的一个特殊说明，表达了这种联系。我们在经验中对客观事件概念的任何使用都依赖于我们对相关知觉的必然次序之观念的隐含使用。同样，我们经由知觉对共存的事物的知识依赖于我们对相关知觉的"无关次序"的隐含认知。他似乎是说，我们的知觉缺乏或具有"无关次序"是我们关于客观的前后相继或共存的标准，不管我们是否反思地认识到了这个事实。②

---

① 值得注意的是，一般的客观的前后相继的概念比单一的事件、变化中**不断转化**的客观事态的概念更广。一个状态（S_2）可能在另一个状态（S_1）消逝时开始存在而不是从 S_1 到 S_2 **变化**的例子，或者不是 S_2 接续 S_1 构成了一个单一事件的例子。然而这种状态的一个前后相继或许处于一个单一观察者的知觉中。康德关注的仅仅是这个概念更狭义的应用。

② 参见下文进一步的讨论，第四章，第三节，第244-245页。（指边码。——译者注）

在我们考察康德如何进一步利用这些联系之前，我们必须探究这些事物是否有这些联系。它们仿佛的确具有这些联系，若恰当而合理地解释和认知的话。基本的解释如下。假定一段时期内共存的两个特定的、可独立被知觉的对象 A 和 B，那么在它们共存的期间，我们就应该既能以从 A 到 B 的次序，也能以从 B 到 A 的次序感知它们；若在这期间，我们的确是以从 A 到 B 的次序感知它们的，那么我们或可反过来以从 B 到 A 的次序感知它们。另一方面，假定变化的发生在于从一个客观的事态 A 转化为另一个客观的事态 B，那么我们应该能以从 A 到 B 的次序感知这些状态，但是我们应该不能以从 B 到 A 的次序感知这些状态；而我们若的确以从 A 到 B 的次序感知它们，我们就不能以从 B 到 A 的次序感知它们。

这个学说的前半部分几乎无需评注。当然，假定我们也许以跟我们事实上感知两个共存对象的次序相反的次序感知到这两个对象，这通常会关涉到假定整体情况中某种进一步的不同：对象出现的不同次序，我们浏览的不同方向，等等。假定这些不同或许是相当极端的，但却可合法地假定，只要个体对象 A 与 B 的共存之给定条件不被打破。

这个给定条件不被打破的要求，保全了这个学说的第二部分，使之免于头脑简单的人的反对，该反对提出，若一艘船由逆向引擎推动航行在和它事实上航行的方向相反的方向上，那么我们或许先于感知到客观事态 A（船逆流而上），感知到客观事态 B（船顺流而下）。还有更加精巧的反对。假定事态 A 是我们或可恰当地说是**听到**的，而事态 B 是我们或可恰当地说**看到**的。那么我

第三章 持存性和因致性

们是否不能假定说，我们感知（看到）B先于感知到（听到）A？或再次，无须利用知觉的不同感觉模式，我们是否不能假定说，当我们直接看（或听）到B时，我们仅仅间接通过传播光（或声）的某种复杂的滞后装置看（或听）到A，因之我们对B的知觉先于我们对A的知觉，尽管是通过同一种感觉模式？

无疑通过规定这个学说应被理解为仅仅应用于同样直接、在相同感觉模式中对A和B的知觉来回答这些特定的反对。任何类似的进一步的一般反对都能够借助类似的进一步的一般规定来回答。或者，更恰当地说，这种限定的一般原则能整合进这个学说中。正如我们将看到的，陈述这个原则并无困难。

那么，若得到恰当地理解和限定的话，这个学说就显得要坚持其两方，即关于客观事件的知觉一方和关于共存对象的知觉一方。我们知道，康德建议用这些真理去证明，某些因致性原则适用于我们通过知觉能对之有经验知识的任何对象或客观事件。在我们考察他对这些原则的论证前，或许值得预先提出的问题是，在这些真理和因致性论题之间有哪些显见的联系，若有任何联系的话。存在这种联系这一点几乎不被怀疑。但是，它们与把主观知觉的对象彼此关联起来的因致互动或因致依赖的关联似乎没有与主观知觉本身和其对象的因致依赖的关系紧密。后果不能在时间上先于其原因，康德或许会承认这是不要求特殊证明的概念真理。任何被设想为对于某个客观事项的知觉经验因此被设想为因致地依赖（即其后果）这个事项的存在是一个包含在对象的感觉－知觉概念中的真理，而这些对象的存在是独立于我们对其知觉的。若给这些真理加上如下假定：(1) A和B是客观事态，在时间中 A 先于 B，这一前后相继构成了一单一事件（A 为 B 所承的事件），(2) α 是对 A 的知觉，β 是对 B 的知觉，(3) α 对 A 和 β 对 B 的因致依赖模式并无相关的区别［一个相关的区别是任何影响了因致过程的时间的区别，由此对象（A 或 B）产生其后果（α 或 β）以完成其自身］，那么，**逻辑**必然地推出的结果是 α 先于 β。然而，以 A 和 B 是共存对象取代（1），α 和 β 何者为先的问题就是逻辑上开放的。在一个情况中知觉的必然次序，在另一个情况中知觉的无关次序，似乎就化为这种逻辑必然和逻辑无关。因致性的确在论证中出场，但不过仅以暗示的方式出场。

在康德的论证中，因致性并非以这种方式出场。他不是认为知觉的因致性被其对象用作联接客观变化、客观共存的观念与知觉的被规定的（必然的）或未被规定的（无关的）次序的观念的桥梁。他相反是要把后面的观念本身用作联接客观变化、客观共存的观念与关于知觉对象间因致关系的一般原则的观念的桥梁。这个联接的观念的角色是提供一个演证，以支持我们能够主张，除非假定这些原则可应用于客观世界，否则我们不能有关于这些客观时间关系的经验知识。他是说，除非隐含地使用知觉的必然次序和无关次序的观念，否则我们不能经验地应用客观变化与客观共存的概念，而且除非相关的因致原则应用于这些观念被隐含地应用于的知觉对象上，否则这些观念反过来将不能应用。

根据此前对知觉的必然次序和"无关次序"学说的讨论，对康德论证的这个一般描述似乎已构成了怀疑其价值的有一定道理的根据。但是我们不能不细查这些论证就指责它们。

在第二"类比"中康德以几种方式表达的思想为：对客观事态之知觉的次序是一种必然次序，而客观事态的前后相继构成了一种客观的变化，正如在已考察且附带已提及的限定条件的意义上我们认为它是必然次序那样。知觉次序不仅被认为是**必然的**次序，而且被认为是被**规定的**次序，①是我们的领会**不得不遵守**，②或者我们**被迫**去遵守的次序。③这些或许都可被承认为合法的表达对无关次序的否认的方法。但是从这一点开始，论证的推进陷入了一种麻木、粗鲁的 non sequitur（不合逻辑的推理）。假定所讨论之客观的前后相继在于事态 B 承继事态 A，就是说，在于 A 到 B 的变化。对第二个状态（B）的知觉接续或者说不先于对第一个状态（A）的知觉，在前面提到的意义上且附带提及的限定条件上，是被当作**必然的**承认的。把知觉序列设想为对某一客观变化知觉，就是隐含地把各种知觉的次序设想为在这种意义上是必然的。但是把这种知觉次序设想为必然的等同于把从 A 到 B 的转化或变化设想为**本身**必然的，就是说，设想为处于因致规定的一个规则或法则下的；这等同于把该变化或变换的事件设想为"被某种条件所先的"，而这个条件乃是这种类型的事件不变地和必然地跟随的那种类型之条件——在此这样的设想出现了。（值得注意的是，康德并未说，把对 A 和 B 的知觉次序设想为必然的就等同于把 A 设想为必然因致 B。他说的是，这等同于把 A 到 B 的变化设想为必然地为**某些**未确定的、在先的条件所因致的。）简而

---

① A192/B237。
② A192/B237。
③ A196/B242。

言之，各种知觉的任何相继要成为对客观变化的一种知觉，仅当这些知觉的次序是必然的；但是各种知觉的一种次序能成为必然的，仅当这个变化是必然的，即因致地被规定的。任何是对我们而言的可能经验的对象（一个可能知觉的对象）的客观变化，乃是因致地被规定的。因而，普适的**因致性法则**对于所有可能的经验都有效。

这个错误的特征，从我们此前对知觉次序的必然性或"无关性"的观念的讨论之中，可清楚地看出来。康德给人的印象是，他正在处理的是一种单一的必然性之观念的单一应用。事实上，他不仅改变了"必然的"这个词的**应用**，而且改变了其**意义**，以一种类型的必然性取代了另一种。给定被观察到的事实上是从A到B的变化，并且在对这两个状态的知觉的因致条件中没有这样的区别，它能够将不同的时间间隔引入到对A的知觉中，在概念上必然的是，观察者的知觉应该具有如下的次序：对A的知觉，然后是对B的知觉，并且不能有相反的次序。但是这个论证的结论中所提及的必然性根本不是概念的必然性；它是发生的变化的因致必然性，因为给定了某种在先的事态。这的确是一个非常奇怪的曲解，由之建基于变化之事实上的概念的必然性被等于该变化的因致的必然性。

尽管康德在第二"类比"的意义上对知觉必然次序的概念的使用是不合法的，但也许仍需探究是否能够做至少与他的目的近似的合法的使用。我认为，回答是不能，因为所讨论意义上的必然次序的观念，对这些目的是无用的。这并非意味着对于客观世界中的变化，我们不能借助在"类比"中被考虑的观念，建立任

第三章 持存性和因致性

何近似于他的结论。但是我们必须不那么直接地从事这项工作。

在我们从事这项工作前,我们必须考虑第三"类比"中的正式论证。它甚至是比第二"类比"的论证更少说服力的,如果它有说服力的话,在第二"类比"的论证中我们至少还有让我们迷惑的对必然性观念所玩的游戏。这两个论证间有某种形式上的类似。正如在第二"类比"中知觉的必然次序被等于客观变化的因致规定,在第三"类比"中知觉的无关次序被等于共存对象的互相因致影响。这个思想是,在我们现实地感知到对象 A 的瞬间我们或许可以相反感知到对象 B 且反之亦然,这个思想被认为是隐含地包含了这两个对象处于交互因致互动中的思想。在某一特定阶段共存对象的思想跟我们在那个阶段对这两个对象的知觉是可逆、与次序无关的思想是同一的。因而客观共存的知识隐含了后一个思想所隐含的无论什么真理。因而共存对象间的互动规律适用于所有可能经验。

在这个论证中的这种游戏主要是关于"交互性"的观念:一个可能的"知觉交互性"反映了一个现实的交互影响;或者对象的"交互知觉"的可能性反映了对象交互因致影响的存在。"交互的"和"交互性"等词在此的相关意义是如此地大相径庭,以至于这个词的重复没有第二"类比"中转化了意义和应用的"必然性"这个词的具有的迷惑力。稍后"规定"和"共存性"也被征做这种模棱两可的用途。在一些评论的开头,康德说"或许有帮助",如其确实所是,尽管并不完全以他所意图的方式,我们看到如下句子:"在诸对象被表象为在彼此联系中共同存在这样的范围内,它们必须交互地规定它们在一个时间中的位置,并由此而构成一个整体。"① 这句话或可与另一句对比来看，这另一句话事实上出现于此前一页，但无妨将之看作承接这一句的，亦即，"现在，只有构成了另一个东西或其规定性之原因的东西，规定这另一个东西在时间中的位置。"因此，"每个实体……均必须在其自身内包含着另一个实体中的某些规定性的因致性，并且同时在其自身内包含着另一个实体的因致性的结果。"② 这一过渡几乎不需要什么评注。让我们假定如下是当然的：一个可能知觉的对象，它目下并未被感知为与另一个**是**目下被感知的对象共存，对它的思想关涉到它们以某种方式互相关联在一起的思想，而非关涉到仅仅共存的思想。因此它们或许（也许必定——这是我们必须进一步讨论的问题）被看作在一个共同的空间里互相关联在一起。就其每一个在共同空间的位置能通过把它和其它相联而确定而言，它们或可说是互相规定了位置。然而它们也是因致地互相作用的这一点，若它们的确如此的话，乃是一个附带的真理，这一真理需要比含含糊糊地从位置（在刚才提及的意义上）的互相规定性来推出好一些的某种东西来支撑。

5. 因致性：另一种尝试

设若第二、第三"类比"的直接论证都不成功，也不能由此推出"类比"所处理的问题根本不能提出，而且不能借助我们掌

---

① 应为 A214/B261。
② A212/B259。

第三章 持存性和因致性

握的康德提供的材料在类似于康德式的方向上提出。在此我们将颠倒"类比"的次序，从第三"类比"的凸显主题开始。尽管康德对于交互性和互相规定性的观念处理得很糟糕，但为这些观念奠基的一些观念却可能有更为合法的使用。让我们回想一下"类比"的一般问题是什么。这是一个客观时间规定的可能性条件的问题；这个问题的重要性在于这样的事实：仅当能够区分知觉的主观时间次序跟知觉所及之对象的时间关系时，才有可能给客观实在的一般经验观念以内容，并因而使经验自身的可能性成为可理解的。显然，这个问题的某个或特定的关键观念是对于当下未被感知之对象的观念，该对象当下未被感知，然而却是可能的知觉的对象，跟现实知觉的对象共存或在同一时间存在。如果可能知觉的对象与现实知觉的对象没有这种共存，那么客观的和主观的时间次序之间的区分将不能有效地划出。再者，仅仅这种作为可能知觉对象的对象的观念不足以让这个区分有任何有效的应用。仅当我们把在经验中现实地遇到的对象、我们现实地感知的对象看作不仅在我们感知它们时存在，而且在其它时间存在，在我们不感知它们而感知其它对象的时候存在，它才能被有效地应用。现在正是这个思想为知觉的"无关次序性"观念奠基。这个观念关涉到我们现实地感知到的对象具有我们对它们的知觉不具有的相对持存性或持久性。这给殊相、对象的数的同一性之观念以突出的地位：在某个特定瞬间现实地感知的对象，跟感知者在此前或此后瞬间所感知的对象的同一性。

显然我们在此并未远离第一"类比"的主导观念。问题在于我们如何能更多地了解这个观念。我们已然肯定，而且现在能更清楚地看出，知觉中一个持存物的观念与两个进一步的思想之间的联结，而这两个进一步的思想在精神上是康德的并且是互相依赖的。我们**前后相继地感知**我们**知道**是**共存的**对象。但是我们是如何知道的？康德提出了这个问题，且援引了知觉的可逆性或"无关次序"来回答。① 接着他进而似乎把它混同于一个交互性的观念。在康德的回答中无论如何有某种正确的东西；而其正确之处在于，这个建议似乎带有如下意思：正是我们知觉本身的特征使我们能够把彼此承继的知觉算作关于并不彼此承继的对象的知觉。这个知觉特征可被表述为：我们把我们感知到的事物（之中的某些）**感知为**某些一般种类的事物，**感知为**处于一般概念之下相对持久的、可再辨识的对象。就是说，我们只有借助关于持久事物的概念，才能表达这些知觉的特征，而这些我们知觉的对象是此概念的实例。这是最初的且现在已熟知的思想。第二种思想是我们必须把这种对象设想**为被排序地处在这样的关系的系统或框架内，而这种系统或框架独自就能给予这种对象之特殊的同一性的观念以意义**。我说这两个思想是不能互相独立的；这是因为具有所要求的类的一般概念并把对象感知为处于它们之下完全不知道，如何解决对象的特殊同一性的问题是无意义的问题。

我们已充分提及，我们设想所要求种类关系的可能框架或系统的最自然的，甚或唯一的方式，乃是把它设想为空间的。现在对此我们还可以加上两点，它们总体上是康德式的，尽管精神上

---

① A211/B258。

并非同等地是康德式的。第一点是我们必须把作为感知者的我们设想为在任何时刻在我们感知的对象所属的关系之系统之中都有一个可确定的位置。这是由于唯有在此条件下我们一系列的主观经验才能被设想为对于独立存在的，并在系统中相互关联的对象的系列**知觉**。第二点的本性正是探询的或审慎的。我已谈过对象必然属于或被排序地处于作为感知者的我们在其中也有位置的关系系统。但是必定只应有**一个**这样的系统吗？当然对我们而言最容易的、最自然的设想满足这个条件的方式，就是我们事实上设想它的方式：每一个自然对象都在或多或少直接的意义上被设想为处于一个恒久的和包罗万象的空间内。但是真的不可能设想任何融贯的替代选项吗？不可能是这样吗？例如为了给作为感知者的我们在任何时刻以位置，我们不得不诉诸两个独立的关系系统的一个或为我们知道的视觉和触觉空间，另一个为涉及知觉的不同模式的不相关联的准空间？或者再说，我们不能通过想象我们经验是完全不连贯的，从而假定我们自身在不同的时间是空间上没有关联的不同空间世界的居民。在本节中探究这些问题会使我们过于偏离我们的直接目标。稍后我会简短地回到它们。当然康德会完全否认这种可能性；其根据在于意识的统一性隐含着客观世界通贯的统一性。但是即使接受了意识的统一性隐含着一个客观世界的统一性，有人可能仍会感到需要有进一步的论证去显示一个——通达了复数的、统一的客观世界的——统一意识的观念是不融贯的。然而，目下我们暂时将把这个疑问放到一边。关于（任何）**单一的**客观世界的知识的可能性的条件仍有待取得进一步的结论。

迄今为止我们已建立了这样的对象的概念的必然性,它们是持久的、可再辨识的、可在公共的空间(或准空间)框架中定位的对象。若我们要使用不被同时感知却同时存在的对象的这个关键观念,我们必须具有这种概念且必须把它们应用于知觉对象——这个观念是关键的,因为如果没有它,我们就不能使用客观的、主观的时间规定的区分。但是现在假定我们在**未被感知的**客观共存的观念(第三"类比"的中心观念)上加上**被感知的**客观的前后相继或变化的观念(第二"类比"的中心观念)。这个观念的添加带有更进一步的必然性吗?这两个观念在一个重要方面明显是不同的。第一个观念促使我们考虑我们的知觉的排序方式(即作为前后相继的)和知觉所及之对象的排序方式(即作为共存的)之间做出区分的条件。但是第二个观念不能使我们去考虑做出这种区分的条件,因为这种区分根本不在考虑中。它的确使我们考虑某些新东西,亦即把我们知觉中的一个变化设想为对一个变化的知觉。在对象**之中**被感知的变化确定不同于被感知对**象的**变化。但是对此我们或许倾向于说,所有被要求的乃是,我们必定具有并应用的(正如已充分论证的)持久对象的概念,这种概念应当是关于能够变化的对象之概念:关于性质变化;或关于在共同框架中相对位置的变化;或关于其部分的相对位置的变化。

然而我们必须对这个回答的隐含意义稍加考虑。我们将会承认在不断变化的主观知觉系列中的变化,不仅可被归于感知者视角的变化,也可被归于他感知之对象世界中的变化。这一点据说是如下这个要求所允许的:他的持久对象的概念必定是可变化对象的概念——可变化对象就是说,不管是在被感知时还是在未被感知时都能变化。然则这些概念必定仍然是持久对象的概念,以便观察者有可能经验地将再辨识标准应用于这些对象,因为这是所有客观物的知识的基础条件。对象也许会变化;但是它们一定不能,比如说超出所有认知地变化。假设它们曾这样变化,那么我们将不能知道它们是这样变化的;这是因为我们将不能认知到**它们**为发生变化了的。对象会保持或会变动它们相对于彼此的位置;但是不能以如此的方式保持或变动以至于我们不可能去说何者保持、何者变动过它们的相对位置。这样,我们或可试探性地假定,尽管对这个世界的知觉或揭示出一些我们或许描述为不可阐释的、完全不可预测的或偶然的东西,但它们仅在我们认知为可阐释、可预测和规则的持久的和变动的背景上,才是如此。

让我们现在回到在我们知觉中的可归于观察者的视角的变化。这种变化以一种类似规律的方式与观察者的身体或身体部分相对于持久对象的运动相关联。更一般地说,这些变化展示了与观察者位置的变化及其感官–朝向的变化的规则关联,而这个观察者与世界的对象处于关系之中。没有这种关联就不可能看出变化不居的知觉的常驻和可再辨识的对象观念何以能确保在观察者经验之中的应用。但是这种关联的可能性反过来似乎依赖于对象世界中的变化和持久性服从于某种和某程度的次序和规则性。

这些限制必定以某种方式反映于我们概念的特征中。这就是说,我们的对象概念,以及它们体现的再辨识标准,一定容许客观世界之中的变化服从的这些限制:变化必定跟在经验中应用这些概念和标准的可能性相一致。这个要求如何得以满足呢?回答似乎在于这样一个事实：我们的对象概念与对于事物的一系列有条件的预期相关联，这些事物是我们感知为处于这些概念下的。对于每一种对象，我们都能列出一些方式的清单，我们预期在这些方式中它不会变化，除非……，列出一些方式的清单，我们预期在这些方式中它会变化，如果……，列出一些方式清单，我们预期在这些方式中它会变化，除非……；就列出的每一类变化或不变化而言，当从句引入了进一步和无限的从句的清单，每一个都将构成所讨论的变化出现或不出现的阐释条件。

但是，有人或许会说，这种有条件的预期恰是我们从客观世界的经验中习得的事物。那么，概念和预期之间的这种联结的存在，如何能是客观物的经验之可能性的条件？对于这个问题，仅回答说并不存在概念和有条件的预期之间的已被宣布为对象概念的必然特征的任何特定的联结，而仅仅存在对于每一个这种概念的这种联结，是不够的。由于反对的要点必然是建议，每一个这种概念是独立于任何这种联结被建立的，后者在所有情况中是在概念建立之后被经验地建立的。现在我们回应时或许想强调一个非常分明的区分并且直接说这种联结分为两类，亦即，这样经验地建立的和不是经验地建立的，毋宁说进入到概念本身的形成中的。但是最好是承认，正如许多人坚持的，我们概念中有某种不确定性。我们不必关注这场争论的细节。要点在于对立于简单感觉**性质**，以及也对立于任何概念，也许存在特殊的感觉**事项，它们完全**可通过简单的感觉性质（或许在"感觉－材料"术语的意义上）充分地描述的，也许存在对象的概念，它们总是且必然是因致规律或类因致规律的概要，并带有因致能力或因致依赖

第三章 持存性和因致性

的隐含意义。能力构成了我们的实体观念的一大部分，正如洛克所说的——而且他将被动的倾向和普遍的倾向包含在"能力"之下。[①] 更一般地说，它们必定构成了我们关于持久和可再辨识的客观事项的概念的一大部分。而且若没有这种概念，关于客观世界的经验就是不可能的。

正如我们看到的，康德通过一个短而无效的步骤论证，普遍的因致规律适用于一切可能的经验，论证存在我们能认识的每一绝对变化的严格的充分条件。当然，我们不能把任何这种绝对的结论当作被刚提出的考虑建立起来的。我们不是必须假定，被充分地陈述的一切变化出现或不出现的阐释条件，必定是严格的充分条件。我们不是必须假定，必定总有我们能发现的阐释条件。我们将接纳某种不可阐释的客观变化，同时接纳我们类规律的预期的某些例外，而不伤及我们必然而宽松的客观物概念的织物。对于"对**每一个客观的变化来说的严格充分**条件"这两种绝对思想，我们所能说的不是它们是必然的思想，而是它们是自然的期望。这两种思想并不代表我们的概念装备中为绝对不可或缺的元素，如果我们要看客观世界的话，根据这些元素我们必定看到客观世界。相反，它们代表的是对那些真的不可或缺，然而总体上比较宽松的条件的限制的凸显、拔高和强调，而我是赞成这些条件的。

---

① 《人类理解论》，第二卷，第23章。

6. 欺骗性逻辑的一个元素

我们已经看出从康德的前提出发，沿着一个部分合乎、部分偏离他的论证路线，我们能达到显示出与他的结论有些相似的结论：我们有一个比其持存性和因致性原则宽松的替代者。我们走过的路是沿着康德提出的最初线索，却在康德几乎没有考虑的一个方向上：这个方向是探究就我们日常的分类（经验）概念的必然一般特征来看，从区分客观和主观的时间次序的一般必然性出发能得出什么结论。他没有沿着他的线索在这个方向上推进，因为他认为他能用更少的步骤获得更为可观的结果。这些步骤中的每一步的无效都是如此易于看出，以至于我们或许会惊讶康德采纳了它们。但是注意到康德"类比"中的思想的一般特征的话，我们的惊讶或许会少许消弭，对于康德思想的这一特征我没有三个一道评论，而这些特征会使这部著作的这一部分更可理解，如果不是更可接受的话。

"类比"的基础思想是，经验的客观性与经验的空间–时间框架的统一性之间的联系。在此之上加一清楚的认识：纯粹**空间 – 时间**自身决非知觉的对象，我们可以直接地把其它知觉的对象联系于其上。而且从这两个思想一起出发得出的一般结论是，**空间 – 时间**的必然统一性必定以某种方式通过我们日常的经验知觉间联结的系统被呈现。这样，正如我们已看到的，康德的思想偏离了这个事实：这个联结系统是如何实际上被保障的事实，以及它究竟如何必定被保障的事实。其偏离乃是惑于建立三个科学的超级原则的诱惑。但是在这种偏离及其方向上存在一个欺骗性逻辑的元素，它出现在"类比"中，而我还未对其做充分的阐示。康德有时仿佛认为，统一的空间-时间框架的某些形式性质必定在知觉对象本身或在这些对象间的关联中有直接的关联物。这一点我在第一"类比"的例子中已有评述。非常明显，康德认为必定存在某些绝对持存的知觉对象去呈现空间-时间框架本身的持存性。他不满足于让知觉的特定对象仅仅相对的持存对于保障包含这种对象的整个系统之常驻的同一性是充分的。

他试图在其它两个"类比"中发现关联物的其它形式性质，借助他偏爱的语词或可表述如下："在任何时刻空间的各部分相互规定"并且"在先的时间必然规定后继的时间"。我们会注意到，后一个说法——真正的引文[①]——不像前者那样一般。把它一般化，并去掉"规定"，我们得到"空间的一个给定部分必然**在**与它和空间的其它部分的关系中"和"一个给定时间必然在与它和其它时间的关系中"。这些思想达到的不过就是：我们会把空间（或空间的一节）看作划分为许多空间的而把时间（或时间的一段）看作划分为许多时间的；而且当我们这么做的时候，当我们给这种划分的结果以名称和描述的时候，我们形成了无限多必然的关系命题。在3点到4点之间的那个小时必然是随在2点到3点之间的那个小时后的。正方形 A_{10} 必然地具有它和 A_9 与 B_{10} 之间所具的关系，而且必然地具有它和 A_1 与 C_3 之间所具的关系。一支军队或许包围了另一支但它包围了另一支军队不是一个

---

① A199/B244。

必然的真理；但如果空间的一部分包围另一部分不是必然真理的话，空间的一部分就不能包围另一部分。

如前所述，我们具有纯粹空间和时间及其划分本身都不是经验知觉的对象的思想，因而若知觉的对象被感知为对象，即感知为属于这个统一的框架的话，空间与时间的部分之间的必然关系必定以某种方式被知觉对象呈现。而且由之得出的结论是，所有这种对象必定处于必然关联的关系内，而这些关系是空间与时间之间的这些形式关系的类似物和代表者。因而物质的一切部分——就我们关注的对物质的所有可能知觉而言，物质填充和呈现了空间－处在交互的互动中，互相规定了它们将是的状态。或再者这样：

> 这样，如果在先的时间必然地规定后继的时间构成了我们感性的一条必然的法则（由于除非通过在先的时间，我们不能进到后继的时间），进而构成了所有知觉的一个**形式条件**，那么如下这点也构成了关于时间序列的**经验表象**的不可或缺的一条法则：逝去的时间的现象规定后继时间中的所有存在物，而且这些存在物作为事件只有在如下条件之下才会发生，即逝去的时间中的现象规定了它们在时间中的存在，也就是说，根据一个规则规定了它们。①

无疑，正是这些结论的吸引力使如下过渡变得颇为诱人：从空间－时间系统必然的形式性质，到这些性质在变动与此前状态之

---

① A199/B244。

间的联系中的呈现、以及在同时存在的状态之间的必然联系中的呈现的过渡。同样无疑的是，这阐释了为什么康德未能完整说明这些关联，而且没有说，例如所有后果的状态包含且必定包含在先事件的充分条件。

7. 真知觉与非真知觉

还有一个和"类比"有关的问题必须要提及，即便仅仅是因为"类比"有时被认为很大程度上涉及它，尽管它们并不，或者仅仅是间接地涉及它。这个问题并不是区分主观的和客观的时间关系的一般条件的问题，而是我们如何在事实上，在那些呈现为对客观物的知觉的经验中区分真的和非真的问题。在第二"类比"中的确曾短暂地提及过这个区分，[①]而在第一和第三"类比"则根本没有提到。现在这个问题的这种形式是哲学史上熟知的，而且似乎是康德为了论证"类比"的某种解说会诉诸的形式。甚至"优秀的贝克莱"（如康德俯就地称呼），当他考虑其错误地称呼的感觉观念和想象观念之间的区分时，也注意到该问题的这个形式；而且他的回答是，前者展示而后者未展示融贯性、次序，这一回答除了是一个一般的、流行的回答外，看似或可说得通地和因致规则性的观念相联，而因致规则性的观念是康德苦心孤诣地作为一般经验的预设引入的。

然而，清楚地说，直接考虑这个问题至多只能确认对客观物

---

① A201-2/B247。

知识可能性的一般条件的研究已得到的结果。当然真实且重要的是,仅当客观的时间规定的一般条件被满足,因而客观经验的一般条件被满足时,我们方能在推断的对客观物的知觉中做出真的、非真的之区分。但是,若这些条件被满足,我们同样就能做出这个区分。某种事物,至少是刹那间,将自身呈现为关于一个对象的、或关于一个客观变化的知觉经验,然后被当作完全没有显示出和我们客观判断的总体相合而被贬于错误或假象之域。在"对唯心论的反驳"的一个注释中康德相当充分地处理了这一问题。① 在评论说并非"关于外部事物的每一个直观表象关涉到这些对象的存在,因为其表象很可能仅仅是想象力的产物(正如在梦中或错觉中那样)"之后,他接着说:

> 是否这个或那个假定的经验不是单纯想象的,必须通过其独特的规定性,并且通过其和一切实在经验的标准之相合性来断定。

对这句话的唯一反对是它也许使这个问题显得比通常那样更具反思性。我们并不普遍地推断,假定某个树丛变为一头熊又变回树丛,这会使我们的概念负担过重。毋宁说是这样,我们曾瞬间地、不稳地将之看作一头熊的,现在稳定地将之看作是树丛。当然,康德和贝克莱一样,把例子的众多类型统统指为"想象",而它们自身是相当多样、相当不同的。然而,现在我们不必讨论这些区别。

---

① B278-9,附释3。

8.为什么只有一个客观世界?

我早前引用的康德的说法,"我们的类比,描画了自然的统一性";而且,"这些类比宣称,所有现象在于,且必定在于,一个自然内,因为如果没有这个先天的统一性,就不可能有经验的统一性并因而其中不可能有对象的规定。"在离开"类比"之前,我必须重温此前提到过的怀疑,它攻击的正是这**一个统一自然**的必然性之观念。我们会理所当然地假定某些观念存在交互依赖性:亦即经验自我意识的可能性,经验判断的客观指称的可能性,把此判断的指称指向属于一个统一的空间-时间世界的事项之可能性。被提出的问题是:为什么只有**一个**统一的客观世界?我建议的两个竞争的可能性或可这样来推进,首先,一个成员,它同时既属一个如我们所知的空间世界,又属一个关涉不同知觉模式的无关联的准空间,以及其次,一个成员,它前后相继地或交替地属于一个不同的且空间上无关联的多个空间世界。文学的和哲学的一些常见的幻想,使我们更喜欢第二种而非第一种建议。一个坦率的反对者或会承认意识的统一性要求一个本源的、单一的、统一的空间-时间世界的背景,并接着问,给定了这个本源的背景,经验的自我意识是否就因而不能潜在地具有更为宽广的畛域,我们能很容易地想象跟我们的经验世界相当不同的世界,给我们自己讲这些不同世界的故事,尽管无疑这是基于经验世界的想象;而且我们不必在这些想象中包含这些世界相对于我们所知的世界的位置的细节。当然,事实上,承认此一世界**无处**

和任何我们所知的世界相关联,就是承认它是非实在的、仅为想象的。但这不是仅仅事实的限制吗?难道我们不能进一步想象,在不伤及经验自我意识的连续性的情况下,在经验中发生某种极端的断裂,以至于在这样的沟壑之后的时期,没有任何被经验到的事项,能够与在此沟壑之前时期被经验的任何事项有空间的关联,尽管沟壑后的所有事项和沟壑前的事项一样,在它们自己的统一的系统内是互相关联的?换言之,难道我们不能设想意识的统一性从一个统一的客观的世界到另一个统一的客观的世界的跨越?抑或再重返回来?

我们应当记住,康德对客观性的处理是有相当大的局限性的,几乎可以说,是有缺陷的。他任何地方都没有依赖,或者甚至提及,例如维特根斯坦强烈地坚持的因素:我们概念的**社会特征**,思想和言语之间、言语和交流之间、交流和社会共同体之间的关联。若我谈及的幻想要想有任何机会使我们承认多个客观世界的可设想性,它们必须至少考虑这种因素;它们必须至少容许如下一点:**客观的**另一个名字是**公共的**。否则的话,尽管个体意识或许被想象为会宣称独立的客观世界是什么样的,但在另一种意义上这个世界必定被假定为固守它自己的和绝对地排他的客观性标准。

这样,承认空间上独立的各种经验世界的一个必然条件是,一个文化共同体的成员应该能够对于另一个这样的世界主张共享的成员资格,或者毋宁说,应该会发现相比将他们互相融贯的故事诊断为一个和谐的梦,这样的主张更富有吸引力。如果存在一种方法,推定的其它世界中的互动能够以之呈现为影响着本源世界中的互动并为该互动所影响，那么说这种主张会非常可能被发现是富有吸引力就是安全的。由于物理的互动被假设排除掉了，所以似乎各世界间的交互影响若是可设想的，就可被设想为是在人际的与社会的安排、关系的层面上发挥作用。基于这些思路构造一种融贯的图式之道路，更别提富于吸引力的道路，至少将是非常困难的。这会是一个有趣的劳作，尽管有人或许会说是无功的劳作。我志不在此；但是我将满足于再次指出，这项劳作不得不受制于整体上康德式的思想：我们容许一个单一的客观的实在物的概念涵盖空间地独立的各世界的度，将跟如下这样做的可能的度直接成正比，即把这些世界表象为不同于空间的方式（这是假设禁止的）系统地整合的。这样，康德对客观实在性和系统统一性之关联的一般强调就得以保持。

第三部分
超验的形而上学

第一章　假象的逻辑

　　随着"先验分析论"的结束，康德的经验的肯定的、构造性的形而上学也完成了。对于构成了我们关于世界的思维框架之基础观念的必然结构的展示现在完成了。接下来，"辩证论"的工作是拆毁，是展示超验形而上学的假象。然而这种否定的描述自身未能对"辩证论"在《批判》之宏大规划中的角色给出充分的观念。在这部著作的这一庞大部分里，有好几个互相关联要完成的目标。超越所有可能的经验获得关于上帝、灵魂和宇宙的知识的尝试的确被拒绝了，限制于经验的东西的知识被重新肯定。但这种傲慢的尝试的失败并不被看作挫折。首先，它是这样进行的以至于使唯物论和无神论的对立观点同时失败。第二，这样，在思辨理性探究中被否定的一个领域，对于不同的，就是说以道德为根据的探究来说仍然是可能的。第三，通过知识和道德利益的奇妙一致，我们作为探究者不能知道的一些理念——尽管我们作为道德行为者或许确定地相信——在非感性的实在中有其对应物，因而在我们理论地探究它们的真正领域，在感性经验探究的方向上必然具有作用。最后，如果人们对于是否真有理论理性要拒绝的超越经验的领域还存疑惑的话，这个疑惑将被先验唯心论论题的新的、独立的证明成功地消除，该证明是通过跟随纯粹理

第一章 假象的逻辑

性而陷入数学的二律背反的冲突而得到的,这种冲突是纯粹理性企图获得超越经验的宇宙的知识时陷入的。

至少这就是这个计划。正如我们将看到的,这些光明前景的结果非常不确定。所有实际达到的东西都是否定性的:对笛卡尔灵魂概念大假象的揭示;对上帝存在证明的反驳;对某些至少是非常成问题的宇宙论问题的展示。其余的是无法令人信服的主张和错误的论证。但是目前我们仅关心"辩证论"的一般结构而非其论证的细节。

经过"先验分析论"的讨论,《批判》的读者已经获得了充分的准备来应对形而上学假象的一般主题。这是因为在命题中概念的使用旨在提供关于对象的知识,而概念的使用若是有意义的使用,就必须关联到一个可能的直观,关联到这个概念应用的经验条件。概念的使用如不服从可能经验的对象的限制,就是不合法的。这就是意义原则;并且我们还记得,在"分析论"的最后一章,有以如下形式违背这个原则的诱惑,即认为一方面存在形式的或范畴的概念;另一方面存在事物自身。对这种违背,对这种陷入超验形而上学的偏离,我们或许期望一系列或多或少有关联的说明。但这很难达到令康德满意的系统性。他寻求表明至少在某些主题的范围内,超验形而上学的假象与非超验的形而上学的非假象的必然性一样是系统的,而且在某种意义上一样是必然的。假象的系统结构的根基与知识的根基一样,被认为处在形式逻辑中。正如知性之整理经验的概念和陈述的基础逻辑形式相关那样,理性之招致假象的理念和间接的演绎推理的基础形式相关。康德认为这些形式中存在三种——直言的、假言的和选言的——三段论；而且存在三种相应的辩证假象。正如在形式推理中我们期望一个给定结论的诸前提的完全性那样，在对给定对象的探究中，我们假定了对象被给予的条件的完全性。在这个领域理性的典型要求是要求一系列条件中的完全性，因而是要求"无条件者"；而且这个要求有三个主要方向，每一个和范畴的四种划分相应，展示了四种划分。

这一逻辑框架及其与"辩证论"主题的联系、在范畴四分的指导下的阐述，都过于造作和人为而不值得严肃对待，而我将不对之进行深入讨论。这并不是说所有牵涉到其构造的东西都是无价值、不相干的。在总标题"理性对无条件者的要求"下，康德确实事实上注意到有些日常的和科学的思维之间存在真正的相似；而且那些能被认为具有这种相似的特点，至少在某些情况中，似乎径直导致了形而上学假象，导致我们以显得合法的、有意义的方式使用概念，事实上却没有确定其被这样使用时的应用条件。他指出寻找更普遍解释的倾向本身是合法和自然的，由此更大范围的现象能够纳入单一类型理论的领域中，这个理论或许确实被看作是在寻找越来越广泛的推理前提或原则。这种寻找展示了与科学思维的其它倾向的宽泛的相似，康德将这些倾向看作合法的和自然的：例如，将我们的研究推进到越来越远的空间的领域与逝去的时间的领域，而且将我们的探索推进到越来越精微的物质成分。这些相互关联的复杂探究的倾向是随着更简单地重复如下事项而推进的："为什么"，"超过**那**之外"或"在**那**之前"是什么，"**那**是什么构成的"，尽管康德并未明显地谈论这些对人类理性的自然辩证论的极为孩子气的展示。不管我们是考虑它们的

第一章 假象的逻辑

复杂形式还是原初形式，借助于一个事物以另一个事物为条件的理念的，至少看起来能够把这些探究系列互相归并起来，正如康德做的。一旦我们对于形成了这样的系列之一部分的某个问题有了答案，这个被问及的问题就被说成是以此前提及的对之的回答为条件的。很清楚我们断不可归给这个表达任何超出了这种解释给予之的意义。它只是关于这种特殊种类的系列探究的一般言说方式。

康德关于这种系列探究的中心思想是这样展开的。在这种探究的前后相继的阶段中得到揭示的事项形成了一个系列，其每一个成员都和在下一阶段得到揭示的事项处于典型的（如时间的）关系中，而且被说成是以那个事项为条件的。不可避免地，在每一情况中，我们形成了作为**一个整体**的这种事项系列的理念；而且随着该理念产生了关于某物的理念，这个某物不同于这个系列的典型成员，它不是以这个系列的任何成员为条件的。这就是"绝对无条件者"的理念；而且形而上学假象产生于假定在每一情况中，都必定存在和这个理念相应的东西。这个无条件的东西必然以两种方式之一被设想。更自然和更简明的方式是，在每一情况中，将它设想为这个系列的绝对终极的成员：对于它没有任何解释是必然的或可能的，而它包含了每一个其它东西终极解释的根据；世界在空间上的最外的界限，它超越了所有其它事物并且没有事物是外在于它的；事物在时间上的第一开端；物质的终极而绝对简单的部分，对它而言，所有事物都是复合的。不太自然而更复杂的方式是，不把它设想为一系列有条件的事物之无条件的和终极的成员，而把它设想为一个其所有成员都是有条件的

无穷的系列之无条件的整体。然而，康德认为这两类概念的应运用的经验条件都是不可能确定的，即没有可能的经验或直观能够保证它们的应用。因此两者都违背了有意义使用的条件。然而，假定一个或另一个必定可应用是人类理性特有的倾向，将后者当作是可以应用于这些系列探究的。当我们沉思关于这样的系列的思想时，似乎我们无法离开绝对的无条件者的理念；或者是存在一个最终的项或者是不存在这个项，在后一种情况中这个系列的成员是无穷的整体。但是在强加这个选项时，我们允许我们自己假定**这个作为整体的系列**的概念的应用，而没有考虑我们是否能合法地这么做。如果我们**无须把对象看作可能经验的对象**，无须一般地考虑直观或觉察它们的条件，就能够有意义地谈论对象，那么，在两种情况下都坚持析取会是完全合法的。但是我们或不会如此；并且事实上也不是。

　　但是现在必须指出，容许把辩证过程描述为以这种方式展开，并在这一点上得以解决，我实际上把描述限制在"二律背反"上，而且甚至是限制在其前两个上。（尽管前两个二律背反的解决隐含地带有后两个二律背反的解决，但正如我们会看到的，这个解决不是康德采纳的。）这一点非常重要。这是因为正是在"二律背反"部分我们发现，或者我们似乎发现，这样一些特征的必然互相关联的绝好例子，而这些特征是康德将之当作贯穿系统的形而上学假象的整个领域的互相联系的特征呈现的。首先，在宇宙学领域中追求完全的和系统的知识时，我们似乎**不可避免地**被导向去持有作为整体的每一相关系列的理念，不管系列是有穷的还是无穷的。第二，这些理念，在有穷和无穷两种形式中，似乎都具有**绝对性**或**终极性**的特征，这两个特征是康德归于他在"辩证论"中处理的所有形而上学理念的：它们是关于绝对的整体性、物质的终极构成成分、宇宙的绝对第一开端等等的理念。第三，在康德写作时看起来足够有理，尽管现在看起来并不清楚的是，在宇宙论问题的所有情况中，都没有充分的经验根据去选择有穷的或无穷的，也就是说，所讨论的理念本质上**超越**了任何可能的经验。第四，由于同样原因，主张每一情况中无穷选项都必然是科学中的**指导**或**调节**理念，似乎是完全合理的，而这样就给我们自己布置了我们永远不能宣布已完成的一项探究任务。

这样在宇宙论领域的理论探究中，"理性对无条件者的要求"的观念的确具有确定的意义；在这个领域中，不可避免性、绝对性、超验性和调节效用性这四个特征似乎确实一起刻画了这个要求引起之理念的特征。但是，康德认为短语"理性对无条件者的要求"准确且一般地代表了一种描述，描述了"辩证论"中讨论的**所有**形而上学理念的根源。也许正是由于这个理由，他受到鼓舞去概括这些特征，从而发现它们一起刻画了思辨神学、理性心理学以及宇宙论理念的特征。思辨神学的确做了一点相似的探究。理性心理学则几乎没有开始做这种探究。笛卡尔的灵魂观念确实可被表明是这样的观念，以至我们无法确定其应用的经验标准。如果这就足以使它成为一个超验理念，那么它就是一个超验理念。它确实也是，或者说哲学史似乎提示它是我们自然地被导向去持有的理念。但是当该假象的根源被追踪到，正如康德在"谬误推理"中追踪到的那样，变得很清楚的是，它们和理性在经验研究中对完整性、系统统一性的要求毫无关系；而且完全没有这个理念对心理学系统的经验探究中有指导效用的情况，如康德所认为的那样。

正如我所说的，似乎思辩神学做了相似的探究。上帝的主题确定无疑给与了绝对者和终极者的观念以丰富的领地。上帝是绝对必然的存在者，绝对的完满等等。而且很多传统的权威把上帝的观念和万物的终极根据或解释者的观念关联起来，并且因而和理性在解释中对终极性的要求关联起来。但是传统和理性的强制并不是同一个东西。说由于在理论解释中追求系统的统一性，我们**不可避免地**被引向持有这种理念看起来至少是有些夸大了。就这个观点毕竟有一点道理来说，它仅仅在上帝的理念是建立在"二律背反"所处理的观念之上的范围内是有些道理的；而且，正如康德认识到的，这个根基不足以支撑上帝的理念。最后，主张理智和全能的超世的造物主理念具有指导效用，或者如康德更强的主张，自然科学的整个事业都**必然**是在这个理念的保护下进行的，并不比如下论题更合乎情理，由于在解释中追求系统的统一性，我们不可避免地被引到这种理念上。

这样，假象的逻辑假定的统一性本身很大程度上也是假象。"谬误推理"确实是完全独立于"辩证论"的其它两个主要部分的。另一方面宇宙论的和神学的理念之间存在某种**联系**，尽管康德夸大了它们之间的**相似**，正如我们此后将更充分地看到的那样。

第二章 灵魂

康德对于理性心理学的假象的揭示是绝妙和深奥的。这是最高阶的哲学批判。然而必须承认,思想在文本中的进展常常是晦暗而盘根错节的;而其晦涩的大部分原因应归于揭示的失于完整、对首要事物考虑的欠充分。我将初步地、简要地通过以下评注来开始:(1)所攻击学说的本性,(2)康德攻击的主要思路,(3)对假象的根源所做的诊断。接下来我会解释和详述康德的学说,而且在必要时加以批判和补充。

所攻击的学说乃是这样的学说,我们中的每一个,通过意识经验的单纯事实就知道他是一个笛卡尔的思想实体的存在,即是一个非物质的、持存的、非复合的思想与经验的个体主体,能完全独立于身体或物质而存在。

攻击的思路是依据意义原则。为了主张处于某概念下的对象之存在的知识,我们必须有这个概念应用的经验标准,而且必须有使用这个标准的场合。在康德术语中的感性直观必须给我们提供一个满足这些标准的对象。在现在的情况下,一个关键概念是关于历时的数的同一性的,关于同一个事物的持存的[①];但是,对

---

① A362。

于持存的非物质的经验主体,既没有也不可能有任何直观(经验觉察)。

对假象的根源的诊断乃是这样,理性心理学家、对于灵魂持笛卡尔观点的哲学家,混淆了经验的统一性与统一性的经验。的确,构成**经验**的表象的必然条件是,在时间地延续的经验系列的成员之间,应当有这样的统一性和联系,该统一性和联系提供了如下可能性的基础,即把经验归给某人,而我们在这种归属中表达我们的经验自我意识。这并不意味着存在对一个非物质对象(所有这些经验的统一主体)的觉察;尽管唯有这种觉察能为笛卡尔的灵魂观念辩护。但由于一个自然而强大的假象,我们恰恰把这种意识的必然统一性误作这种对统一主体的觉察。

如上所述的诊断或许会使我们困惑。为什么意识的统一性、经验的某种联系偏偏以这种方式被误解?看起来至少有一步被遗漏了。事实上好几步都被遗漏了。我们必须尝试补上它们;而且由于这个问题不是不复杂的,在下面一节中将以编号的段落对之进行揭示。

1. 对这个假象的揭示:一种重建

[1]**统觉的先验统一性**。提醒我们首先注意到意识的必然统一性的观念、或统觉的统一性的观念,当其出现于"先验演绎"的讨论时的意义,将是有益的。意识的先验统一性被什么东西要求,而什么东西是它要求的?它曾要求时间地延续的经验系列应

当具有某种连接性和统一性的特征，这是通过客观物概念保障的，并且它把这当作经验自我意识的可能性的基础条件来要求。这种经验应当是关于统一的客观世界的经验，它至少为**主观**的或经验的贯穿世界的路径的观念留出了空间，该路径是通过一系列的经验被勾画出来的，而这些经验共同产生了**一种统一的关于世界的经验**——一篇潜在的自传。在此我们似乎有了这种自传的主体概念，即自我概念之经验使用的可能性的基础根据。

[2] **经验主体的经验性概念：一个人**。然而，这种必然的统一性，提供的仅仅是这种概念的使用的基础根据，而非完备条件。非常清楚隐含在康德立场中的是：历时持存的数上同一的经验主体概念的任何使用都要求经验地可应用的同一性标准，并且它不能仅仅通过统觉的必然统一性提供的内部经验的连接性被给出。关于第二点我们将在下面详述。关于第一点我们必须现在评论说，康德揭示的一个弱点是，他几乎没有提及到如下事实：我们关于**人**的同一性的日常概念的确带有经验主体（一个人或人类成员）的历时的数的同一性之经验可应用的标准，而且，这些标准尽管不同于身体同一性的标准，却本质地牵涉到对人类身体的指称。[①]康德并非完全缄口未提这一点。他在这句话中尽管模糊但仍暗示了这一点："其［灵魂］在生命活动中的恒常性当然是显而易见的，因为思维存在物（作为人）自身也是外感能力的对象。"[②]

---

① 关于人格同一性的主题在近来的哲学中得到了深入的讨论。我将这个问题看作已知的。

② B415。

康德顺带暗示的这一点无疑具有第一位的重要性。它意味着我们毕竟有了一个持存的经验主体（人）的概念，它满足了最严格的批判要求。这个概念为语句中人名、人称代词真正的指称对象的使用提供了绝对坚实的基础，在语句中意识状态、内部经验被归于名称、代词所指称的对象。一个人是可被知觉的（即便仅仅是相对的）恒常物、直观的持存的和可确定的对象、传记和自传的可能主体。我们不再可疑地谈论贯穿世界的经验路径、构成了这一路径的一系列经验，而是确信地谈论无可否认的持存对象，一个人，他知觉上勾画了一个贯穿世界的物理的、时空的路径，而且一系列的经验可以归属于他，而不用害怕经验归属之的持续物并不存在。

[3] **在对当下经验或回想经验的即时自我归属中，没有诉诸人之同一性的标准**。现在我们达至了处在笛卡尔的假象之源的事实。或许可以把它表述如下。当一个人（一个经验主体）把当下的或直接记得的意识状态归属给他自己时，并不要求使用人之同一性的标准去证明他以代词"我"指称这种经验的主体的使用是合法的。如下这样思考或言说是毫无意义的：**这个**内部经验在发生，但它是对**我**在发生吗？（这个感觉是愤怒；但是那正感觉到愤怒的是我吗？）再者，如下这样思考或言说也是毫无意义的：我分明记得那个内部感觉发生了，但它是对我发生了吗？（我记得那可怕的失落感；但那感觉到它的是我吗？）一个人可在内部经验领域这样遇到或回想的东西中，没有任何东西会引起他使用主体同一性的标准去决定遇到或回想的经验是否属于他自己，或属于其他人。（我认为可以毫不夸张地说，康德正是因为认识到

了这个真理，使得其对主体的处理远优于休谟的处理）

[4] **没有标准的自我归属在实践中，并未失去对经验地可确定的主体的指称**。当"我"被这样使用时，这种使用没有必要或可能通过主体同一性的经验标准得到辩护，然而它并未失去指称一个主体的功用。"我"能被没有主体同一性标准地使用而仍指称一个主体。它能如此或许是因为它是公开地从一个人的嘴里发出来的，而这个人通过应用人的同一性的经验标准，可被认定和确定为是他这个人；或者即便它是在自言自语中被使用，即便它是被一个解决这种问题时承认这些标准的可应用性的人使用，这种问题是，现在正把这个经验归于自己的他是否是例如曾经做过如此这般的行为的人。"我"能够无须主体同一性标准被使用并且仍指向一个主体，乃是因为，即便是在这种使用中，与这些标准相连的纽带在实践中并未被切断。

[5] **"我"的纯粹内在指称（独立的、非物质的个体；作为实体的灵魂）的假象**。没有标准的自我归属与主体同一性的经验标准之间的纽带在**实践中**未被切断。但是在哲学反思中它们可能会被切断。如下情形是很容易出现的：强烈地觉察到这种自我归属的纯粹内在根基的即时特征，然而却既保持归于一个主体的归属的意义，同时又忘记对经验的即时报道具有归于主体的归属特征，恰恰是因为存在我提到过的与人的同一性的日常标准的纽带。这样就产生了某种假象："我"的纯粹内在然而指称主体的使用。如果我们试图取消这种使用，抛开与人的同一性之日常标准的联系，达至完全且充分基于内部经验的对主体的指称，我们真正做的就完全是剥夺了我们的"我"的用法的所有指称力。它表

达的不过是如康德会说的"一般意识"。如果我们仍继续将"我"看作具有指称力,看作指称一个主体,那么,这仅仅是因为我们真正留下的就只是指称的**形式**,而看起来这种指称的对象必定是具有单称纯粹性和单纯性的对象,即一个纯粹的、个体的、非物质的实体。

康德清楚地看到,思想和经验的即时的自我归属无涉主体同一性标准的应用这个关键事实是如何同时解释了以下三者:它解释了允许我们自己使用经验主体("我")的观念,然而完全按照意识的内在内容("内感"的内容)来思考的诱惑;它解释了为什么这样使用的主体观念实则是空无内容的;而且,它因而解释了为什么它**看起来**是一个绝对单纯的、同一的、非物质的个体的观念。

[6] **康德的捷径**。康德的洞见无与伦比,但是他的阐示是晦暗的。造成晦暗的一个根由是他走了一个捷径。如我已经说及的,他仅仅对主体同一性的经验标准,对经验主体的经验概念做了最小的指称。他没有明确说,刚讨论的"我"的欺骗性用法来自将它抽离其日常的场景,来自忽视了其与主体的经验概念的联系。相反他将这种用法跟他对于第一人称代词的哲学使用联结起来,这种哲学使用是在解释意识的必然统一性、统觉的先验统一性学说时用过的。他说"我"的欺骗性用法仅仅**表达**了使经验成为可能的统一性。

这是他的阐示的缺陷吗?我认为疏漏是缺陷。这个诊断必须补上一些片段意味着该诊断到此为止是不完整的。但是我认为,对"我"的欺骗性、非指称的用法(或者说:主体的欺骗性的、

第二章 灵魂

非指称的思想)"表达"了意识的必然统一性的学说,是可被捍卫。因为要对经验主体概念做任何经验的(即合法的)使用必定要求,应当存在主体同一性的经验可应用的标准,该标准是我们关于人的日常概念所提供的,而人除了是其它东西之外,尤其是外感官的对象。这个规则是一般的。如我们已看到的,除非这个要求被满足,否则甚至将当下经验归于某人自身(意识到**某人自身**处在如此这般的状态)的归属中对主体概念的使用,也将是不可能的。然而,在统觉的先验统一性理论中康德已经表明,存在自我意识的可能性的必然条件,这种条件能被融贯地描述而无需描述这种可能性的**完备**条件,并且尤其无需诉诸我们的经验主体观念,即主体乃是一个外感对象。坚称如下观点并非不合理:当我们抽去我们这样的主体观念的最后特征,当我们持有这种欺骗性、非指称的经验的纯粹主体的思想时,就像我们无疑会做的那样,在我们此思想中(尽管无疑极其令人困惑)保留着经验的连接性观念,这种连接性已被表明是经验自我意识的可能性的基础的必然条件,是可真正称为经验的东西发生的最小条件。无论我们是否认识到,我们的欺骗性的思想至少是关于如此连接、统一的经验的思想。统觉的先验统一性要求满足的条件,是我们的假象的必要条件,正如它是经验之主体的经验概念的必要条件。它不是两者中任一个,甚至不是假象的充足条件;这是由于,事实上通过抽掉经验概念,我们才得到这个假象。但是当我们这样抽掉经验概念以造成假象时,我们并未一并抽掉统觉的先验统一性要求的这个条件。因此,归根结底可以说,当我们陷入这种假象时,实际上我们恰恰是被这种意识的统一性所引导错把它当成了对一个统一主体的意识。

　　[7] 对笛卡尔主义的致命一击。康德不满足于仅仅揭示理性心理学的假象。他通过指出如果我们屈从于这种假象，面对同样空洞的替代理论时，我们无力捍卫我们的结论，从而强调了理性心理学的空洞。理性心理学家认为，每人都即时确信他自己的非物质实体的灵魂是存在的，它历经其状态之更迭是同一的。对此我们可以回应说，无论他通过这种主张所表达的确信是什么，这种确信都跟以下假设相容：在各种灵魂实体的一完整系列中，每一个灵魂都将其状态和对状态的意识传递到这个系列中的下一个灵魂，与此相同，它通过在先同样的传递获得的，皆来自于系列中在先的灵魂，就如在多个弹球的系列中运动从一个传到另一个那样。① 这项建议不多不少和原先的建议一样都是无效的。

　　这种攻击的思路能够比康德所做的走得更远。这样，当一个人（一个理性心理学家？）在言说时，我们能够建议或许有一千个灵魂同时在思考其词语所表达的思想，他们都有如他（即这个人）会在当下主张的经验那样的性质上不可区分的经验。这个人如何能说服我们只存在这样一个和其身体相连的灵魂？（某一个或者每一个灵魂如何能说服自己相信自己是唯一的？）

　　这种攻击的概要如下。我们**有**经验主体（人类，人）的单一性与同一性的标准。当我们讨论个体的灵魂或意识时，我们**需要**灵魂或意识的单一性与同一性的标准。一个正常人，在正常生命过程中，在任何时刻仅有一个灵魂或意识在其整个生命持续存

---

　　① A363-4 脚注。

在，这必定被算作可接受的个体灵魂及个体意识概念的充分条件，确保这一点的唯一方法是允许灵魂或意识的单一性与同一性观念都从概念上依赖于、并从概念上来自于人或人类的单一性与同一性的观念。从我们具有的标准得出我们需要的标准的规则是非常简单的。它就是：**一个人，一个意识；同一人，同一意识。**然而，接受了这种推导的规则，就是理性心理学的自尽。

对这一要点康德没有说到家，这恰恰是他忽视了经验主体的经验概念的一面。

2.休谟和康德：论自我

在对自我的处理上，康德跟休谟有一些相似点，也有一些深刻的差别。康德反复强调的重点是，不存在对主体自身的内直观，"在内直观中没有任何恒常的东西"①，这让我们想起休谟的名言："当我最直接地进入我所称的我自己时，我碰上的总是某个特殊知觉或其它的特殊知觉……若无一个知觉，我任何时候都不能察觉我自己，而且除了知觉我不能观察到任何事物。"② 再者，对于"作为外感对象"的人，对于身体同一性在经验主体的经验概念中扮演的角色，康德极少提及，这跟休谟的全无提及类似。

相似就此止步。对"什么是他所称的他自己"的观念，休谟不得不给出某种解释。他是通过发现他的"知觉"类的成员间有

---

① B413，另参见 B420，A381 等处。
② 《人性论》，第一卷，第四章，第六节。

这样一些关系（相似性、因致性）尝试给出解释的，这些关系将可以解释对知觉所属之同一主体的"捏造"。他尝试在这个领域复制他曾用的对同一性观念的分析或解释，复制他在讨论我们对物质对象之历经非连续的观察的连续同一性观念之信念所用的分析和解释。不同的知觉被算作对同一个物体的知觉是因为知觉间存在的某种关系。正因如此，他指出，不同的知觉被算作属于同一个自我是因为在**它们**间有某种关系。在此我们如何解读这个"因为"没有太大关系：它是引入了对同一性标准的指称，或者是以休谟的反理性主义精神，引入了对**因致**我们虚构的各种因素的指称，都没有太大关系。在两种方式中我们都必定震惊于这两种情形间关键类似的缺失。就这种解释（或分析）似乎满足了把不同知觉当作同一个物体的知觉的情形而言，它能够这样是因为我们能将相关的心理机制（或标准）看作具有一个可在其中工作的知觉领域，在该领域各种心理机制能够**选择性地**活动，在此产生对于同一性的捏造（一个判断），而在彼处则阻碍之。即便是虚构的同一性也需要对比。除非某种东西能导致如下这个思想：这是一个不同的 x（的一个现象），否则没有什么东西能导致如下这个思想：这是一个跟此前的相同的 x（的一个现象）。但是在自我同一性的情况中，属于心理机制被假定在其中活动的领域的任何东西都不能被这些机制排除出对某个自我的归属。这些机制是空转的；或者更恰当地说正是它们在虚构。寻找这些心理机制，跟寻找应用于内感领域中的主体同一性标准以便决定某一当下经验是不是某人的经验一样，都是徒劳的。

　　休谟的自我理论这样就陷入了不融贯，而他自己对之也不是毫无觉察，康德对理性心理学假象的揭示则完全避免了这种不融贯。他的分析确实需要补充，相比于他给予主体同一性的经验可应用标准的角色，要更加明确地承认这一角色，就像我试图表明的那样。然而，要点是康德的解说中丝毫没有排除这一补充，而且其中的所有东西都要求这一补充。另一方面，休谟不单是要消除哲学家的（理性心理学家的）假象。他的尝试还想给出一种充分的解释，以解释经验主体通常的自我（经验主体）观念；但是他设想这一解释的术语使其尝试不可能成功。

3. 先验唯心论的复杂性

迄今为止，在对"谬误推理"的讨论中，我完全忽略了康德的先验唯心论学说立场；而且重要的是，无须援引这些学说，康德对理性心理学假象的揭示的力量就能被传达出来。然而，就康德自己而言，其先验唯心论的立场似乎使揭示这个假象成为格外紧迫的事务。

> 假设存在着这种可能性的话，即先天地知道所有思想存在物就其自身来说是简单的实体……并且它们意识到它们的为分离的、迥然不同于所有物质的存在，这将构成一块挡在我们的整个批判面前的巨大的绊脚石，或者毋宁说这将成为无法回答的反驳。这是由于通过这样的过程我们将跨出超越感性世界的一步而踏入本体的领域。[①]

---

① B409。

我将对先验唯心论的复杂性的通盘讨论留到后面；而且直到那时我才会充分考虑第一版"第四谬误推理"中的说法，在其中这个学说基本出现了。但为了显示康德如何看待这个学说跟我正在讨论的议题之间的联系，现在我必须说点什么了。

让我们从关注以下这个问题开始：如何能够甚至将我刚引述的警告的言语解读为以某种方式与先验唯心论最弱的可能解释相一致。或曰，若理性心理学的学说是成立的，受到威胁的仅仅是如下这个原则，即关于对象的非分析知识的任何有意义的主张都有赖于这样一些概念的应用的经验标准的使用，该主张就是通过这些概念表达的。"进入本体的领域"将仅仅证明存在这样一种知识主张从而表明，这个原则至少在一种情况下可不受惩罚地被违背。通过小心诊断其根源，消除理性心理学的假象的一般方法论的重要性恰恰在于，消除假象的成功使我们在面对所有明显的反例中最诱人的东西时，重新肯定这个原则。

若说这就是康德意思的全部，将是无法说通的。这个学说认为空间和时间中的事物仅是现象，事物**自身**不是广延的，我**自身**并不是首先想念，然后难过，不过它**更可说通地被看作**至少意味：前后相继的感觉、知觉及其明显的对象的存在（以一种不可知的方式）依赖具有完全不同（和完全不可知）特征的某物。"本体的领域"就是这些依赖的存在所依赖的领域。

在众多自然出现的天真问题中，让我们首先着手处理如下这个问题，它是最适合现在以另一种似乎直接困难少些的方式去问的问题。若本体的特征是完全不可知的，为什么康德一方面谈论作为自身的**外部对象**，另一方面谈论作为自身的**我们**？本体之

第二章 灵魂

物领域包含两类不同的存在不是至少可知的吗？对这一问题至少部分是康德的回答或可如下进行。没有这类事物是已知的。外感的被感知的对象（空间中的物体）与前后相继的被人类算作他们的状态的经验间的区分正是在经验内（现象领域）被划出的，没有这一区分经验将是不可能的。（按照对先验唯心论的一种解释，这种区分实际上不是终极的。但是现在我们不考虑这一点。事实是，若经验毕竟是可能的话，这个区分要被划出且必须被划出。）现在不仅空间中的物体，而且我们的内部状态对不可知的本体之物的一般依赖是通过把前两者（物体、内部状态）相关于后者（本体之物）都描述为"事物自身"的"现象"表达出来的。这样，一方面谈论**外部对象**自身，而另一方面谈论**我们**自身，就变得很自然了。但是这种谈论方式反映的不多不少正是经验中这个被划出且必须被划出的外部对象和意识状态之间的区分。它并未隐含任何本体存在种类之间的区分的知识。这是由于所有我们知道的本体之物或许完全是同种类的。①

这个回答仅仅考虑了先验唯心论的某些特征。现在让我们问一个更困难的问题。以刚才暗示的方式假定先验唯心论远比意义的方法论原则包含的多得多，那么为什么康德如此地确定，假设理性心理学的主张能够做出的话，我们应已经进入本体的领域？为什么理性心理学家的假设如果成功的话，就不仅仅是表明，知识主张中的意义原则至少在一个特定的情况中是不成立的？为什么仍不能认为，内部的和外部的经验内容所赖的本体之物是完全

---

① A359-60。

未知的且原则上不可知的？对于这个问题我们必须给出的回答表明，我们冒险给予前一个问题的回答是如何不充分。当所有能说该做的都说完做完后，康德的自我理论并**未**通过展开和补充消除理性心理学假象时要求的自我的那些特征被穷尽。同样，先验唯心论的论题也没有被我刚给出的根据存在物的依赖性对它做的简短陈述所穷尽。这两种情况的理由是一样的。康德通过统觉的"我思"想表达的不单单是经验的连接性，该连接性为客观物的概念所保障，乃是经验自我意识的可能性的基础条件。对他而言，统觉的"我思"也代表着现象世界与本体领域之间接触的切点。"就单纯的思维来说，在对我自己的意识中我就是**存在自身**，尽管经由这样的意识，还没有任何关于我自己的东西供（我）思维"①。

当然，先验唯心论几乎不配其名，除非存在这种接触点。"唯心论"的名称或许的确是通过反复说外部对象可被还原为"表象"来证明为正当的。"先验论"的名称或许的确是被"我们在经验中知道的一切，包括我们自己的心灵状态，都依赖某种经验不可通达的未知根据"这种学说证明为正当的。但是这就是所有的话，将没有什么尤其是先验的唯心论的与先验论的唯心论了。使"先验唯心论"的名称不单是合取的是极端主观论的语言，在该语言中世界上**所有**的结构特征的根源都被宣布为在**我们的**主体中，在"在其中时间表象有其本源根据的主体"中。②但是

---

① B429。

② B422。[参考韩林合译文：这样的主体——时间表象本源地在他之内拥有其根据——也不能经由思维这些范畴的方式而规定他自己在时间中的存在，而如果后面这种规定不能发生，那么前一种规定——作为通过范畴对他自己（作为泛而言之的思维存在物）所做的规定——也就不能发生。——译者注]

第二章 灵魂

除非这些话中的"**主体**"以**某种方式**与我们日常对我们自己的理解相关联,否则我们能够用这种语言做什么呢?

一个一般的思维存在的概念被假定为提供了这个连接点。每一个人类存在者,尽管他永不能仅仅作为思维的存在,而是只能作为前后相继地时而在此、时而在彼在思维、感觉或感知的存在意识到对象,然而他仍**是**一个思维的存在,是范畴的居所,而且在这种程度上是经验条件的根源,而不仅仅是经验条件的结果。当然,康德依照这个灾难的模型的要求走得非常之远,而这个模型之源我们还未充分探寻过。不仅仅**我们的**知性是范畴的根源,**我们的**感性是空间和时间形式之所归;而且因为在经验自我知识的产生中前者必定刺激后者,**我们**显现给**我们自身**,不同于**我们自身**。确信地使用第一人称代词是非常令人困惑的;但这还不仅是令人困惑的。它表明这个模型自身崩解了。毕竟似乎本体自我有不少是可知的,尽管可知的不完全是理性心理学家希望的。在一个颇不寻常的从句中康德写道:"这个在我们之内思维的存在给人的印象为,它通过纯粹范畴知道自身而且恰恰是通过这样的范畴,即在范畴表每一个条目下表达绝对统一性的范畴。"① 在这种程度上"在我们之内思维的存在"看似受骗了。但是若在我们之内思维的存在给人的印象为,其知性刺激其感性形成了时间上前后相继联结在一起的知觉、感觉和思想(包括目下这一个思想),那么,显然,在我们之内思维的存在根本没有受骗,而是绝

---

① A401。[韩林合译文:不过,那个在我们之内思维着的存在物之所以会自以为经由诸纯粹范畴(更准确地说,那些在诸范畴的每个条目之下表达了绝对统一性的纯粹范畴)认识了它自己,原因如下。——译者注]

对正确。我不会否认所有这些或许也可被解释为谈论现象事实的结构特征的方式。如此解释它就是把这个模型**当作**一个模型、一种当达到目的后被抛弃的阐示框架。但是至少看来这不像是康德看待这个事情的方式。①

---

① 进一步参考第四部分，尤其是第四章。

第三章　宇宙

我对"数学的"二律背反的讨论将这样进行。首先，我将陈述康德声称展示了"纯粹理性与自身的冲突"的论证，以及对这些论证的一些标准的和不那么标准的反驳。接着我将以这样的方式重现这些争议，从而表明一种普遍形式的"解决"如何被假定能应对相关的每一种"冲突"。随后我将区分、讨论对这种普遍形式的解决的三种阐释，每一种对应于一种不同版本的先验唯心论。我将提及第四种版本的先验唯心论，仅仅是要表明它并未产生对这种解决的第四种阐释。最后我将考虑被假定为产生了这些冲突的宇宙论问题本身，以及某些异于康德的思路。

在二律背反中康德通常的程序是，通过证明明显矛盾的错误，依次建立两个明显地穷尽一切的选项（"正题"和"反题"）。在数学的二律背反中，存在显得具有这种特征的成对的有效论证被认为是先验唯心论学说（认为空间和时间仅是我们感性的形式，而且空间和时间中的所有事物都仅是现象）的间接证明。很明显，如果这个证明要摆脱循环的话，康德就不应在构建这些论证时借用这些学说。只除了在一个辅助论证（针对第二个二律背反的第二部分）中，康德没有公然违背这个规则。然而我们几乎不能理解他所用的薄弱的论证看似有用这个事实，除非我们假设,在他的思想中,他无意地用属于这些学说的元素强化了这些论证,而这些学说被假设为提供了对这些"冲突"的"解决"。

1. 论证和反驳

第一个二律背反的论题是说,世界具有(1)时间上的开端和(2)空间上的界限。就第一部分而言,让我们假定世界已经存在,而一部时钟以规则的时间间隔滴答走动,由之给康德的论证一个更具体的形式。那么该论证如下。如果我们假定世界没有开端,但是已经存在了无穷时间,那么由此推出到目下时刻,或者直到任何此前的历史时刻,一个无穷数目的滴答已经发生了,一个无穷的滴答系列已经完成。但根据无穷系列的本性,这是不可能的。"一个系列的无穷性……在于这个事实,它从来不能经由前后相继的综合而被完成。"① 因此世界已经存在了无穷时间是不可能的。它必须有一个开端。

这个论证看来明显是无效的。我们的确能够有效地论证,由于一系列滴答声有一个最后的成员,因此不可能同时出现以下两者都是的情况:(a)它具有无穷数量的成员,而且(b)它具有最初的成员。或(a)或(b)必被拒斥。但是由于该论证被认为是建立在(b)是错误的假设上的,很清楚必定是(b)而非(a)被拒斥。

康德是怎么想到提出这样一个论证呢?我认为如下这样做

---

① A427/B455。

第三章 宇宙

对他不是不公正的，假定其中心思想如下：当滴答发生时，完成对无穷数量滴答声的**计数**过程将是不可能的。而且这在我们看来会是真的。这看来是真的，因为我们认为计数过程不得不在某个时间**开始**。但是，在某个时间**开始**的计数过程，决不能在接下来达到完成，这个事实看来也是或者和所讨论的问题毫不相干，或者被求助去支持滴答的系列也开始于某个时间的假定。然而，将被证伪的假设是，并不存在滴答系列过去开始的时间。我们会假定这正是众要点中的一个，在这些要点上康德求助于（或许无意地）他后来将之当作他明显地展示的冲突的解决来提出的学说。

对这个论题的第二部分，即世界在空间上有限的论证，显得更加不能令人满意。它包含第一个论证中的缺陷，而且还加入了其自身的缺陷。康德坚称，"世界在空间范围上是无穷的"这个思想恰恰关涉"有可能**完成**对世界前后相继的有穷部分进行测量的时间上无穷的过程"这个思想。用乘坐宇宙飞船在宇宙中旅行的观察者的观念，我们会使这个思想更加具体。这些观察者从不同的方向，在一个给定的时间抵达地球上一个给定的地点，他们每一个人都穿过了无穷的距离。康德说这是不可能的。因而世界在空间上必定被包围在界限内。

对于这个论证，可以提出如下反驳。首先，假设世界在空间范围上是无穷的并不要求完成对世界的空间进行测量的时间上无穷的过程的可能性。因为这种可能性至少要求了进一步的假设，即世界已经存在了无穷时间。然而，一个观察者无论旅行的有多快，他都不能在有穷的时间内穿越世界经过无穷的距离。但是"世界在空间上无穷地延伸"这个假设显得并不蕴含如下假设，即到任何给定的瞬间，世界已经存在了，例如，一千多万年，更不蕴含如下这个假设了，即世界已经存在了无穷多年。第二，即便我们放弃这个反驳，康德宣称"完成一个无穷的时间过程是不可能的"时，显得仍是在重复我们在他对论题的第一部分的论证中发现的错误。只有假定了时间过程具有开端，在时间延续中一个既完成又无穷的时间过程才是不可能的。最后，如果强烈主张我们不能设想一个没有开端的**测量**过程，那么我们就必须探究一下，测量的观念究竟有什么相关性，凭什么权利被引入了讨论中。

　　对第一个二律背反的反题的论证并不比对正题的论证更有力。它是这样开始的。如果世界有开端，那么它必定开始于某个特定时间，例如 n 年前，而且在此之前根本不存在任何事物。但是当根本无物存在时，将根本无法区分时间的一部分和另一部分，并因而无法解释世界何以在一个时间而不是在另一个时间开始存在。因而世界不能有一个开端。

　　这个论证充其量似能表明的仅是，如果世界有开端，那么"世界为什么开始于其开始时，而非开始于其它时间"这个问题原则上是不可回答的。只有存在充分的理由相信，如果世界有开端，那么"世界为什么开始于其开始时，而非其它时间"的问题必须在原则上是可以回答的，才能得出"世界并无开端"这个结论。康德并未给出我们接受这个信念的理由。让我们看一看是不是我们能够给出拒绝它的理由。更准确地说，我们给自己设立了如下任务。我们要给出拒绝如下信念的理由：如果"世界在时间上有开端"这个假设是真的，那么，世界为什么开始于其开始

第三章 宇宙

时,而非开始于其它时间这个问题必定是可以回答的,因为对这个问题的任何解释康德的论证都是相关的。这就开启了这样一种可能性,或许存在对这一问题的截然不同的另一种解释,对于这种解释,无论是我们的理由,还是康德的论证,都是不相关的。

对于"世界为什么开始于其开始时"这个问题,让我们把它看作对构成了世界历史的一部分的通常的过程或事件系列的追问。我们可能会说,这个问题通常有双重**外在**特征。首先,就所讨论的过程在其时开始的**时间**来说,它隐含地把这个过程和其它事件和过程的时间框架相关联。正是在和这个外在框架的联系中,所讨论的过程在其时开始的时间方能被规定。其次,它试图引出提及某种条件,该条件也是外在于所讨论的过程的,当这个过程开始时,该条件发生或被获得,而且该条件的发生或获得,就足以解释这个过程的开始。

现在康德利用了如下事实:当我们问的问题的是"作为整体的世界历史"时,就不可能引出提及世界历史开始时发生或获得的任何外在条件,而且因而不能引出提及能够解释世界历史彼时开始的任何外在条件。但是我们必须考虑一下如下这个事实的隐含意义:当问题所问的是作为整体的世界历史时,没有任何事物可称为这个问题通常隐含的第一个外在的指称。无疑,如果世界有开端的话,诸如"世界存在了多久?"或"它始于多久之前?"这样的问题,不管我们能不能知道答案,都应该(或可能)有一个真答案。短语"世界在其时开始的时间"将会有一个指称。但是其指称不可能隐含世界历史的开端与外在于世界历史的其它事件或过程之间有时间关系。现在似乎我们能够有意义地提出诸如"为什么南北战争开始于其开始时?"这样的问题,正是因为我们能有意义地假定那场冲突的外在时间关系或会和它实际所是的不同。一般来说,似乎正是因为存在这样外在的时间关系,我们才能把意义赋予我们用假设从句,诸如"如果他早一天出生的话"或"如果这场战争晚一周爆发的话"等等所表达的推断。然而,我们注意到,如果世界有开端,那么不存在世界的开端能时间地与之相联的外在于世界历史的事物。马上得出如下的结论是很诱人的:"世界或会开始于其它的时间"这个推断和"世界的外在时间关系或会不同"这个推断的意义同样是空洞的。的确,前者和后者一样是空洞的推断。这的确会确认康德的观点,即对于世界为什么开始于其开始时而非其它时间,不可能有一个阐明。但这是通过表明并不存在需要阐明的事物来确认的;而且这样就剥夺了康德的观点看似具有的力量。

基于世界有一个开端的假定,有没有可能以不那么空洞的方式去解释"世界或许开始于并非它开始的其它时间"这个推断?我将考虑两个进一步的建议,其中的一个我认为是有意义的。有人可能会建议说,这个推断应被这样解释,它不是关于实际地构成了世界历史的整个事件序列的时间中的**改变**,而是关于对整个事件序列的在前的**加添**的推断。这个思想是,实际地构成了世界历史的第一阶段的事件序列或许会之前有事实上根本未发生的其它事件的序列。而且我认为如果世界确实在时间上有开端的话,那么这必须被承认为具有真正的逻辑可能性。但是如果我们以这种方式解释这个思想,那么,康德对不存在对"世界开始于其开始之时而非开始于其它时间"阐明的抱怨,就化归为对不能存在对以下事项（外在的）阐明的抱怨：并**不**存在已经发生的某物，先于的确已经发生的事物，可以加到的确已经发生的事物上。这一点即便从初步来看也不清楚地是对世界有开端的论题的反驳。就构成了世界历史的第一阶段的现实的事件序列来看，它并不真正是对我们无法阐明何以事件序列始于它开始时的抱怨。现在毋宁说它是对我们无法解释无物发生于它之前的抱怨。但是单纯某物不发生的事实决不能被认为需要阐明，除非这个某物是特定的某物，它会被期待在给定的环境中发生。

第二个建议可以引入如下。我们当下时刻有可能从事实际上我们会在明天这个时刻从事的活动，而且我们现在有可能有对昨天已做了实际上却是我们现在从事的活动的记忆，同时这些活动和世界历史中的其它事件的所有时间关系都保持不变，这不是逻辑上可能的吗？而且我们当下时刻有可能从事的活动实际上是我们在昨天这个时候从事的活动，它们具有的意图和预期不多于（最多等同于）我们现在实际上从事的活动的意图和预期，同时这些活动和世界历史中的其它事件的所有时间关系保持不变，这不也是逻辑上可能的吗？如果如此的话，那么"属于世界历史的整个事件序列或可早于其开始一天开始"这个推断等同于"第一种可能性得到了实现"这个推断，而且"属于世界历史的整个事件序列或可晚于其开始一天开始"这个推断等同于"第二种可能性得到了实现"这个推断。

支撑这个建议的观念是清楚的。它是要通过求助于我们对**当下时刻**的理解，证明构成世界历史的整个事件序列的外在时间关系的缺失。我们正是在和**现在**、在和当下时刻的关系中设想处于时间的不同位置的世界历史，它被推后或提前，而其部分之间所有内在的时间关系均保持不变。但是这个观念依赖于这样一个假定：当下时刻的同一性可以说完全独立于时间的填充物。"难道不是吗？"一个人也许会想或说："现在就**是现在**，不管现在发生了什么。"但是这种思想和表达根本帮不了什么。思想和表达是包括在事件之中的，这些事件之间的时间关系保持不变，而我们认为这些事件和当下时刻的关系是可改变的。"**每一个**在与当下时刻的关系中处于时间的不同位置的**事物**"的观念实则和"宇宙中整个事件序列的外在时间关系中的改变"的思想同样空洞。

促成这个假象无疑正是这个事实：我们能够完全逻辑自洽地来讲述故事，在这些故事中特殊事件序列和其它事件序列的实际次序被改变了。以这种方式，逻辑上的确有可能，任何人都有可能现在从事他实际上昨天从事的或他明天要从事的活动。但在这些有限制的推断的语境下，"现在"这个词并未行使，也无须行使其欺骗性的力量。只有在推断整体时间的改变的语境下，这些欺骗性力量才会被激发。这样看这个假象相当有力。但它仍不折不扣地是一个假象。

最后还要考虑的是"为什么 x 开始于其开始时"这种形式的问题是否不可以一种完全不同的、跟以上的全部讨论毫不相关的方式被理解。这样的问题不正是可被正当地解释为寻求对被追问的过程的内在本性的阐明吗？例如，这或许是某种舞蹈的特征，这种舞蹈被表演者每隔一定时间的拍手所打断。那么，"为什么它开始于其开始时"这个问题，例如在第十一次拍手后被提出，也许会被解释为具有"为什么它在第十一次拍手之前开始"的力量；而且回答也许会采取阐明这种舞蹈的内在结构的方式，即这种舞蹈不准表演者达到他们当下的位置，除非确定地拍了十一次手后。

我不想就肯定地断定世界开端的问题能被解释为一个内在问题。我的例子显然只是对任何可能如此之问题的蹩脚类比。我只是想指出，如果这个问题可被理解为内在的，那么任何像康德那样的论证都无力表明如此解释的这个问题是不可回答的。因为很清楚它是这样的论证的假设，就其所问的是"为什么它开始于其开始时"而言，这个问题要被解释为寻求引出提及外在于那个过程、外在于世界状态的整个系列的条件。因此为了表明这个问题真的是不可回答的，至少必须表明的是，把它解释为内在问题的观念中有非法的或荒唐的东西。我不知道这一点如何能被表明。相反，现在或者未来表明这个问题可被解释为内在问题并被当作内在问题来回答，不会成为某个物理学家的目标吗？

现在让我们转到康德对第一个二律背反反题的第二部分做的论证。这个论证似乎在于非法地使用界限或限制的观念。如果世界在空间范围上是有穷的或有限的，它将和外在于它的空的空间有某种关系，亦即被空的空间**限制**。但是空的空间什么都不是，也就是说世界没有被其限制的事物。因而它必定在空间范围上是无限制的或无穷的。

这样一个论证几乎不值得评论。但是一个增加的脚注表明康德心中有一个更好的、尽管仍不成功的论证。一般而论，如果 x 在 y 中，那么 x 和 y 存在确定的空间关系，而且这使追问例如 x 确切地在 y 中的什么地方具有意义。但是当 x 是世界而 y 是空间时，这个问题就没有意义。我们的确可以非常恰当地说世界在空间中；因为这样说我们不过意谓世界的所有事物都空间地互相关联。但是世界在空间范围上有穷这个假设会要求我们说，世界在"世界**和**空间具有确定的空间关系"这种进一步而且不可接受的意义上"在空间**中**"，由之核准了事实上无意义的一个问题。

这个论证中有一步是有效的，有一步是无效的。假设物理空间是欧几里得几何学的，那么命题"世界在空间范围上是有穷的"将的确蕴含命题"世界是在无穷的否则为空的空间'中'的"。并且这个命题和"所有物理事物都空间地互相关联"不同。但是这个命题将不会核准世界和空间的空间关系的无意义问题。这将等同于命题"在逻辑学上、或空间的物理几何学上没有任何东西对世界的空间范围施加限制"。这相当于承认了如下这个观念不是**不可能的**：在宇宙事实上最外层的部分之外的任何数量的距离单位处存在物理事物。（康德本该用，尽管他未曾用，类似的论证去反驳世界具有时间上的开端的可能性。这个问题一样是可以回答的。）

康德的第二个二律背反涉及复合的、占据空间的物质事物或实体。他论证了这样的事物必须是、又不能是由简单的或非复合的部分组成的。在对正题的论证中，他直接采纳的原则是，复合必定可理论上从复合的物质实体中消除掉而不伤及复合物完全由之构成的物的存在。从此出发，当然马上可以推出，复合物必定完全由非复合的或简单的部分组成，也就是由终极的或基本的实体组成的。为支持反题，他论证了复合和占据空间之物事实上只能由本身占据空间的部分组成，而且每一个占据空间之物都是广延的并因而是复合的；因此，复合物不能由非复合的或简单的部分组成。

　　为了反驳康德对正题的论证，可以主张康德没有证明他关于复合物质实体的原则。然而，事实上存在很好的接受他从中得出的结论的理由。因为抽象观念"复合性"在这个语境下和我们的考虑相关的唯一使用是（或会是），如果有的话，物理学的物质理论中的使用。复合观念的典型特征是，它是在和相关的非复合成分的观念的相联系的理论中找到位置的。非复合成分的观念的一个特殊应用或许会被另一个取代，这个事实并不说明一般的联系并不存在。

　　对反题的论证更糟。论证求助于两个皆可被挑战的命题:(1)任何广延物都不是简单的;(2)任何占据空间的物都是延展的。就第一个来看，不存在先天的理由可以假定物理学理论中所用的"复合的"是被"延展的"隐含的，也就是说，不存在先天的理由可以假定"简单的"隐含了"非延展的"。基本实体或粒子可被设想为具有维度。另一方面，它们也可被设想为具有位置但是没有维度，这就使我们来到第二个命题。但是再次这在物理学理论中没有什么矛盾或荒唐之处，按照这种理论，复合的物质物体是由有穷数量的简单的和非延展的点粒子组成的，每一个点粒子都是空间的一部分的唯一占据者，而空间是被作为整体的物质物体占据的，这些有穷的部分组成了空间整体。按照这样的理论，每一个点粒子大概会被假定为在整个空间范围各处行使因致力，点粒子是这种空间的唯一占据者。但是，一个人假定一个粒子必定充满了它是唯一占据者的空间，另一个人假定火车车厢的唯一占据者必定充满了火车车厢，前者的假定并不比后者的更必须做，尽管有人或许会认为他讨人嫌的方面就在于对其独占的解释。

2. 在任何情况下都存在的一个问题？

以上就是康德对两个数学的二律背反的正题和反题的论证，以及某些能用来反对这些论证的反驳。如果我们接受这些论证为有效的，我们必将会面临严重的哲学问题。我们将面临的事实是，对于三个明显合法的宇宙论问题——关于宇宙的范围、其历史的时间延续、其物质构成——，两个明显互相矛盾的回答都可被证明是真的。即便我们不认为这些论证是有效的，按照康德的看法，我们依然面临一个哲学问题。我们依然面临这些宇宙论问题本身，面临在它们每一个问题的互相矛盾的回答中明显的选择问题。康德指出，我们不能根据这些问题的答案指向了超感性对象，就主张它们不可避免地是不可回答的。① 如果这些对象指称任何事物的话，它们指称的是空间和时间中的事物。另一方面，他坚持认为"这些问题的解决决不能在经验中发现"，② 这一点对于随后的整个讨论都是关键性的。哲学家不能简单地把问题推给自然科学家。他必须自己解决之。宇宙论问题由之形成的概念不是我们有其应用的经验根据的概念。③ 宇宙论问题的概念的根源，

---

① A478-9/B506-7。
② A484/B512。
③ A483/B511。

以及它们引发的问题的根源，都仅仅是我们自己的思想；而且我们正是必须在我们自身的思想中发现这些问题的解决。

3.对两种选项的再呈现

两个数学二律背反被认为体现了三个"纯粹理性和其自身的冲突"。每一个冲突都被假定产生于这样的根基，即明显穷尽一切的两个的选项呈现给了我们，一个选项关涉无穷整体的观念，另一个关涉有穷整体的观念。让我们把二者分别称为无穷选项和有穷选项。有穷–无穷反题如何进入前两个冲突是很清楚的。先于世界历史中任何给定时刻的世界的延续或是有穷的或是无穷的。世界的空间范围或是有穷的或是无穷的。康德假定第三个二律背反的情况是同样清楚的。复合的物质实体或是由无穷数量的非简单的部分组合而成的或是由有穷数量的简单的部分组合而成的。他这样认为是由于他不知道数学容许这样的可能性：一个物体既可以是由**无穷**数量广延的部分组成的，也可以是由**无穷**数量的非广延的点粒子组成的。然而，为了支持这个论证，我们不会考虑这种可能性。这不会给康德一个理由去修正其在对冲突的解决中展开的学说的可能性。

现在让我们以如下这种方式来再现这些选项，以便可以清楚地看出康德一般形式的解决如何被认为适合所有这三种冲突。做到这一点必须借助**系列**的观念。在每一种情况下，对应于有穷选项的观念的是存在某种类型的有穷系列的观念，即具有有穷数量的成员的系列的观念；而且在每种情况下，对应于无穷选项的观念的是存在某种类型的无穷系列的观念,即具有无穷数量的成员的系列的观念。我们或许会说在每一种情况下,这种系列的观念,或有穷或无穷,将用于向我们**呈现**有穷或无穷选项的观念,尽管在每一种情况下,它们跟它们要去呈现的观念并不是同一个观念。那么,这些系列是什么?

世界的延续的情况中,我们也许把时间上和拿破仑战争一同结束的一类事件选作我们的系列的第一个成员。事实上我们可以选取拿破仑战争本身。这个系列的第二个成员是或多或少地先于拿破仑战争的一类事件,这类事件具有不比第一个成员的时间跨度短的有穷的时间跨度。第三个成员将是类似的更早的一类事件;其它成员以此类推。这个系列似乎必定或是有穷的或是无穷的。

世界在空间上的范围的情况更复杂一点。当然,讨论是在物理空间的几何学是欧几里得几何学的假设之上进行的。但是就我们关注的先天的可能性而言,世界似乎有各种方式在欧几里得空间中有穷或无穷地延展。例如,世界具有螺旋开瓶器的形状,而且这与它在一端具有界限同时具有无穷的范围是相容的。或者它具有戒指的形状,这与它在范围上有穷,然而一个旅行者,沿着具有合适的和不变的曲率的路线走,将无法达到一个界限是相容的。让我们简化这个讨论,假定世界若在范围上有穷,它具有球的形状,而且它若在范围上无穷,它将从自己的子区域出发沿着所有方向无穷地延展。现在我们形成了这样的系列的观念,它的第一个成员是世界的某个特定子区域,第二个成员是第一个成员之外的另一个确定的区域,第三个成员是第二个成员之外的类似的区域，它距第二个比第二个距第一个远，其它成员以此类推。这个系列的每一个成员处于围绕着一条直线的三维路径上，而且在该直线的方向上，没有一个成员在空间范围上小于该系列中先于它的成员。当然可能会存在很多这种系列。但是不管我们选取哪一个系列，如果有穷的选项是真的，其成员的数量都会是有穷的，而且如果无穷的选项是真的，其成员的数量就是无穷的。

在第一个二律背反中，呈现给我们为有穷或无穷选项的那些系列，其每一个成员都是外在于它的系列的每一个其它成员的。但是在第二个二律背反中，呈现给我们为有穷或无穷选项的任何系列，则属于不同类型。这样系列的每一个成员都包含于在先的成员中，作为它的一部分。任何复合的物质实体都可以是这样系列的第一成员。第二个成员将是该复合的物体的某一部分，第三个成员是那某一部分的部分，其余成员可以类推。如果复合实体是由简单的部分组成的，那么任何不断进行的分解过程将会在有穷数量的步骤达到一个终点，通过该过程，这样系列的后续成员会逐步被分离出来；这个系列具有有穷的成员。但是如果复合实体的所有部分都是复合的，这样的分解过程将不可通过有穷数量的步骤达到一个终点；这个系列具有无穷数量的成员。（我们已经指出，并且同意忽略这一点，即从数学上看，它们并不真是穷尽所有可能的两个选项。）那么，这一类系列和其它系列一样，或是有穷的或是无穷的。

4. 康德的解决：其一般形式及三种解释

对于这些问题，康德所采取的解决的一般形式如下。由于在空间和时间中的事物仅仅是现象，那些表现了二律背反的主题的空间或时间的系列既非作为一个有限制的也非作为一个无穷的整体而存在。因而，就每一个这样的系列而言，我们能一致和正确地坚持说，以下四个命题中，前两个是假的后两个是真的：

（1）系列作为一个有限制的整体存在；

（2）系列作为一个无穷的整体而存在；

（3）如果系列作为一个整体存在，它将作为一个有限制的整体存在；

（4）如果系列作为一个整体存在，它将作为一个无穷的整体存在。

形式（3）和（4）的相关命题的合取真理是通过二律背反的论证共同建立的，它构成了对命题"不存在这样的一个整体系列（不管是有限制的还是无穷的）"的间接证明；而且这个命题等同于说在空间和时间中的事物仅是现象而非事物自身的命题。这样，二律背反构成了一种对先验唯心论论题的捍卫，而先验唯心论论题包含了对理性与其显示在这些二律背反中的自身明显冲突的一个解决。

康德解决的正式陈述就是如此。问题是我们究竟应该如何看待它？至少有三种显然不同的解释供我们考虑。并非每一种解

第三章 宇宙

释都能被合理地呈现为与康德在《批判》中的全部所言都一致。（这是设定了非常高的康德解释的标准。）也许只有其中之一能被合理地呈现为合乎康德在二律背反一章中的主导意图。然而三者中的每一种都值得考虑而且没有一种完全没有《批判》的文本支持。我已尝试形成我自己的带有适度歧义的对康德解决的简短的一般陈述，用接近于康德自己用的词语构成该陈述，而这些词语适用于我将考虑的三者解释中的任一种，虽或多或少有些不自然。我将把它们分别称为"强的"、"弱的"和"混合的"解释。跟每一种解释对应的明显是一种不同版本的先验唯心论；而且这些不同的版本或可被恰当地命名为"强的先验唯心论"、"弱的先验唯心论"和"混合的先验唯心论"。这三种解释互相不兼容，但这不意味着它们之间不存在交叉重叠。一些命题是不同的解释都共有的；弱的和混合的解释尤其共有一些重要特点。

按照强解释，在空间和时间内的事物仅仅是现象这个学说被看作意谓：仅仅显得是在空间和时间中存在某种事物。仅仅显得是：任何地方存在任何事物或任何事物发生。实则无物在于任何地方，实则无物发生。即便是其显现是，在空间和时间中存在事物，其本身也不能是在时间中发生或持续的某物，或不能是占据时间的某物。不存在作为整体的空间或时间事物的系列，因为根本不存在这种系列。没有任何事物可以是这种系列的一个成员。无疑如果这种系列的确存在，它必定或作为一个有穷的或作为一个无穷的整体存在。但是由于根本不存在这种系列，就根本不会产生哪一个选项在这种系列中实际地实现的问题。就现象而言也不会产生类似的问题。从显得是存在以某种方式空间地或时间地被排序的事物这一事实，推不出显得是所有这样的事物作为有界限的系列的成员存在，或显得是，所有这种的事物作为一个无穷的系列的成员存在。事实上选言的每一支都不是真的。

　　对这种解释我们几乎无须考虑。把它和在文本中呈现出来的这种解决的几乎所有细节的东西相调和，都过于困难。而且即便通过巧妙的方法能够达到这种调和，这种强的解决似乎也只能作为多余的才可能出现。不过这种解释还是值得一提；这是因为和它相应的先验唯心论版本在对这个主题的讨论中不能被完全忽略。

　　让我们转向其它两种解释。在这三种冲突的每一种的进展中，被呈现的不管是有穷的或无穷的选项，都假定了呈现冲突的主题的系列是作为一个整体存在的。呈现给我们的，一方面是以限定性的或最后的成员为终点的一个有穷系列的理念，另一方面是一个没有终点成员的无穷系列的理念。这个冲突的发展预设了这一个或那一个理念必定有一个对象与之对应。康德反复肯定且对于我们目前要考虑的两种解释都是中心的命题是：不存在能使我们正当地说我们遇到了对应于两个理念中任意一个的对象的经验。我认为这个命题对于弱的和混合的解释都是中心的。但是这两种解释在建立于该命题之上的构造中分开了。

　　首先，让我们看看弱解释。说在空间和时间中的事物仅是现象不是说它们仅仅显现为在空间和时间中的事物。它们真的是如此的事物。把它们称为"仅为现象"的要点在于，将它们"自身"具有完全不同于它们可能向我们*显现*出来具有的特征和关系的整个观念，即它们具有我们不可能经验地发现的特征和关系的观念当作无意义的排除掉。在对空间和时间中事物的讨论和论证中，若没有任何可能的观察或可能的经验能够表明一些概念的应用是正当的，那么这些概念就不能合法地被使用。现在我们确定地证明使用在空间和时间中的事物某种系列次序的概念是正当的。这样，记忆和历史研究证明事件的系列次序的概念是正当的，而事件的次序是始于较近的事件而在时间中不断后推到更远的事件达至超出了记忆所及。事实上，存在一种完全合法的系列次序的概念，它和每一个形成二律背反主题的系列概念相对应。但如下的假定却是一个假象，尽管是自然的假象：对每一个这样合法的系列次序的概念，都存在一个同样合法的通过所讨论的次序关系排序的事物之**整体系列**的概念。

这个假象是由许多因素以复杂的方式促成的。作为一个有穷的整体的空间的或时间的系列的理念是许多完全合法的具有经验应用的理念的共同核心。金雀花王朝的国王们的整个上溯的时间系列始于查理三世；铺路石的完整空间系列构成了一条道路；一组套盒的整体系列始于在外层——所有这些都是对应于这种理念的对象。在这些系列的每一个系列中，我们知道什么能算作经验地发现如此这般的成员是这个系列的最终成员。但随后我们会想分离出所有这些理念的共同的核心。我们将它和这样一些描述相剥离，而这些描述事实上使我们能够知道什么能算作经验地发现这种空间的或时间系列的最终成员，并且留给我们这样一个理念，例如一般世界事态的时间系列有穷回溯整体的理念。但是这个理念是空的。我们不仅没有一点如下这种经验的观念，这种经验能证明我们主张应用概念在其中被表达的语词是正当的；而且我们能够看出不可能有这种经验。

即便认识到这个事实离完全抛弃这个假象还远得很，或许它仅仅是刺激了这个假象的补充形式。我们或许仍会得出结论，由于没有事物能够证明我们声称发现了宇宙的某个区域是最远的区域或宇宙历史的某个阶段是最初的阶段是正当的，那么区域或阶段的整个系列必定作为无穷的整体存在。不仅不能得出这种结论，而且把整个系列当作一个无穷的整体的思想和当作一个有穷的整体的思想是同样空洞的。正如我们已经看到的，后一种思想产生于，或许产生于，完全剥去了经验地可应用的完全合法的一类理念的经验内容。前一种思想产生于试图把在纯粹数学中枝繁叶茂的一个理念移植到经验主题事项的不同土壤中。但是在这个例子中这种移植成功的条件不能被满足。这是因为任何要为我们的断定辩护的经验的观念实际上都是自相矛盾的，我们断定的是宇宙的可系列地有序的区域，或者宇宙过去历史的可系列地有序的阶段，形成了一个整体的无穷系列。对这些事情的经验探究必须从某个给定的阶段或区域出发，通过前后相继的不断发现更远的区域或阶段的步骤而进行，因此它不可能达到宣称这个阶段或区域的系列是有穷的之点。我们或许可以说，如果我们愿意说得更强的话，我们**应该**说，研究这些系列地被排序的事项是一项无穷尽的任务，因为没有任何事物能让我们说我们达到了其终点；我们必须总是尽力发现更多的成员将之加到那些我们已经发现的成员上。但是我们绝不可把这种无止境的研究任务当作一项对无止境的东西进行研究的任务。

这样，对坚持认为这些系列地被排序的事项必定属于整体来说既非有穷也非无穷的系列的人,我们必须答复说,他是极为空洞地使用语词的,在"其经验的意义上'整体'这个术语总是仅仅相对的",①并而且这个术语没有他试图给予它的无限制的用法。正是这种未被透彻理解的"有穷选项"的空洞性,显得在强迫我们接受"无穷选项",同样正是这种未被透彻理解的"无穷选项"的空洞性,显得在强迫我们接受"有穷选项"。真正的任务是从两者中同时解脱出来并且将其当作我们真正的经验研究的任务,它研究这种活动范围内东西。

  这种对康德对其问题的解决的解释具有明显的吸引力。它明显迫使我们对康德阐发这些"冲突"时的论证取一种多少迂回的看法,同时对康德的立场采纳一种多少复杂的解读,而康德的立场是,前面形式(1)和(2)的所有相关命题可被看作假的,而形式(3)和(4)的对应命题可被接受为真的。②严格地说,按照这种阐释,形式(1)和(2)的相关命题必须被看成是内容上空洞的或"认知意义"上空洞的,而不能说是假的。但也许我们能够允许一种对"错误"的引申用法涵盖之。说形式(3)和(4)的对应命题的合取真理的学说有些麻烦。按照正在考虑的观点,我们能很容易地理解如下这个学说:如果把空间和时间中的事物看作事物自身是正确的,那么我们的每一个系列将或者作为有穷的或者作为无穷的整体存在。按照这种解释,把在空间和时间中的事物看作事物自身,相当于说,使我们关于它们的思想摆脱意

---

① A483/B511。
② 参见上文187页。[指边码——译者注]

义原则强加的约束条件,这个原则禁止运用任何不能确定其应用的经验条件的空洞的概念。一旦去掉了这个条件,我们系列地可排序的事项(这些事项属于一个整体来说或是有穷的或是无穷的系列)的思想能够合理地被看作不可抗拒的。这种析取是我们无法拒绝的一种析取。但是我们究竟如何理解进一步的声称呢?这一声称说如下**两个**命题都为真:一个命题是,如果空间和时间中的事物是事物自身,那么我们系列中的每一个都作为一个有穷的整体而存在,另一个命题是,如果空间和时间中的事物是事物自身,那么我们系列中的每一个都作为一个有穷的整体而存在。除非反常地使用意义原则,否则我认为我们对此束手无策。我们公开地或默默地放弃之以保障可以容许这种析取,偷偷地诉诸之以排除这些选项之一,由此建立起另一个选项。康德反对第一个二律背反中的无穷选项的论证和这个相去并不远;而且这同一过程的幽灵或许也可被发现激发着反题的奇怪的、无法令人满意的论证。

对康德解决的这种"弱"解释,如我所言,有其吸引力。我们希望这就是他的看法,而且它确实包含一些可合理地归于他的看法的元素。但这其实真的不是他的看法。实际上只有通过弱化这个学说到消灭它的程度,才能保障先验唯心论和这个问题的解决的相关性。正如我们在后面会看到的,基本上保留这个弱解释,同时重新赋予先验唯心论论题以生机是可能的;但这只有以毁掉后者和前者的相关性为代价才是可能的。

"强解决"否认任何空间或时间事物的真实存在,不管它是内部状态,还是在外部对象的客观变化或外部对象自身。"弱解决"不否认任何事物的存在：它仅仅是把某些表达当作空洞的觊觎者排除掉，这些觊觎者觊觎它们在自然科学语言中不拥有的位置。"混合解决"处于这两者之间。它有赖于在第一版中比第二版中更显著的先验唯心论版本，不过它在两版中都是统摄性的，而康德的批评者或许有理由主张这个版本的先验唯心论显示了跟贝克莱的唯心论的亲缘性。

这一解决的中心特点是：一种本质上是时间的系列对应于不属于其它时间或空间序列的一种真实存在。这是"就其本身来说，作为心灵的规定性，属于我们的内部状态的"[①]、而且真的在时间中前后相继的表象系列或经验系列。被我们当作这些表象或经验的对象表象出来的，不拘我们把它们"当作广延的存在物或诸变化的系列"，[②]都没有外在于我们的表象系列的存在。这就是认为经验对象、空间和时间中的事物仅仅是现象这个学说的一部分意涵："它们根本没有经验之外的存在。"[③]（其意涵的另一部分关联着它们不能被表象为在空间和时间内的不可知的，但必须被看作与我们知觉内容有某种对应的本体原因，因此我们的知觉内容或可被恰当地称为前者的现象。）"除了知觉之外没有什么事物被给予我们。"[④]这些我们"获得的东西自身"。[⑤]但是这些知觉严格地说并不是对于独立地存在于空间和时间中的对象的知觉。这

---

① A34/B50。
② A491/B519。
③ A492/B521。
④ A493/B521。
⑤ A499/B527。

些对象决非高于和超于知觉本身的。我们的确可以谈论在空间和时间中的特殊对象的存在，尽管我们并没有我们能将之算作对于这些对象的知觉的现实经验。但是在此我们仅仅在这样一些经验规律的指导下谈论，这些经验规律涉及经验引导我们形成的现象，而且如果存在经验这样的事物的话，它必定能够让我们形成这些现象。这样的经验规律只是关于知觉之间的关联的法则；而且诉诸它们的断定并不真的隐含了除了知觉本身外的所有事物的存在。

现在把这个学说应用到我们的问题上来。这个问题直接地发源于认为空间和时间中的事物独立于我们对其知觉而存在的假设。如果这些事物的确如此，那么它们的一些系列必定独立于我们对其知觉而存在：世界历史在时间中后溯延续的阶段之系列；宇宙在空间中向外延展的越来越远的区域之系列；物质物体的部分的部分的部分（这些部分占据物体本身所占空间的越来越小部分）之系列。如果事项的这些系列独立于我们知觉而存在，那么就必须承认它们或作为有穷的或作为无穷的整体而存在。在每种情况中我们都必然要面对有穷的或无穷的选项。

但是，如当下的学说认为的，组成这些系列的事项，并且因而系列本身，并不独立于我们的表象、我们的知觉而存在。我们必须考虑的相关的真实存在的系列是前后相继的知觉系列，这些知觉对应于我们对越来越远的逝去的时间、宇宙的越来越远的领域、物质的越来越细微的成分的经验研究的进展。本质上前后相继的经验真实地存在，这些经验构成了"在探索系列"的成员；但是"已探索的系列"的成员仅在我们在探索的前后相继的阶段中"遇到它们"时才存在。我们能够得出结论说,仅当"在探索的系列"在现实的经验中达到一个终点,而该现实的经验是可被识作具有对于"已探索的系列"的限制性的或最终的成员的直观的特征,"已探索的系列"的成员才能真的构成一个有穷的整体。仅当我们已把"在探索的系列"持续到无穷之远,我们才可以说"已探索的系列"是作为一个无穷的整体而存在的。不仅是这些选项之一不是必然应得到的,而且两个选项中的任一个都不可能是应得到的。一方面,无论我们延长"在探索的系列"有多远,我们也绝不能达到一个我们能声称已延长到无穷远的阶段。另一方面,我们没有能够让我们说属于"在探索的系列"的给定经验是序列的最后的可能成员的标准。相反,我们不得不总是努力把系列的推进持续下去,例如通过更精密或功能更强大的仪器。

无疑,这种"混合"解决最合乎康德在"二律背反"中的主导意图。它似乎为意义原则提供了一个形而上学的加强或支撑,而这种"弱"解决把该原则当作自主的来对待的。为什么可应用于空间和时间中的事物的概念,只有存在应用它们的经验条件,才能合法地这样应用,其原因在于如下这个形而上学事实:除了空间-时间概念与其完全不相干的不可知的本体外,真正存在的只有我们的表象和经验,而表象和经验本身仅为时间地前后相继的内部规定,尽管它们被承认且必然被承认为关于外部事物的表象。如果没有这个形而上学事实,这种观点的一个支持者或许坚称,我们应必须允许表达了二律背反主题的每一个时间的或空间的系列,真的或作为有穷的或作为无穷的整体而存在,尽管原则上我们不可能经验地决定哪一个选项现实地得到了。但是承认这个形而上学事实许可或更准确地说要求直接否认两个选项得到，并且使我们看到选项自身能够得到，如果它们确实能够得到两个命题的同等有力的证明，这两个命题之一说任何这种独立存在的系列都是有穷的，另一说任何这种独立存在的系列都是无穷的。（我们或许可更正当地对最后一点再次评论说：唯有根据康德的解决，我们方能看出为什么他处理"冲突"时提出的某些"证明"，在他看来具有他明确地归属于它们的力量。声称要在冲突中发现这个版本的唯心论的确证相应地削弱了。）

　　混合解决给人的印象是无法和这些思想协调，尽管或许并不是形式上无法和康德最好的思想调和，① 正如我在研究"分析论"时已解释的。进一步，在二律背反的直接相关文本中它还产生自己的问题。在本体的不可知领域之外，除了时间地被排序的知觉、表象、经验和心灵的内部规定外，什么都不存在。这些东西本身真实地存在。我们"达到它们自身"。那么我们必须要对它们提出一个和在第一个二律背反中所考虑过的关于假定的客观世界的以往历史相似的问题吗？知觉系列有一个开端吗？或者它在时间中是无穷地向后延伸的？很容易以一种非常混乱的方式讨论这个问题。起初似乎提出这个问题并无特殊的困难。这是它看起来作为对应于第一个二律背反的问题，并非是关于**一般**宇宙历史的以往阶段的问题。它看起来更应是关于那个历史中的事件的特定子类，亦即能够思想的意识经验系列的问题。我们没有给这个系列指派一个开端的经验根据吗？对此存在几个直接的回复：

---

　　① 见第四章，第六节。

例如，我们不能有这样的根据，除非经验能够首先证明我们已经完成了对空间中的宇宙的整个范围的测量，而这已被宣布为不可能。

然而讨论这个事情的整体方式还有更深刻的困难。关于过去世代的知觉存在的证据在同等强的意义上也必定是过去世代本身存在的证据。我不能有这样的经验，它证明了某种表象发生或存在于过去的某个人的意识经验中，但没有证明这个人为一个空间和时间中的对象的存在（在不比他的经验弱的意义上）。的确我不能具有这样的经验，它证明发生或存在某种类似于和同时于但不同于我的经验，我的经验也不证明，在经验能被说成是存在的同样强的意义上，说在空间和时间中存在某个不同于我的人。康德经常以集体的方式谈论"我们的"表象或经验。他说，除了知觉外没有任何事物真的给予**我们**。（这些我们达至其自身的事物。）但是你的知觉并没有给我，而我的知觉也没有给予你。在此我们遇到了这种版本的先验唯心论的严重的两难。它必定或者转向先验的唯我论，或者为了其它弱的或强的版本的先验唯心论被放弃。（贝克莱面对着类似的两难。）

《批判》中没有任何证据表明康德严肃地考虑过接纳唯我论。他呈现先验唯心论的方式是一致的，是集体的方式。他是对我们而不是对他自己谈论。"只有从**人类**的立足点我们才能谈论空间、广延的事物等等。"[①] 然而混合唯心论的唯我论倾向，一旦被注意到，就极其明显地无法抗拒因而无法被忽略。这必定普遍地坚定

---

① A26/B42。

了我们决心去寻找我们能在《批判》中找到的对康德思想的解释，而康德的思想抛弃了混合版本的先验唯心论，同时赋予内部表象与其外部对象以同等的实在性。

5. 对解决的第四种解释

我已经给出了康德对二律背反问题的解决的三种可能解释，每一种对应于先验唯心论的不同的版本。然而我并未穷尽后者的所有可能版本；而且值得探究的是，先验唯心论的第四种可能版本会不会产生对这种解决的第四种解释。在我们刚考虑的先验唯心论的混合版本中，"现象"这个词实在担负了双重任务。它起到对比如下两者的作用：根本不真实存在而仅仅显现的，与时间中真实存在的，亦即知觉的前后相继；而且它也起到对比如下两者的作用：具有真实的但仅依赖的存在的（再一次是知觉的前后相继），与不可知的本体物，这种不可知物以同样不可知的方式，产生时间的前后相继。空间中的对象、时间中客观的发生过程，就它们不真实存在来看都是现象。真实存在的是在时间中前后相继的经验、和被当作对这些对象和变化的知觉的经验。但这些知觉的存在和特征有赖于既非空间也非时间的不可知的本体物。（"就它为**本体**而言，在其中什么都没有**发生**。"）① 以此方式，知觉也可被算作现象，算作知觉以不可知的方式依赖的不可知的本体的现象，而这不会伤及知觉在时间中的真实存在。这样，空间中

---

① A541/B569。

的对象和时间中的客观变化能够在双重意义上被看作现象：首先，它们自身没有真实的存在，只是心灵的规定或知觉；其次，**作为**如此这般的、**作为**心灵的规定或知觉，它们的存在和特征有赖于不可知的本体。

如果在此，即在"二律背反"中，或者在其它地方，在第一版中特有的或者两版都有的段落中，我们似乎找到了从显现为在空间和时间中的客观事物，到仅仅是在时间的前后相继中表象和知觉的明显还原，在其它地方，我们也能发现同样显明的对于这种还原的拒绝。我直接意识到的外部对象（它们**不同于我对它们的表象**）的存在，被当作和我的表象的前后相继的发生一样是经验的可能性的条件。无疑这种在"对唯心论的反驳"中被最明确地肯定的学说，本身可接受不同的解释，而且在一种解释中，能够和我们刚考虑过的还原的唯心论相调和。但是我们不能忽视，对它的这种解读保障了与表象不同的空间中的对象，主张这种对象真实存在并不比主张时间中表象的前后相继真实存在差。当然，这两种主张有可能同等的好或同等的糟。如果我们认为这两种主张，根据最终的也即先验的分析，是同等地糟的，那么我们就回到了先验唯心论的强版本，按照这种版本，空间和时间中存在某种东西或发生某种仅仅是显得存在和发生的（并且真的仅仅非时间地显得）东西，不论这种东西是内部经验或是外部对象，是知觉或是知觉对象。但是如果我们认为这两个主张是同等好的话，那么我们就需要先验唯心论的另一个版本了。

找到这个版本是什么并不难。认为在空间和时间中的事物仅是现象，不是事物自身的学说，相当于认为事物是**依赖性的**存在，事物的存在和特征都有赖于作为其自身的事物（包括作为其自身的我们）的不可知的构成的学说（尽管或许我们可如我们总是评论的那样评论说，后者的构成并不如它应该的那样显现为不可知的）。然而一旦我们描述了这第四种版本的先验唯心论，那么很明显由它自身不能推出二律背反问题的任何解决。它跟强的和混合的解决都不相容；并且尽管坚持这个版本的唯心论和采取弱解决的本质特征能够不矛盾，但它既不蕴含弱解决，也不被弱解决所蕴含。在所有考虑过的可能性中，认为弱解决与第四版的先验唯心论的结合最接近在这一章中康德真正的意图，是明显难以服人的。

6. 再思宇宙论问题

现在，让我们据其自身考虑宇宙论的问题。它们真的会产生康德所假定的问题吗？如果在空间和时间中的事物"自身"存在，康德认为，必然就会发生：**首先**且即刻，都具有"某系列或是有穷的或是无穷的"这种形式的三组选言命题的每一组的每一个命题都是真命题，**其次**，通过有效的论证，每一个选言命题的不相容的每一个选言支都是真的。清楚的是，康德事实上未能形成独立于他对他的问题的解决的论证，从而有效地建立这些后果中的第二个；而且他的问题（关键形式）因而并不存在。这并不自身就蕴含着他将之当作他假定的问题的解决而提出的学说是错误的学说；这蕴含的仅仅是，它对于任何这种问题的解决乃是错误的。

我们必须问的一个问题是，是否他的第一个后果自身产生了哲学问题。康德自己，如我们已看到的，确实认为是这样的。他正确地指出，每一个选言命题产生了一个形式为"某系列是有穷的还是无穷的？"的宇宙论问题；他论证了这些问题原则上是无法经验地判定的；而且，他还正确地驳回了一种对不可避免的不可知的辩解，得出结论说，经验地不可判定性本身就足以表明宇宙论问题必须以一种方式或另一种方式被哲学地处理或排除。

最短的反对这个快速演绎的方式是，否认这些宇宙论问题是经验地不可判定的。也许可以说，某些关于空间和物质的本性的错误信念、以及对于这些领域中的经验探索之本性的普遍地过于狭隘的观念，使康德没有看到如下这个事实：宇宙论问题，或者其中的一些和其它一些无可争议地属于自然科学领域的问题一样，是完全可经验地解决的。这不是说，我们能够在这些事项上得出原则上不可修正的理论；理论的可修正性是科学过程的普遍特征。我们能够构造能接受真正的经验检验的理论，这些理论体现着对这些问题的回答，就已经够了。

我们下面将考虑一下我们能够沿着这条思路走多远。同时，存在另一个考虑的思路，这个思路是以不同的方式和康德的思路对立的。或有人问，为什么我们不应把如下当作一个完全可理解的事实来接受：存在这样一种系列，它或是有穷的或是无穷的，但人们又不可能发现它究竟是有穷的还是无穷的？这个事实确实要求哲学的认可或哲学的解释。但是若这个实例的清楚的描述给出的话，这个解释也给出了。例如，根据物理空间是欧几里得空间的假设，考虑宇宙的空间范围问题。我们在探索外空间中或可发现，从地球任何方向向外到达某个距离时，物质开始变得稀少，并且进而好似完全没有了。我们不能得出结论说宇宙在范围上是有限的。这是因为我们不能排除这样的可能性，如果我们在某些方向上极大地推进我们的探索，我们或许会再遇到物质。另一方面，即使借助极强大的仪器，我们确实推进我们的探索到了发现距离我们的星系极远的其它的星系，以及距离这些星系极远的另外的星系，我们仍然不能确保在这些星系的星系没有更外的限制。这个问题仍旧是开放的，无论我们是能发现还是未能发现。但这不意味着这个问题中所想象的一个选项事实上不是真的，而另一个选项事实上是假的。这是由于组成了空间地延展的宇宙的物质系统是独立于我们对其观察而存在的，选项中的一个或另一个**必定**是真的。

我们应该注意到，采纳这种看法不要求我们一道放弃被珍视的哲学工具，即意义原则。它只会要求我们免除在这些特殊问题上应用这一原则。它们毕竟构成了或属于非常不同的另一种问题；而且给出一个能够使它们免于一般原则的辅助原则应该并不难。例如，有人或许诉诸这样一个事实：命题的一个有穷选项与命题的一个无穷的析取支是等同的，而命题的两个析取支确定了在某些限制内的宇宙的现实范围。尽管这组确定的命题中没有一个能被经验地证实，但每一个都在原则上有可能被经验地证伪。

这两种不同于康德的思路表现了作为真正的选项的宇宙论选项，根据情况不同是可判定的或不可判定的。在宇宙论问题中的一个（或两个）问题上采纳一种思路，同时在其余的两个问题（或一个）上采纳另一个思路能够是不矛盾的。然而还存在要讨论的第三种不同于康德的思路，它和康德的看法一样，把这些选项作为非本真的拒绝了，但是其所以如此却本着和康德有所不同的理由。这种看法或可概述如下。每一个宇宙论系列都先天地呈现了各种可能性的无穷的成员。例如，如果我们确定了距离或时间的单位，那么就被考虑的先天的可能性而言，存在一个无穷数量的可能为真的对如下问题的答案："宇宙的用这些距离的单位术语表述的空间范围是什么？"以及对这个问题的答案："世界历史的用这些时间单位的术语表述的过去的时间是什么？"但是说这些问题有无穷数量可能为真的答案，并不等于说真答案有可能是：无穷的数量。这个答案是全无意义的；然而无穷数量的答案的任一个（它提及了有穷数量的单位）却都是完全有意义的，并且就其先天的可能性所及来看，有可能是一个真答案。

　　这种看法具有某种力量。它并不质疑数学的无穷观念的合法性。它确实使用了这个观念。它仅仅否认把一个无穷数量的观念应用到集合上的意义，而该集合的成员是经验地可以区分的事项。它并没有把无穷数量众所周知的特有属性看作悖论性的。它仅仅是断定，断定其成员是经验地可以区分的事项的所有集合或会展示出这些属性是无意义的，是悖论性的。一个赞成这个看法的人能够从康德那里借用显示无穷选项之空洞的所有之点。同时他能够对立于康德指出，对宇宙论问题可能为真的答案的无穷集合中的任何答案，都不可能是空无意义的；这是因为任何这类答案原则上都是可经验地反驳的或者已被经验地反驳了。选言的有穷–无穷支就都消失了：有穷支和无穷支一样是空洞的，因为对宣称"宇宙系列是有穷的"的可能性没有设定限制。代替它我们有一个带有并非空的选言支的无穷的析取。对于相应于选言支之一的答案是否原则上不能经验地证实或经验地反驳的问题，持这个学说的人不需要采取立场。他能不矛盾地采取两种看法的任一种。

或许值得费力一说的是，这种立场保障了经验研究，或者至少康德设想的一步一步的研究，正如无穷的选项似乎保障了一个不受限制的领域。有些人会问：你是想说如下这是一个先天真理吗？即在所研究的系列的某些成员数之外不存在更多有待发现的成员。持有这种看法的人可对这些反对者做如下的答复：

> 如下这点为真：这一系列的任何成员数之外都可能不存在更多的有待发现的成员；但如下这点不为真：这一系列中没有一个成员数在它之外还存在更多有待发现的成员。研究者不能因此援引这个哲学立场作为一个放弃他的研究的理由。

我已经以一般的术语陈述了这三种与康德不同的思路。但是，若不分别结合科学的现实发展来考虑某些宇宙论问题，我们就无法评估它们。

让我们从形成第二个二律背反的主题的问题开始。我们几乎不可能期望一个亚原子物理学家将自己看作这个领域中的康德图像中的经验研究者，在从事的是把不断地将物质分为更小的部分的无止境的工作。分子-原子-电子的系列确实和康德的系列有某种相似。但如下一点则根本不真，在这个领域中每一理论的推进必定只能用微粒子的发现的术语来设想，在前阶段被发现的粒子是由这些粒子构成的,它们则必须被看作可理论地分为更微小的有待发现的粒子。就粒子模型被看成合适的而言,如果对现象的令人满意的理论解释看起来要求这种"分"的步骤的话,理论家确实可采取这一步骤。但是理论推进并不是必须取这个方向。随着量子力学的出现,基本"粒子"概念经历了一个革命性的变化;而且,在近来的亚原子物理学中,尽管被认识的粒子类型的确增加了,但新增的类型被看作附加的"基元"粒子,而非被看作此前被认为是基元的,现在被认为是复合的粒子的成分。物理学理论允许无止境地修正,确实给理论家预告了无止境的任务;但是理论修正或许是、事实上已经是与康德想象的非常不同。有人或许说,康德认为理论家一旦发展了一个理论,他就有责任追问其理论的物质"基元":"这些基元是由什么**组成**的?"但理论家不知道这样的标准、这样简单的责任;他仅有更加一般的责任,即改进一个理论,或者提出一个更好的理论,以解释所有按目前的理论显的是任意的或不可解释的已知的或新发现的东西。当他的确做出了理论改变时,这或许会是朝向彻底的重新概念化而不是朝向对他的材料的"分"。物理学家认为康德所持的"物质分析"观念具有原始的朴素性,这使其物质观念充其量只能和物理学家实际上主张的不断变动的概念结构部分类似。

那么,第一个二律背反的第二个主题的情况如何呢?宇宙的空间范围的情况如何呢?这里的情况在某些方面和我们刚才考虑过的有些类似。康德认为物理空间的几何学理所当然是欧几里得的几何学。但是这个假定正是现代天体物理学理论所质疑的。似乎经验的发现与物理空间是这样一种非欧几何空间的理论更相应，如果这种理论为真，物理空间的范围事实上是有穷的；如果物理空间的范围是有穷的，那么当然，在物理空间中的宇宙就也是有穷的。如果这种理论成功地包含了这个领域，那么康德设想的宇宙论问题就完全是错提的；这是因为他设想的这一问题，建立在一个他认为确定为真而实际上为假的假定上（它要用先验唯心论者的术语解释），这个假定就是物理空间是欧几里得的空间。

当然可以指出，即便物理空间的几何学被"发现"属于这种非欧几何，它是如此的这个事实也是偶然的；经验发现并非必然要支持这种理论。这是由于如果它是错的，物理空间是欧几里得的空间仅仅是偶然错的，那些建立在假定它为真的之上的哲学问题，如果有这样的问题的话，既不能被简单地驳回，也不能被看作已经解决。另一方面，我们对于这些问题的看法似乎不可能不受这个领域所得的认识的影响，正如在物质结构研究领域那样，即理论思维的发展以及探索的推进，或许会采取完全不同于康德设想的所有形式和方向。当我们面对这两个领域的理论演进的现实过程时，这幅一步一步的图像，这副在对象上由近及远、由大到小的图像，就丧失了其不可避免性，而且看起来相当不充分。

如果我们现在回到我以上描述过的三条不同于康德的思路，这些思路中对康德解决的"弱"解释会把先验唯心论缩减为对意义原则的肯定，我们会看出这些思路的任何追随者都不能主张这些事实绝对地支持自己。体现了**近似于**有穷选项形式的理论看起来是经验地有根据的，甚至至少暂时是可接受的。然而这种理论几乎不能被看作包含了康德设想的宇宙论问题的直截答案。很难认为正是这些问题在和康德设想的那种探索的关系中获得了完美的意义；然而也很难认为当那些理论如我已提及的那样被给出的话，它们就会是完全没有意义的。我们也不能先天地排除体现了**近似于**无穷选项形式的经验地有根据的理论的可能性。就第一个二律背反的前半部分的主题而言，这种理论在这个领域中已经存在。认为它们**应该**也在第一个二律背反的后半部分的主题上存在，也不是先天不可能的。如下是不可能的吗？现实可观察物体的运动是这样的，在欧几里得式物理几何学的背景下，借助于物体是从观测点的所有方向无穷地延伸的假定，能够得出与这些运动相配的最为简单的规律？

或许我们应当说，康德所说的宇宙论问题，既没有清楚明白的意涵，也非清楚明白地没有意义。它们起到使经验探究领地总是可能的作用，尽管并不以或者不仅以康德假定它们发挥作用的方式。它们为构建康德未预见到的可验证理论留出空间，这在一种意义上或可说是体现了这些问题的回答，但是仅仅通过转换它们外观的方式。或许有人说，康德提出了对于想象力而言不可补充的任务，同时从它们的不可能做出了深远的形而上学结论。然而物理学理论或许能通过转换问题的方式占据或拥有这些不可能的任务的领地。从哲学批判的观点看，至少有一点是清楚的：康德错误地相信了，对于先验唯心论学说而言，这是一场决定性战役能够打响，并且一个决定性的胜利能够获得的领地。

第四章 上帝

一个二十世纪的哲学家是带着非常有节制的热情进入哲学神学的领域的,即便是追随康德对神学假象的揭示也是如此。当康德处理这个主题时,他对自己学说的描述似乎有些缺陷。他对于上帝存在的三种——按照他的看法只有三种可能——"证明"的否定性分析,至少表面看来,是令人钦佩的简洁而清晰。但是达至这一著名的三联论证的道路仍处于混淆的阴影中。

"绝对的必然存在者"的主题首次出现在第四个二律背反中;但是我将从一并考虑两个"动力学"二律背反开始。在此我并不直接考虑康德的自由学说(这个主题在第三个二律背反中引入),康德对这两个"冲突"的描述和处理不仅有共同之处,还有分歧之处。

1. 动力学的二律背反:被忽视的常规的批判解决

我已经在前两个二律背反中详述和讨论了康德的学说,康德的学说认为,正题和反题,就它们被理解为真的不相容而言,都是错误的;这是由于它们有着相同的错误预设:宇宙系列,不管是有穷的还是无穷的,是一整体存在。当我们来到第三和第四个二律背反时,我们发现情况完全不同。尽管第三和第四个二律背反的**正题**体现的恰恰是和第一个、第二个二律背反中正题和反题都体现的类似的"错误"预设,但第三和第四个二律背反的**反题**都没有体现这一错误预设。康德从未挑明这个区别,这一事实和他对后两个二律背反的"解决"的引人注目的反常相关联。注意到了这个区别,我们会合理地期望下面对正、反题之冲突的解决,亦即就它们真的被理解为不相容而言,正题是错的,反题是对的。然而,康德从未把这个结论当作解决这两个冲突之一的答案提出来。相反,他提出,仅当表达于每一个论题中的"理性的要求"在一种意义上被满足了,对于每个二律背反的两个论题的辩证断言(被正确地解释时),"可**都**是真的",这种解决才能被找到。① 让我们更加仔细地看一看这种情况。刚才已经提到的反常不会是我们将会遇到的唯一一个。

呈现第三个二律背反的主题的系列是因致的系列。这个二律背反的正题的论证是,对世界的任何状态的真正充分或完全的因致规定要求,在先的因致之因致的回溯的系列中,在某点应存在本身不是被因致的因致性的一个例示,它**自动地**或**自由地**肇始一个前行的因致系列。我们的确不能坚持一个因致系列必然自动开始,除非考虑到世界的初始状态,并且为了"使世界之源成为可设想的";这是因为"所有随后的状态都可被看作是纯粹自然规

---

① A532/B560。

律的结果"。① 但是一旦通过自由的因致性被承认,如下这个思想就要被容许:发生于世界历史的进程中的其它因致系列,会同时通过自由而肇始。

正如反题正确地指出的和正题的说明承认的那样,这个论证的力量都来自世界开端的假设。没有这个支持,它就会还原为如下的错误原则:状态 x 要成为状态 y 的真正的因致的充分条件,必然的是,或者 x 没有先行的因致的充分条件,或者自 x 开始的先行的因致的充分条件的回溯系列会终结于一个成员,这个成员自身没有先行的因致的必然条件。

反题直截了当地否认了自由,而且它和"第二类比"的论证的结论一致,通过诉诸因致性原则的普遍应用而被支持。

这个冲突的正确的"批判的"解决应是什么似乎是明显的。由于空间和时间中的事物是现象,更远的原因系列不能被看作是一个整体的存在,正如世界的更久远的时间状态系列或更遥远的空间区域系列之不能被看作是一个整体的存在那样。由于系列并不是整体的存在,因此根本就没有它是一个无穷整体,还是如正题断定的是一个具有第一个非因致成员的有穷整体的问题。然而,这个系列的在经验中实际地"遇到"的每一个成员,也许会被并且必须被看作有一个先行的原因。这样,正题是错误的,反题是正确的。

如我所说,康德悄无声息地忽略了这种"常规的"批判的解决的可能性。在考虑他以什么取而代之之前,让我们转到第四个

---

① A449/B477。

二律背反。

　　第四个二律背反的正题看起来颇为奇怪，它像第三个二律背反的正题的混乱的变种，通过变化用词和承认一个无穷选项而被修正的变种。一个简单的、乍一看合理的使它们之间的区别成为有意义的方法是假定：第三个二律背反主要关注的是在先的充分条件，第四个二律背反主要关注的是在先的必然条件。这个论证始于世界"包含一个变化系列"的断言。似乎每一个这样的变化都是"有条件的"，即它在一个"使之成为必然的"在先的因致条件"下"。① 在此强调的似乎是充分的或决定的条件；但是我认为对于康德的意图来说更可靠的线索是在对正题的说明中的一个评论给出的，他说"变化证明了经验的偶然性；这就是说，在不存在一个属于在先时间的原因的情况下，新的状态本身根本就不可能发生"②，也就是说，它依赖一个在先的必然条件。这个论证随之这样进行。如果我们考虑作为整体的有条件的变化系列，那么很明显我们必须承认在世界中的某物因而不是有条件的。它也许是开启整体的系列的必然的和充分的东西，它本身却不依赖先行于它的事物，或者它也许就是被我们看作独立于任何外在必然条件的整体的系列本身。大致说来，或者这个系列的整体的存在不归因于任何事物，或者其整体的存在归因于某种特定的事物，而这一特定事物的存在不能归因于任何事物。在前一种情况下（无穷的选项），无条件的事物是作为整体的系列，在后一种情况

---

① A452/B480。
② A460/B488。

下（有穷的选项），无条件的事物是初始原因。

　　康德说无条件的事物是"绝对必然的"存在者。在这个论证的语境下，这个表达令人感到既奇怪又困惑。无条件的事物的根本点是否定性的，它的存在不归因于任何在先的或外在的必然条件。如果我们要引入康德在这个语境下对"必然的"表达的使用，最保险的方式是按照他对"经验偶然性"的观念的使用，把它释为"不是经验地依于任何事物的"。

　　这个反题的第一部分否认了世界包含任何必然的存在。康德再一次诉诸普遍的因致性原则去消除非因致的初始原因的假设。针对另一个假设，认为一个整体的变化系列是必然的（无条件的）假设，他论证说若其单一成员不是必然的，一个系列的存在也不能是必然的。当我们译解出必然存在的指称，并且得到一个等值的论证，即若系列的每一个成员的存在都归因于（偶然地依于）在先的因致条件，那么作为整体的系列的存在也必定归因于在先的因致条件，这时我们会看出这个论证是多么贫乏，以及它是如何挫败反题的论证的一般目标的！

　　随着《批判》的推进，出现了对第四个二律背反之事项的混乱表达的解释。同时，我们必须要对之做类似于已对第三个二律背反所做的强调。正题的论证明显基于这样的假设：相关的系列（时间中回溯到更久远的变化的系列）作为整体的存在有或者没有第一成员，并且以给我们提供在每一种选项的后果之间进行选择而结束。若这个假设被拒绝，那么，穷尽了它的两个备选形式的后果也会都被拒绝，正如在反题中那样。这样，这个批判学说无疑要求二律背反应恰恰通过采取这种路径而被解决。但是康德并没有采纳它。相反，他提供了一种完全不同的"解决"。我们须看这种偏离的缘故何在，以及它采用了何种形式。

2. 动力学的二律背反：另一个备选的解决？

在每一个动力学二律背反的正题中，"理性对无条件者的要求"明显地采取了要求**属于感性世界的**、属于空间和时间中的事物之世界的自由的行为因或者无条件的存在之形式。在给出这些二律背反的新解决时，康德实际上认为，理性在寻找它的对象时找错了地方。这种看法的基础仍然是空间和时间中的事物仅仅是现象的先验唯心论学说。但是现在突出的是这个学说的完全不同的一面：不单单是空间和时间中的事物仅是现象这个事实，而是它们作为现象必定有本体的根据这个事实。现象的系列"和经验上无条件的但又是非感性的条件密不可分。"① 现象"自身必须有一些不是现象的根据。"② "它们必定依赖一个把它们规定为单纯是表象的先验对象。"③ 在临近"辩证论"的末尾处，大书特书曰：

> 如果……我们问……是否存在截然不同的包含着这个世界的秩序的某种东西…回答是**无疑**存在着。因为，世界就是现象的总和，因此必定存在着这些现象的某种先验根据，即

---

① A531/B559。
② A537/B565。
③ A538/B566。

仅仅对于纯粹知性来说可以思维的根据。①

在数学的二律背反中，不可能将现象的本体根据当作理性的要求之满足的可能之源。当我们处理量、时间或空间的范围的问题时，如果能在什么地方发现无条件者的话，必定是在感性领域中，在空间和时间中发现。但是当我们处理感性世界中的变化的充分或必然条件时，我们至少会（康德认为）容许这样的可能性：属于可感物的无条件的条件——自由的行为因，不依赖外在必然条件的存在——也许完全处于可感物的领域之外。这样动力学二律背反的正题之中所表达的对无条件者的要求，至少和反题之中坚持的属于可感的完全有条件的特征，并非不能相容。

康德明确主张，这个看法提出了解决出现在动力学的二律背反中的冲突的**唯一**可能的方式。② 从表面看，这个主张似属荒唐，所建议的解决是多余的且毫不相关的。正如我们已看到的，对两个二律背反的两个正题的论证，正建立在一个错误的预设上，这一预设认为相关的"有条件"事项的系列是一个整体的存在，而且一个基于批判思路的解决直接来自于这个错误的预设。早前在"辩证论"的开端，康德已清楚指出，我们应把理性在其理论应用中的角色理解为尽力确保知性获得的经验知识的完整性和统一性。认为这一目标是可实际地达至的思想，恰恰就是把任何不断推进的探究之对象当作共同形成了一个**完整**的集合或系列

---

① A695-6/B723-4.
② A558/B586，564/B592.

的思想。① 所以，两个二律背反的正题的论证建立在"相关的系列是一个整体的存在"的假设之上绝不是数学的二律背反的特性，而且第三和第四个二律背反的正题的论证建基于这同一个假设绝不是偏离。从理论理性的要求的角度来看，在寻找限制性的原因或存在时，我们不能跨出超越可感物的领域一步，就像在寻找其它空间或时间序列的限制性的成员时那样。在康德关于机能的语言中，理论**理性**并不关心"原因"和"必然存在"概念的使用，除非这种关心是**知性**可以具有的，而知性这种机能关心的是获致经验知识的工作。这种使用的本性在"原则论"中说的很清楚了。在这种使用中，"原因"和时间是密不可分的，所以把概念应用于本体物（其中"没有任何东西发生"）跟理论理性的关心是不相关的。"经验思维的公设"的学说对于"必然存在"的看法是清楚的和无歧义的。我们必须区分"概念的联结中形式的和逻辑的必然性"与"存在中的实质的必然性"。后一个观念只能应用于按照经验规律被因致地规定的东西。"存在的必然性能够……只能根据普遍的经验法则而从与被感知的东西的联系中……被认识到。"②

  康德偏离了对第三和第四个二律背反"真正的"批判的解决的根由是什么？因素众多且复杂。但是非常明显，**自由和普遍因致性的对立**是重要的因素。它和理论理性的关心毫不相关，和它相关的是"纯粹实践理性"，即道德性。康德非常想指出，每一个

---

① A307-8/B364。

② A227/B279。

被时间地在先的条件规定的事件的因致规定，与认为某些事件具有另一种原因的观念是不相容的，这另一种原因由于属于本体的领域，不受时间条件的限制，可被认为在自由地"行动"。尽管我们不能理解这种可能性，但是我们决不能根据自然的决定论将之排除掉；而且这似乎正是道德性要求的，尽管我们不能按照这种解释来主张对于它的理论知识。

在此，这个"新"的解决的理据就很清楚了：它是对一个新的冲突的解决——而这个冲突根本没有出现在第三个二律背反中。

在第四个二律背反中我们能发现一个类似的东西吗？在声称要给出对那个二律背反的解决的一节的末尾，我们能够找到类似东西的影子。这是因为此处隐含着，纯粹理性在"指向目的"（再一次是实践的）的使用的地方，会关心外在于经验地有条件者系列的**智性原因**的存在，① 这种关心和对第三个二律背反的新解决所确保的关心是不同的。这样，"解决"在于再次指出，现象完全为条件所规定的特征与这样的"纯粹智性的存在者"的存在，并不是不相容的。纯粹理性在"指向目的"的使用时的**这种**关心的确切特征，在此并未被揭示。稍后它将显示为对一个超感性存在者具有的性质的关心，这个性质是我们根据全能和仁爱来类比地设想的。或许很自然的是，理性的**这种**要求的确切特征不应在这个阶段被揭示。在自由的行动因的理念中，从理论关心到实践关心的过渡是相对平缓的过渡。但是根据道德性而来的神性所要求的

---

① A564/B592。

第四章 上帝

不同属性和第四个二律背反的明面上的主题毫无联系。再一次，但新的解决这次只是透过最厚的面纱显现为对一个全新的冲突的解决，而这次在这个全新的冲突中，两个对手之一的同一性仅仅是被瞥见到。

在这一点上康德似乎容许其对重要议题和学说的解释打破成规。让我们尝试稍微重整一下它们的次序。(当然，对于学说的拆卸与支撑、捍卫不能混淆起来。即便是重整也仅仅是临时的：毕竟并非所有的相关因素都出现在我们面前。)

首先，二律背反源于理性的理论关心，具有第三和第四个二律背反的一般特征，因此关注世界中变化的原因之充分和必然条件，它们也许可被恰当地阐发；它们由于已得到阐发，就应该基于我已提示过的常规的批判的思路被解决。

第二，也许可以恰当地指出，在所有二律背反的批判解决中被援引的先验唯心论学说涉及这样一个论题，即一切现象皆依赖本体的根据，这一根据由于是非可感的，因而是经验地无条件的。在这个阶段，这个提醒的一个意图应恰好是警告我们：不要被本体根据的观念和经验原因的条件的观念之间表面的类似所误导，去假定理论理性的关心，如动力学二律背反的正题中展示的，能够以任何方式援用现象的非可感的根据而得到满足。

第三，康德能够不用冒混淆议题的风险，为了第二个意图，或者说为了对于他来说更重要的意图，继续用这个学说提醒我们。按照一般的批判原则，理论知识必然被限制于经验的东西上，因此现象的非可感的根据之"内在构成"对于我们来说依然是不可知的。但是理性的理论应用的这种限制，这种对于非可感物的必然的不可知，对于"理性的纯粹实践应用的关心"来说，亦即对于道德的要求来说，转变为了一个积极的优点。因为它意味着持这样一个基于道德的信仰并不存在理论上的障碍：本体根据提供了人类自由和神的全能的保障，尽管是以一种我们无法理解的方式。

最后，尽管预示了康德对哲学神学讨论的结局，或可争辩的是，理论理性的关切也有资格，或者甚至要求我们把现象的非可感的根据看作**仿佛**是某些属性的一个仓库，这些属性是类比地用自由、目的和至上智性来设想的。但是这种理论理性的关切，如果这种关切存在的话，并不是在动力学的二律背反的论题中展示的；因为它们仅关注因致条件的时间地回溯系列。

如我已经说过的，对主题的重整是临时的。我现在将讨论它所忽略的一个重要的关切的难解之处。其它难点将在后面讨论。

3. 经验地无条件的存在：关于实体的窘境

第四个二律背反的主题究竟是什么？从B480到B488的论证和说明尽管有些地方有些模糊，但似尚清楚。我们所关心的经验系列看来是世界的时间地前后相继的状态的逝去的系列，并且/或者是从一个状态到另一个状态的过渡所涉变化的逝去的系列。谈论其"经验地有条件的"或"偶然的"成员，就是意指所有成员的存在都归因于在先的成员，在先成员为后者因致的必然条件。这样"理性对无条件者的要求"看来是一个会被如此满足的要求：**或者**被"一个变化的系列中的一个开端"的存在,[①]"一个宇宙系列的最高的成员"的存在（其存在不依赖于任何因致的必然的在先条件）所满足，**或者**被这样的发现（作为整体的系列超脱摆了这种依赖）所满足。有人假定，这些选项都应被排除，因为它们涉及错误的或空洞的预设；而且任何被感到使探寻偏离经验系列而走向先验的或智性的根据的倾向都应被放弃，因为它们涉嫌非法地和不相关地使用了所考察的范畴。

然而，当我们转到这个二律背反的解决一节中时，我们发现其主题似乎已经改变。[②]我们关注的似乎是"实体自身的无条件的存在"[③]，或者是"从实体的必然存在推出其偶然存在"。[④]变化的系列或事物前后相继状态的系列并不真的是代表我们主题的系列。我们考虑的完全是另一系列，是"依赖的存在"的系列，[⑤]是"世界中的仅仅是经验地有条件的存在的**事物**"的系列。[⑥]对变化系列的意指正是要提醒我们"由于现象的全体中的每个事物都是可变化的，进而其存在都是有条件的，因此在依赖的存在的整个系列中不能存在任何无条件的成员。"[⑦]

首先，我们注意到在以上所引的一句话中，从"x是可变化的"到"x的存在是经验地有条件的"的过渡是无效的。康德的

---

① A453/B481。
② A559/B587 及以下。
③ A559/B587。
④ A560/B588。
⑤ A559/B587。
⑥ A560/B588。
⑦ A559/B587。

确认为从"x 是一个变化"到"x 的存在是经验地有条件的,即其发生要归因于发生的某种在先的必然条件"这一不同的步骤是有效的。但是康德并没有采纳或赞成批准从"x **历经**变化"到"x 的存在依赖于存在的某种经验地必然条件"的过渡的原则。不仅仅是他没有批准那个过渡的原则;而且乍看起来,他赞成一个禁止那个过渡的原则。这是因为他在"分析论"中已经论证过,实体或物质的存在,作为在现象领域中**持存的**某物,是一般经验的可能性的必然条件。经验地偶然的东西就是若没有某种其它经验地可发现的条件就不会存在的东西,这种经验条件是时间地先于或至少是和它同时的,而且这种条件对于它的存在是因致地必然的。① 但是持存实体的存在既不能离开也不能进入现象的领域:在此不可能存在经验地建立它们的因致依赖性的问题。这是因为理性对现象领域的经验地无条件者的要求似乎是可满足的;因为实体或物质的存在是经验地无条件的,尽管它历经的状态和变化当然不是经验地无条件的。

　　康德接受或应该接受这个结论吗? 这一问题似乎使他陷入了困境,后面论哲学神学的整个章节中都无法摆脱的困境。在那一章中的一处,他似乎明确地认为没有论证能建立物质经验的偶然性。② 在另一处,他似乎尝试给出的恰恰是这样的论证:物质的一切真实性质都是必有原因的后果,并且因而在特征上为派生的、为有条件的、为"可被消除的——因而物质的整个存在都将

---

① A460/B488。

② A635-6/B663-4。

第四章　上帝

是可被消除的"。① 这个糟糕的论证被假定意在提出一个和前一页所提出的不同的论点，亦即物质的存在不是逻辑地必然的，② 而这一点对于显示它的存在是依赖经验条件的，毫无帮助。

或许有人会说，至少就经验探究的关切而论，这个问题根本不会给康德造成困扰：他完全能无矛盾地既承认一般物质——现象领域的持存者——的存在是经验上无条件的，同时又坚持这种经验地无条件的存在并不是如下这些系列任何一个的最终成员，这些系列是以其它事项为条件并是其它事项之条件的事项的系列，而这些事项是理论理性进行的无止境的经验研究所处理的事项。例如，一般物质的经验地无条件的存在并不能使我们得免解释其特殊的可观测性质的任务。认为每一层次的解释都会自动地给我们设置更深层次的解释任务，如康德应会的那样，无疑是夸张了；然而，否认我们能非常确定地声称已经达至了理论的最后限制、已经最终发现了物质自然的基本规律和元素，确实是合理的。这样，一般物质的经验地无条件的存在，留给我们待解的恰恰假设我们进行经验探究时所关注的物质的性质和构成成分。

我不想暗示这种研究关涉的正是这一类解释性系列，康德在第四个二律背反的解决的部分想着的就是这种研究，它更让人想到第二个二律背反而不是第三个二律背反。尽管在这一部分中康德经常用"系列"这个词，但他讨论的究竟是何种系列，实则仍然不清楚。如果我们假定他的主导思想如下或许最接近他

---

① A618/B646。
② A617/B645。

的意思，这是我们在经验中遇到的，**并且是处于日常的经验概念下的**所有个体的或特定的存在——不管这些存在是事物、发生或状态——的经验偶然性的系列。这样的特定存在的经验领域是偶然的领域，是应该不是或应该不是它实然的那样是，但由于其它条件下同样是偶然的领域。再一次，在此普遍经验偶然性的界域绝不是被如下原则所限制的：一般物质的存在并不是经验上偶然的。

但是我们仍然应该追问，作为"持存于现象领域"的某种东西的"一般物质"或"实体"的存在究竟意指什么？对于第一"类比"中的论证，康德的正式看法是，它建立了经验的可能性的一个必然条件，即建立了实体或诸实体的持存框架在现象领域中的存在，实体在其"规定"的所有变化中保持着其同一性，其"规定"构成或支撑世界的变化着的状态。这些大概是特定的存在，尽管不是处于日常的经验概念下的存在。然而我们必须记住，这个作为物理科学的预设的学说，不管会有或已有什么价值，这个"类比"实际的论证过程中所证明的并不足以建立它。论证如果建立了什么的话，所建立的毋宁说是空间事物的恒常框架的必然性，这些事物的任何个体成员或构成成分都不必被设想为持存的。这样，通过一个令人满意的反讽，通过对康德在"分析论"中的实体论证的批判，我们能够同情地理解他在"辩证论"中关于实体的立场。这是因为如果唯有空间事物的"恒常框架"是持存的，并且据先验唯心论学说（不管怎样解释）的相关部分，如果构成了这个框架的一组或一系列个体是**作为一个整体**而存在这一点是错误的，那么我们就会得出结论：作为整体的系列（由于并没有这种事物）和它的所有成员，都不是非偶然的存在。这样我们就把一般物质的存在是非偶然的学说与在现象领域没有任何东西是无条件的存在的学说协调起来了。但是我们必须记住，唯有放弃了"类比"中所阐述的关于实体的正式学说，这样说才是可能的。

4. 从"宇宙论"理念到"超验"理念的过渡

康德主张第三和第四二律背反的解决都在于诉诸满足"理性对无条件者的要求"的可能之源之非感性物，如果我们抛开康德设想的道德性关切，我们最终该如何理解他的主张呢？至少我们必须想着他没有完美地表达自己的思想。但是这个不完美地被表达的思想是什么呢？这个思想不能是正题和反题提出的主张（如它们在那里那样）的可能的协调。相反，该思想是对正题所表达要求的可能的**偏离**，这样它就不再和反题的真理相冲突。康德谨慎地指出，他并不是说这个偏离的要求能被实际地满足。他根据一般批判的根据真正想说的是，偏离的要求至少想让人们非法地使用范畴。不存在非因致的原因或非偶然的特定存在（其它事物因致地依赖它，而其自身并不因致地依赖任何其它事物）的理念相应的可能经验的对象，即便它们被视为宇宙论的理念，即与空间和时间之中的事物相关的理念。这样，当它们变身为超验理念时，违反批判的原则的风险非常大。我们只能做最小程度的协调：这个偏离的要求尽管不能被满足，尽管涉及空洞地使用概念，而概念的真正使用是在经验领域中，然而，由于这些同样的理由，它和反题的真理、和普遍因致性规律在现象中的所有应用、和这个领域中的所有特定存在的完全的偶然性并无冲突。

即便给出了解决的主张被这样削减了，一个急迫而未回答的问题还是存在；亦即理性对无条件者的要求的这种偏离是如何产生的。我们或会并且由于康德的阐示想从先验唯心论学说那里得到答案。这个学说的一部分，如我们已知的，能提供对第三和第四二律背反的"真正的"批判解决。然而这个学说的另一部分则规定所有现象都依赖于先验的根据，不论现象是经验地被因致的变化或者是经验上偶然的特定存在，先验根据则由于是非感性的无疑不能是经验地偶然的或者经验地被因致的。我们也许会说，想将对无条件者的动力学要求偏离到非感性领域的诱惑之源就在于此。但是这个解释很难和"辩证论"的一般精神一致。先验唯心论学说并非是要把理念装入理性的脑袋。理性的理念被认为是自然地产生的，无须批判哲学的助力。这样，无条件者的动力学理念变身为超验理念必定被认为是理念以某种方式自然地经历的变身：在寻求与更好形式的宇宙论理念相符的对象中，宇宙论理念遇到了二律背反的反题的论证设置的不可逾越的障碍时，自然经历的变身。

然而，我们不必把整个解释的负担压在这一自然变身的理论上。在紧接着名为"纯粹理性的理想"的一章中，康德引入了理性的另一种有各种变化的理念，这一理念就其是一个对象的理念而言，无疑是一个非感性对象的理念，而且它和非因致的原因和非依赖的存在的动力学理念有亲和性，鼓励着它们转化为超验理念并从它们的新形式中汲取力量。因此，理论理性正是借助诸理念的复杂装备从事其超越经验限制的最雄心勃勃的冒险。

5.纯粹理性的理想

理性理念的一个本质特征是它在经验探究的过程中不可避免地产生。这样的理念事实上被假定为就是如下目标的投射，这一目标是以这种探究的非常一般的形式达到终极的统一性和完备性。我们树立这样一个目标，将其当作我们持续不断的研究的动力并无不妥，即便它是不可及的。只有当我们错误地把这个目标的思想当作（我们不可避免地会将之当作）一个现实存在的对象思想时，假象才会形成。这样的对象由于处于经验的领域之外，我们也许希望而且只能通过纯粹理性的方法获得其知识。

康德做了两个实质上互相独立的尝试，去显示理性理念是如何产生的，这个理念在变形的动力学理念的帮助下，使人们试图得到关于上帝的超经验知识。他首先论证了，至上真实存在的理念是我们不可避免地被常见的思想引导去持有的一个理念，这个思想认为经验的每一个特定对象都具有彻底的被规定特征；其次他论证了自然的明慧的创造者的理念是自然科学的预设。

康德提出第一条建议的论证过程远非令人信服。它的论证过程大致如下。设我们知道某个存在的特定对象属于动物的某一类。就这个动物属于哪一种而言，这种说法使许多互相排斥的可能性都是可能的。而且关于所涉及的这个特定对象，我们由于能够通过排除一个以外的所有可能性而"限制"这些可能性，得到了它们更加丰富的信息。当然，关于它的历史和特征，进一步的可能性仍是开放的；而且随着对这些可能性的进一步的限制，关于这个个体的信息在增加。我们必然会把每一个现实的个体看作就其所有可能性而言是本质上被规定的，而这些可能性相关于所有给定的信息状态，或许似乎对于个体都是可能的。那么，这个世界充满了被规定的个体，也就是说，每一个体都是所有可能性的限制的一个核心，这些可能性是应用于其所属的类的一个个体的。因而，所有这样的可能性的总和的观念必然随着被规定的现实世界观念被给予。康德指出我们不可避免地被引导去形成一个完整的无限的超级实在的理念，这个实在对应于和限制在现实个体的情况中的所有可能性的总和，我们把它看作这些可能性的根源或根据，看作自身中包含着"事物的所有可能谓词都取自于的质料的总库"。① 康德说，这个理念不是堆积或汇集的理念。它是这样的一个理念，即一个单一的、卓绝的、实在的个体的理念，其个体性对应于空间和时间事物的世界的统一性，其卓绝的实在使之成为现实事物的被规定特征所预设的所有可能性的根源或根据。在这一段中，康德没有提及莱布尼茨；但是回应他是不会错的。然而，认为一个至上的真实存在的理念自然地以这种方式产生，是难以博得同情的。

尽管康德将他的第二个提议讲述为第一个的自然扩展，②事实上它看起来是独立于第一个提议的。康德说自然科学的目标是被用作认为，把世界的存在似乎要归因于外在于世界的"按智慧目

---

① A575/B603。
② A583/B611，脚注。

的创造世界"的"至上理智"。①这个被合适使用的观念不是知识断言,而是获得知识的助手。理论理性的真正目标是最大化我们自然的知识的系统统一性。我们必须把自然看作是如此构成的从而让自然适合这种目标的追求,然而我们的思想绝不能对我们在物理学理论中不断追求更大程度的系统统一性的努力强加任何限制。一旦有了外在于世界的一个至上的统摄的理智的思想,这两个要求都会被满足。有时康德所写的看似为,追求最大化自然的知识的系统统一性的目标,而且把所有的自然联系看作"**好像是一个至上理性的安排一样,我们的理性只是这个理性的一个微弱的摹本**"②,这两者是一回事。如果如此的话,如果那些真诚地否认这种类似的科学家与那些承认上帝是比如"至上数学家"的理念的人,实在是一样的,那么我们就必须得出结论说:康德认为理性理念有调节性效用的主张实在是最低限度的主张。

这个主张,无论是做弱的解释还是强的解释,都必然伴随着对与这个理念相应的任何对象的**知识**的可能性的反复否认。它纯粹是一个类比的观念,其整个的意义已经在对其调节性使用的阐述中描述过了。

> 如果我们将这个理念当成是对我们会把世界系统秩序的根据归于它的一个真实存在物的断言甚或假设,我们便误解了它的意义。相反,我们的概念无力把捉的这个根据自身

---

① A697/B725。
② A678/B706。

的内在构成则完全是未被规定的。①

根本就没有获得这种对象的知识"的概念；如果我们这样冒险利用它们超越感性的领域，那么甚至实在性、实体、因致性概念，甚至存在中的必然性概念，就都丧失了任何意指，变成了没有任何内容的概念的空洞称号。"②

6. 哲学神学的假象

现在我们要看一下，至上存在的理念如何与超验形式的动力学理念相结合产生了哲学神学的假象。康德清楚地表明，他把偶然存在的非偶然根据的理念当作超出正常情况声称有上帝存在的知识的主要动力。他将如下描画为几乎无法抗拒的冲动：通过假定存在着所有偶然存在物最终都要依赖的，而本身则不因致地依赖任何它物，因而根本不属于感性世界的某种东西，来寻找摆脱一个经验存在依赖另一个经验存在的无穷因致链的出路。对于这个结论先验唯心论意义上的真理康德当然给出了其它的根据。但是对于上述的思想过程**作为结论**的正确性，他是并且能完全不矛盾地反对的。一个这样的思想过程涉及将普遍的因致依赖原则的双重地误用于每个特定存在或事件，首先将这个原则用于"感性世界之外"，其次将其用于推出第一的或非因致的原因。③

---

① A681/B709。
② A678-9/B706-7。
③ A609-10/B637-8。

第四章 上帝

　　为了理解这个理性假象的进一步推进，康德建议我们假定，偶然存在的非偶然根据这个结论是可有效地得出的。他指出，我们依然没有这一非偶然存在的本性的确定观念，而任何偶然存在被认为直接或间接地依赖它。由于没有任何这样的观念，我们实则距以下两者和以往一样远：一则是理论理性的终极满足，它要求对每一个事物都有一个完全的阐明，二则是哲学神学家证明上帝存在的目标的达成。

　　康德认为，在这个阶段寻找其存在不能归因于任何其它事物的某物的确定观念时，我们自然会关注理性的无限的或完满的存在的理念，它自身包含着最大的实在性。如果存在这样的存在的话，它的存在不能依赖任何异于它自身的存在。它必定是一个非偶然的存在。由于我们认为自己已证明了存在一个非偶然的存在者，我们就得出结论说，存在一个具有无限实在性的存在者。

　　然而，这个推论是无效的。我们不能无误地将命题"如果存在具有无限实在性的存在者，它非偶然地存在"转化为命题"如果任何事物非偶然地存在，它就是具有无限实在性的存在者"。无条件或非偶然的存在的观念并不带有这种确定的观念。即使我们接受宇宙论证明非法的第一步，它仍然不能达至其目标。

　　这个证明是第一原因论证，它不管如何错误，都体现着人类理性的一个自然假象。康德提出，它和本体论证明不同，一种巧妙的方法回到本体论证明修补宇宙论论证的缺陷。出现在宇宙论证明中的偶然存在和非偶然存在的对立，是其存在依赖其它物的存在的某物，跟其存在不依赖其它任何物的存在的某物之间的对立。在本体论证明中，这一对立被存在命题的逻辑模态之间完全不同的对立取代了。任何事物，如果其存在能被否定而不自相矛盾，则其存在是偶然的，只有那些其存在不能不自相矛盾地被否定的事物才是非偶然的存在，才是绝对必然的存在。那么这就暗示了至上真实存在者的概念包含存在的概念，故此"这种存在者存在"的命题是分析地必然的。康德对这种意见的轻蔑的反驳，真的是决定性的，虽然其形式或可改善。形成一个概念是一回事，不管它多么丰富；宣称它得到了例示的证明则是另一回事。逻辑的或分析的必然性只与概念之间的联结相关。没有任何概念能够逻辑地保证自己在本身不是概念的某物上的例示。在本体论论证所用的"必然的"的意义上，一个绝对必然的存在者的观念仅仅是一个混淆。

如果从概念而来的证明和从一般偶然存在的事实而来的证明，都不能达到它们的目标，那么理论神学的事业就只剩下一种成功的可能性。那就是从我们对世界中事物的现实经验的特征出发，证明上帝的存在。对出自设计的论证或者物理-神学证明，康德表现出某种同情；但他也深知其局限。这个论证的支持者面对着一个两难困境。或者他把它当作依赖类比论证的纯粹经验原则，在这种情况下，他或许摆脱了前两种论证面临的严重责难，必然不能达至其神学目标；或者他努力通过再次诉诸这个论证的非经验或先验模式来弥补这个缺陷，在这种情况下，他也面临这些批评。采用第一种选项，就是把这个论证仅建基在一个假定的类比之上，即在自然中发现的部分与部分之间的秩序、互相适应，与在人类艺术产品中发现的部分与部分之间的无可否认的合目的秩序、互相适应之间的类比。康德暗示，是否真能做这种类比是非常可疑的。如果真是可疑的话，我们最多能得出的结论说，一个有很高的理智和能力的存在者，它遵从**给定的**规律，以这样一种方式布置**给定的**材料从而产生了我们看到的显著的成效。被如此理解的这个论证根本不是对一个神圣的创造者的论证，而是对于一个"世界的建筑师"的论证①，这个建筑师遵从不是他创造的规律，用不是他创造的材料尽力而为。如果我们企图弥补这个结论的不足，就只有抛弃已提出的纯粹经验模式的论证。我们必须退而依赖所有经验存在的经验偶然性论证；而且当这再次失败后，我们就只能诉诸单纯概念的论证，即本体论论证。

这种情况不利于建立在理论地使用理性之上的神学是确凿无疑的。无论是先天的论证，还是经验的论证，都不能建立神圣存在者的存在。"唯一可能的理性神学是建立在道德律上或从道德律寻找指引的。"② 然而，理论理性在这个领域必然不能完全理解对神学本身却不无双重的否定功用。如果我们不能有理论根据地断定，我们也许有其它的或许是道德的接受的根据，那么我们也无法否认这种根据；而且我们也不能把经验的杂质引入到任何理想存在者的观念中，而道德神学可能会给我们去信仰它的根据。

---

① A627/B655。
② A636/B664。

7. 最后的评论

现在让我们为了获得对于康德立场的本质特征的清楚的看法，略去论证的细节，回顾从第四个二律背反到辩证论结尾的整个讨论过程。我们要再次忽略道德性关切和道德神学的可能性。我们关注的是理论理性的关切。在此约束下我们可以看出讨论集中在五个主要观念上。我们的问题是，康德对这些观念的交互关系的解释能够多大程度上令人满意，并且在何等程度上成功地和其体系的一般要求相协调。所讨论的观念如下。

[1] **科学解释中完备性和系统统一性的理想**。这是设立在我们面前的研究和理论建构的统摄性的但逐步后退的目标，是某种我们或许希望不断接近而非最终达到的目标。康德的对它的强调是双重的，一方面是系统统一性的目标，另一方面是现实理论修正的永久可能性，这使他的自然科学事业图像具有深刻的真实性。这个图像在多大程度上被神学的暗示所损伤，或许是一个有争论的事项。必须补充的是，《纯粹理性批判》没有像后期的著作那样强调神学的东西。

[2] **经验地无条件的或非偶然的存在的概念**。这是其存在非因致地依赖其它东西之物的概念，即这样的东西的概念：外在于它的任何事物都不是时间上先于它或与它同时的，而且都不是它的存在的因致的必然条件。康德把"必然的存在"和"无条件的或经验地非偶然的存在"用作可互换的表达，而且由于这样使用似乎导致了混淆"必然的存在"和"经验思维的公设"中讨论的

非常不同的存在的必然的观念，或他自己将之当作错误地构成的概念抛弃的存在的形式的或逻辑的必然性的观念（在下面[5]）。

[3] **所有感性现象的先验的、非感性的根据之观念**。康德由于先验唯心论学说赞成这种观念。

[4] **统一的有神圣目的的理智和能力的理念**。

[5] **"绝对必然"存在的理念**，其存在被它处于其下的概念逻辑地保证的本身不是概念的东西的理念。

概括而论，康德将要求与（2）的相应的东西表述为（1）的一个方面或表达，而且将（1，2）表述为让我们能够或要求我们用（4）的术语去类比地思考（3）的对象，而不用专断地和空洞地主张任何与（4）相应的知识。（5）被当作理性的滥用被排除了，我们或许在建立这种主张的空洞希望中被引入这一滥用中。

从系统的要求的观点来看，这种解决不乏优美。批判原则所禁止的推论没有一个被批准，理性的理念发挥了它的主导性作用，先验唯心论有改变，知识被限制在其真正的领域内。

从其它的方面看，这个解决就不么令人满意了。我们已经注意到了（1）和（4）就其自身来说其间联系的微弱。当然说某些人认为这个联系可能存在并且富有成效并非荒诞无稽；但是若说所有人都认为这个联系存在则是错误的，科学的主要进展是由于所有人的。将科学对系统统一性的追求当作如下这种思想的逻辑的充分条件并不能拯救这种情况，这种思想把自然秩序看作仿佛是由外在于世界的神圣理智规定的。这会是声称捍卫这个学说实际上却是在牺牲这个学说，当代一些神学家就采用这种方法，但都没能增加其主题的信誉。然而如果这一步骤被采纳并以之为对这个学说的阐明，那么我们排除进一步诉诸（4）不会失去任何东西。

那么通过（1）而采纳（2）的情况怎么样呢？康德必定被认为，按照我所描述的对第四个二律背反常规的批判性解决，（2）不能得到充分的解决。另一方面，康德正确地拒绝允许"理性要求"与（2）相符的东西成为合法地推出与（3）相符的东西的基础，这个与（3）相符的东西作为非感性的无疑是经验地无条件的。他更不容许这一要求是合法地推出与（4）相符的东西的基础。由（1）而采纳（2）至少具有解决这些张力的优点。从康德的观点来看它的优点或许更大。这是因为或许正是合并了独立存在的理念与最终解释的理念使如下学说能够说通：对（1）的追求是和认为世界秩序的有某种超越世界的理智之源的思想密不可分。这就是由（1）而采纳（2）在当下的背景中的重要意义。

假设我们抵制这一合并。正如我已指出的那样，康德的实体学说提供了合并的内在理由。最终解释的观念是一个调节性的理念，仅仅是一个值得追求的东西，尽管被认识到是无法达到的。但是按照康德的正式看法，经验地无条件的存在的观念似乎并不属于这一类。"分析论"已论证了现象领域的持存实体的存在具有一种必然性，这种必然性与在对本体论论证的反驳中被消除的存在的虚假的形式的或逻辑的必然性，也就是说这种必然性，即按康德的看法，附着于因致性原则的必然性截然不同；然而实体情况中所涉及的是特殊事项（各种实体）的必然持存，它是无生无灭的。无疑这种事项必定强烈地声称自己是非偶然的存在。就康德考虑的这些声称者（即持存实体）声称是经验地非依存存在而言，他给出的拒绝理由很糟糕。理由之一（它几乎不会被严肃地主张）是指出物质的非存在是无矛盾地可思的；但这是仅回答了以概念地或逻辑地确保的存在的观念的名义所做的声称，而这种存在的观念是他正当地将之当作理性的滥用谴责过的。另一个理由是如果我们接受了物质为非偶然的存在，无止境地追求解释的调节性原则的自由运作将会受到限制。事实并非如此，这是由于这些非偶然的存在必定被假定为并非提供了我们问题的答案，而是提供了它们的主题，也就是提供了我们所探索的东西。如果这一点构成了拒绝声称者声称回答了（2）的理由，那么独立存在的和最终解释这两个理念的有争议的合并，就仅仅是被重新断言而已。

以上所述是内部的批判，是用康德的术语构成并且完全与接受先验唯心论相容。人们可通过两种方式回应这一内部批判：或者通过分离被合并的理念并承认声称者的声称；或者通过以我所指出的方式修正实体的必然持存的学说，即承认在"类比"中建立了其必然存在的唯一的持存者是恒常的空间框架，在这个框架内，所有的个体构成成分都不必被设定为是必然的存在而不是偶然的存在。两个决定都不会牺牲先验唯心论。但第一个决定关涉到某种牺牲。在（1）和（4）之间的关联将必须建立在自身之上而无需得到由（1）而采纳（2）的支撑。（正如康德认识到的，就（3）真的构成了先验唯心论学说的一部分而言，在（1）和（4）之间关联并不能真正单靠着（3）而保持。）

现在假定我们抛弃（3）而完全超出先验唯心论的框架。那么，(1)和(2)之间的关系怎么样呢？如果抛弃先验唯心论带给我们自由，使我们能摆脱将世界**当作整体**来谈论的束缚，那么我们对于(1)和(2)之间的区分就会有新的看法。世界中的每一个殊定存在或为经验地偶然的，然而作为整体的世界则不然，这是由于并不存在任何事物是其所依赖的。再者，经验地非偶然的存在并没有给研究提供界限，而只是提供了主题。

现在，很令人奇怪的是，尽管我们的五个主要观念被还原为(1)和(2)这两个并且仍然保持着其分离，我们依然能够在哲学传统中发现一种和康德的图式有某种类似的观念，尽管它不包含任何超世的东西。如果(4)所给出的态度是可取的或必然的，那么这种观念的空间是能被发现的。一旦先验唯心论被放到一边，将自然或者世界整体本身——经验地无条件的存在、包罗万象的实在——当作这种态度的对象，并不存在障碍。不断探索的人类理性任何能为其令人钦佩而谦逊的进取精神找到一个既是它提问的无穷主题也是它无尽的临时回答之源的更为合适的对象？这是由于人类理性本身是自然的一部分。在"辩证论"临近末尾的几段话中①，康德甚至显出对于这个观念的同情，或对于这个观念的部分的同情。尽管这种看法的充分发展，例如斯宾诺莎的发展，将无疑迥异于他的思想，并且或许在道德上令他反感。仅就简省而言，这种观念或许可被判断为优于康德的"好像神学"；但是这种（对超感性物的）省略当然不是先验唯心论的支持者所能施行的。

---

① A699–701/B727–9。

最后必须说，抛开先验唯心论，我们从理性关切的观点出发很难在超世的引导世界的理智——它包含了"一切为什么的所以然"——的思想中看到其它东西，只能看到可被宽恕的沉湎于**理性的劳作**，临时地回到本源的和令人舒适的模式。毕竟，为什么（1）不能被认定为自主的理想，而且（2）作为一个理念，如果还能应用于特定存在的话，它也仅仅有经验探索的推进或会（至少是临时）赋予它的应用，我们并没有什么好的理由。

第四部分
先验唯心论的形而上学

先验唯心论的形而上学

在这个标题下我们将汇聚一些互相关联的学说,所有这些学说已在阐示的不同场合中出现过了,但是还没有根据其错综复杂的相互依赖被系统地整理和展示过。现在必须这么做了;部分因为对康德而言它们似乎是其思想不可或缺的框架,部分因为迄今为止我对这些学说的评说,并未对康德的阐示中反复出现的一条注释的质疑做太多回应,这一注释很奇怪地似乎具有驯化他的学说、以及在某种程度上掩饰其变幻不定的性质的结果。康德经常谈及"我们的"感性,"我们的"知性,经常说到这或那"在我们之内",或"我们自身"要为这或为那负责;而且也许令人吃惊的是确信地使用这些人称代词、所有格——看起来包括康德和他的读者以及其余的人类成员——应该有能力减弱这些学说的奇怪感,这些学说显出这种使用与日常的使用相距是多么远。然而,我认为当我们将这些语词排除出这些学说的陈述后,正如我将尝试做的那样,康德这样使用这些语词确实具有这种效果就变得清楚了。

在陈述学说之后,我将尝试回答在我看来对它来说最重要的问题。但在讨论前我们必须先陈述学说。

1. 学说

我将以简短的编有序号的几节开始,这满足最低的限度。我尤其将忽略那些非常规的解释，此前我曾提及联系到《批判》的这一部分或那一部分，这些解释一时似乎非常诱人，或者至少值得考虑，但不能被长久地当作康德的看法。

[1] **超感性之物：作为其自身的事物**。存在一个超感性实在的领域，一个既非空间也非时间的事物自身的领域。

在这个领域中，存在我们能谈论的某种复杂的关系（或者这种关系的一类例子），我们能根据因致关系的模型，用"刺激"和"被刺激"的术语谈论该关系。让我们将之称为关系 A。我们或可谈论进入这种关系的进行刺激的（主动的）事物（或各种事物）和被刺激的（被动的）事物（或各种事物），而无损这些事项可能的部分的或完全的同一性，无损这个关系的部分的或完全的自我反身性的可能性。

关系 A 中（或关系 A 的任何例子中）的事项间的确至少有部分同一性。这是由于在任何这样的例子中，被刺激的事物就它是被刺激的事物来说，具有称为"感性"的特点。但是这同一个事物就它就其刺激自身感性而言是主动的、是在刺激自身来说，具有称为"知性"的特点。

进入关系 A（或进入关系 A 的任何例子中）的还有其它进行刺激的元素或特点。然而这些元素和特点作为（相关的）感性或知性是否属于同一事物，则是不可知的。若我们称感性为形式－产生元素（以标示其被动性）而称知性为形式－制造元素（以标示其主动性），我们或许可称进入关系 A 的其余因素为质料－制造元素。在下一节里将会给出这些描述中"形式－质料"对立的理由。

[2] **经验**。经验是事物自身领域中的复杂的准因致关系的产物；而且迄今提及的所有元素的合作是其制造所必需的。在经验的生成中质料–制造元素和形式–制造元素必定都刺激形式–产生元素。

经验是由时间地被排序的直观组成，而直观乃是这样概念化和相联的：（1）许多这样的直观具有这样的知觉特征：它是关于合规律的对象（空间和时间中的物体的）世界的，而这些对象具有自己的与对其觉察的特定状态无关的状态和关系；而且（2）所有这样的直观至少存在如下潜能：它们能被一个自我意识主体将之作为自己的觉察状态归于他自己。

一般经验的**时间**特征与一些直观所具有的**空间性**特征——这一特征允许这些直观被这样地排序以赋予它们是对**空间中**对象的知觉的特征——都归因于被刺激的事物中的被动元素（前者归因于"内"感官，后者归因于"外"感官）。这就是为什么被动元素或曰感性会被称为**形式**–产生元素的原因。

概念联接归因于同一个事物中的主动或进行刺激的元素，尽管只是其最一般的特征，归因于直观凭借这一联接**是合规律世界中对象**的知觉的特征。这就是为什么在这个事物中的主动元素（知性）可被称为**形式**–制造元素的原因。

经验的其余特征要归因于进入关系 A 的其余因素（质料–制造元素）。

[3] **除为知觉外什么也不是的物理世界**。实际地作为准因致关系 A 的结果而存在的东西只是经验自身，即时间地被排序的概念化的和相关联的直观系列。尽管给定了被刺激（而且至少是部

分地自我刺激的）事项形式－产生、形式－制造元素的特征，以下乃是必然的，即这些元素至少应该包含这样的元素，它们具有合规律对象（空间和时间中的物体）的知觉特征，而这些对象（物体）具有自己的与对其觉察的特定状态无关的状态和关系，然而空间物体并不实际地存在，并没有自己的不依赖对它们的**任何**觉察状态的状态和关系。除了是知觉，它们真的什么都不是。

[4] **经验知识**。从关系 A 中浮现的东西，亦即经验，可以说包括了关于物质的性质和经验自我意识的经验知识，或关于某人自身状态的知识。这反映了经验关涉客观物概念的使用，由此关涉区分经验本身与被经验的物理世界的事实。

从关系 A 浮现的东西没有什么可以说是对事物自身的意识或知识。

[5] **事物自身的现象**。经验自我意识的内容作为关系 A 的有时间顺序的结果，不是对任何事物自身的知识或觉察。然而，或可说它们是感性和知性所属的事物的**现象**。这是由于使用概念的能力或思维的能力是时间地展示在所有经验的认知和分类中的；而且这种能力在经验中的展示尽管必定是时间的，但它却与非时间事物自身的形式－制造特征（知性）是同一的，或者说其根源在这一特征中，而形式－生成特征（感性）也属于该事物自身。

这个物理或空间世界，也许亦可被称为事物自身的现象，尽管是在不同的意义上称为。说在不同的意义上，乃是由于它不像时间地被排序的经验序列，是简单地**依赖性的**存在、关系 A 的结果。它仅仅是**显现**为存在，真的只是知觉。然而，在谈及自然世界（它是事物自身的现象）时，除了跟谈及意识内容一样，强调其作为感性和知性所属的事物之现象这一点外,还有更进一步的东西。而且这更进一步的东西就是,质料-制造因素与形式-制造、形式-生成因素都必定进入关系A中,而事物自身之间具有关系A,该关系的结果则是经验。一般经验的内容或可说是质料-制造因素在形式-生成、形式-制造因素规定的条件之下的现象。

[6] **创造性觉察(理智直观)**。从**所有**刺激关系中浮现的东西没有什么可以算作对进行刺激的事物自身的觉察或知识。因而,对其存在**不依赖**对它的知识或觉察的事物,不能有知识或觉察,并且对关于它的知识或觉察乃是后来的结果的事物不能有知识或觉察。更确切地说,不能有关于事物自身的知识,而仅仅有关于事物的显现的知识,仅仅有关于其现象的知识。

这样,或者没有对于超感性实在自身的知识,或者超感性实在是由觉察所创造且依赖于这种觉察而存在。就超感性实在被看作是这种非感性觉察(理智直观)的可能对象来说,它被正当地名之曰"本体"。

[7] **现象的非经验知识**。经验知识是质料-制造元素(在超感性实在中)与形式-制造元素作用于形式-生成元素上之活动的结果。但是某些关于现象(空间、时间中的自然对象)的知识,也可不依赖质料-制造元素的活动而得到,因而或可称为现象的非经验知识。这是因为形式-生成与形式-制造元素共同规定了经验某些方面的特征,而不管质料-制造元素提供的可能是什么。这些方面可以两种方式被确定(在时间中但不依赖经验的实际过程):(1)形式-生成元素可不依赖质料-制造元素(在"纯

粹直观中的构造"中）被激活，以产生例如空间的几何学知识和空间物体的几何学知识；（2）知性关于经验的时间材料之一般可概念化的要求所隐含的东西能通过批判性反思抽绎出来。

[8] **仅仅关乎现象的非经验知识**。如此得到的非经验知识恰恰就是被描述为关于某些特征的知识，这些特征在经验中的呈现不依赖经验的实际内容，亦即不依赖质料－制造元素给出的特有的东西。这种尽管不依赖经验的实际过程但在经验中得到非经验知识，因而是仅仅是现象的知识。除开仅由逻辑学所确认的真理的知识外，在经验中得到的非经验知识没有其它可能之源。

2. 一些问题

这些学说会产生不少问题。为支持这些学说康德主张了什么，这些主张又应该被如何评判？在何等程度上可以说这些学说显示为相互不一致的或不融贯的，或者与其知识理论更可接受的部分不一致？在何等程度上可以说这些学说可解释为对更可理解原则的歪曲？不仅在先验唯心论的语境下，而且在康德的人类的整体经验理论语境下，上文第3段中所勾画的我们相对熟悉的现象主义唯心论的确切意义究竟是什么，并且如果它能的话，它是如何能与康德断定其先验唯心论是经验实在论相协调？这些学说中是否有应被保留的东西？抑或我们的任务应该是表明它们完全可被排除出康德对经验结构的有价值的分析，并且抛弃它们不会有任何损失？

对这些问题的回答会在下面几节出现。

3. 几个主张

康德认为，先验唯心论学说以一些相关联但可区分的方式，对其体系的其余部分做出了至关重要的贡献。我首先将在四个标题下简短考虑他为支持这些学说做的声称；然后接着在下面的几节更仔细地考察这些学说。

[1] **道德的要求**。对康德关于人类知识看法的最简短的概括必须至少包括两点：一是我们能有关于空间和时间中可能经验的对象的非经验知识（它不依赖经验的实际过程）；二是我们没有其它的非经验知识，并因而没有关于其它事物的知识。这个论题的否定部分对他的重要性，不仅在于以否定的方式一劳永逸地使超验形而上学的僭越威信扫地。它由于为某些基于道德的信念（不等同于知识）留出了空间，因而有一种不同的重要性。康德认为，如果自然世界就是所有这些已存在的，人类自由就将是一个假象，而且道德公正的理想就将是一个总被事实嘲弄的梦幻。但是这个拒绝知识的领域由之向尽管不可把握，却被道德所证的信仰敞开了，正是在该领域内，人类自由的实在以某种方式得到保证，而且道德的公正真正得以实现。

很清楚，超感性实在的信念是康德学说的这个部分所必需的，而且这一信念的形式似乎是由这种学说以这种方式规定的，该方式我将在下一节中考察。但是我认为我们会发现几乎没有任何理由可以将道德公正的理想看作这个信念的充分基础，或者将人类自由问题看作在该信念的帮助下要求（或允许）去解决的问题。再者，对于康德的思想来说，将支持先验唯心论学说的例证建立在这种思考之上是完全不能考虑的。尽管他声称这些学说给人类自由和道德公正的信念了空间，但他没有而且不能无矛盾地将这一声称当作前提，由之去论证这些学说为真。

[2] **意义原则；数学的二律背反**。在对超验形而上学的批判中，康德从否定方面评述我们对不是可能的感性经验的对象不能有非经验知识，因此不能有任何知识的学说时，常常诉诸（我所称的）他的意义原则，这个原则是说，我们不能有意义地声称在表达知识的命题中使用概念，除非我们有应用这些概念的经验标准；而且他似乎把这个原则当作某些先验唯心论学说的后果。我们必须更仔细地探究这些学说，康德认为意义原则正是由之得到其力量的。

让我们首先考虑论"二律背反"的一章，初看起来，在那里对意义原则自由的和富有成果的使用是直接与先验唯心论学说相关联的。康德说，如果空间和时间中的事物是事物自身，那么以有限或无限整体的概念形成的某种析取就将必然地应用于它们。由于它们不是事物自身，而仅仅是现象，那么仅当我们能确定一个可能经验，该经验能为这种有限或无限整体的概念的应用做辩护，这样的观念才能在这种联系中具有意义。由于我们不能确定这样的可能经验，这些概念就空无含义。

在此我们必须追问否认空间、时间的事物为事物自身意谓的是什么。当然，它不是无效地否认它们是超感性事物，是**不在空间和时间中**的事物。相反它是否认它们具有我们时间地被排序的表象或知觉之外的存在。若这里对意义原则的使用依赖先验唯心论的任何方面的话，其使用依赖的是关于物理世界的现象主义唯心论，这是哲学家能完全不依赖超感性实在的信念或"经验的时间系列是超感性领域中准因致交流的结果"论题而接受和持有并已接受和持有的学说。正如我在讨论这一章时已说过的，我们面临的唯一合理的替代解释是这样的，承认意义原则的自主性，并且只留给短语"事物自身"一种反讽的意义。

在康德似乎把意义原则与先验唯心论学说相关联的其它地方，他主要是将它与一般范畴、或知性纯粹概念相关联。当他把它们当作只是知性的规则时——知性无力在知识中使用这些规则，除非规则应用的材料通过感性从别处给予了知性——，确实可以按照超感性事项间的刺激关系模型解读这一警告，并因进而把这一警告与先验唯心论形而上学的整体结构相关联。这的确是可能的。但这也是完全不必要的。即便我们选择在这一警告中保留一些心理学术语，如主动的知性（概念之根源）、被动的感性（生成直观），我们仍能很好地这样做而无需把"知性"和"感性"看作任何比人类更陌生事物的属性，而人类是具有一个历史（在时间中）、一个躯体（在空间中）的被造物；这样，意义原则，即便用机能术语来表达，也显得是某种完全不依赖先验唯心论结构的东西。

我们或可得出以下结论，意义原则或者事实上不依赖先验唯心论学说，或者至多仅依赖（对康德来说是在其应用的一些情况中）人们相对更熟悉的现象主义唯心论，而先验唯心论显得包括这种唯心论。

[3] **现象的非经验知识**。那么，关于经验对象的非经验知识，

情况又怎么样呢？康德宣称我们能够达及这些对象，并且宣称要阐明它们的本性和可能性。这个体系的核心确实正在于此，即使不从伦理的观点看，从认识论的观点看至少是如此，而且哥白尼革命被认为正是在此产生了其丰富的回报。一方面，它囊括了一般数学知识；另一方面，它组成了关于某些原则的知识，这些原则既构成了自然科学的必然基础又构成了一般经验可能性的条件。就前者而言，康德仅仅就几何学，就"空间的数学"而认真地显示数学知识要求先验唯心论理论的阐示。我们必须考察他的几何学理论；但或可预先说，尽管在这个领地我们努力同情康德的洞见，但这一努力之所及离其结论还是极其之远。

还有的是体现了经验可能性条件的原则，对这些原则的证明是"这些原则体现了经验可能性的条件"这个论题的变异形式。让我们放弃如下这个思想：康德实际地提出的原则并没有他主张的地位，并且为了现在的目的假定至少这些证明的一些是有效的。必须如康德指出的那样指出，严格地说直到"先验分析论"所做的批判探究成功地达至其结论之前，我们并没有所讨论原则的**知识**，即使我们在经验探究中把这些原则当作理所当然。这些原则需要证明，①并且任何与此不同的其它种证明都是不可能的。直到这种证明提供出来，给批判的探究提供了刺激的怀疑论才最终被批判的探究摒弃，而怀疑论，例如休谟的怀疑论，把这些原则看作是合法的甚或是受欢迎的。

这样，只有遵循"分析论"所采取的论证过程，才能得到关

---

① 参见 A737/B765。

于这些原则的非经验知识；而且它在"分析论"中仅是通过反思"知性"要求时间中的可能经验所隐含的东西得到的。"知性"最低的要求是经验应被概念化，是经验应在判断和认知中为人所知；而且正是这种要求，通过经验必然的自我反身性（"先验统觉"）和其必然的客观指称，最终达至对原则的证明。但这个论证过程的前提由于仅仅定义了要探究的可能性的条件，因而其可接受性完全不依赖先验唯心论的学说。若这个前提不依赖，那么这个证明亦然；而且如果这个证明不依赖，那么我们由这个证明建立的对这些原则的非经验知识也不依赖。

有人或反对说，在这个过于简短的演证中，"分析论"中实际的论证过程的某些特征被忽视了。因为康德在那里评论说，如果在空间中的事物是事物自身的话，如果它们不依赖我们的表象（知觉）而存在的话，我们根本不能有关于它们的知识。不存在关于对象的知识。然而若经验是可能的，我们的知觉必定产生关于对象的知识。因此，我们知觉的客观指称必定在于知觉服从连接的规则，如因致性原则所提供的。①

对此我们或可做两点评论。其一是对此前讨论"先验演绎"时所做评论的回应。② 若客观物的观念要在经验中得到使用的话，经验必定确实包含其在知觉的连接中使用的根据，该连接跟诸客观物概念的使用密不可分。但为了表明这一点，并没有必要诉诸如下这个学说：我们日常设想为不依赖我们对其知觉而存在的对

---

① 参见 A190-1/B235-6。
② 参见上文"客观性与统一性"，第五节。

象实则并非这样的事物。当然，这后一种看法或可依据如下根据（见上文第1节第6小节）而被坚持，即若空间中的对象真的不依赖我们算作对它的知觉而存在，那么，这些知觉将不能构成对这些对象自身的觉察或知识；这是由于这些知觉是刺激关系的结果，而且这种关系的任何结果都不能是进行刺激的事物自身的知识。但这样的话，如此独立地提出的这种看法，在解释在此讨论的经验对象的非经验知识之可能性中就没有扮演关键的角色。

第二个评论是明显的，也是重复的。在此先验唯心论最突出的一面再次是它所包含的现象主义的唯心论，根据这种唯心论物理事物只是知觉。

正如在其它地方那样，在此值得补充的是，我们或会受制于先验唯心论某些学说令人困惑的"面相转变"。它们或许在我们眼前转变为无味的反讽的提醒，我们或许想追问空间和时间中的事物*自身*的本性而提出的问题，除去我们能通过知觉经验地发现的，以及基于知觉的理论之构造和检验的东西之外，都是内容空洞的无意义问题。的确很难理解如果只有这个模棱两可的面相康德如何能坚持这些学说。但是，正如我反复说过的，若我们一直仅仅从某个可接受的面相来看这些学说，我们就是在欺骗自己。

最后我们必须承认，在所有对我们假定的关于空间中的对象、一般自然世界的非经验知识的论证和分析背后，存在着一个关于心灵与事物的粗糙的和不融贯的模型，根据此模型，心灵自身无时间地存在，事物自身无时间地存在，前者为后者所刺激并自我刺激，它要为经验的某些特征负责，数学家和批判哲学家无须援引感性经验的实际过程，通过在时间中进行的特殊的自我分析，就能得到这些经验特征的知识。

[4] 第四个谬误推理（第一版）。还有一处康德明显地诉诸了先验唯心论学说而值得一提。在第一版讨论"第四个谬误推理"的文本中，康德声称要借助先验唯心论学说，指明摆脱可疑的唯心论的困境的方法，而且消解被认为是物体作用于心灵的活动所引发的问题。当我们认为空间中的外部对象是存在的信念的唯一根据必定是来自内部知觉的推论时，我们如何能确信这些对象是存在的？空间中物体的运动如何能产生和心灵状态如此完全不同的效果？康德说，这两个问题皆预设了错误的观点，即物体不依赖我们的知觉而存在。这样，当这个预设的错误被认识后，两个问题就都消失了。"认其为错误"正是先验唯心论论题的一个部分。

我们必定再一次认识到，就像在数学二律背反中所提的问题的情况那样，康德的解决依赖于诉诸先验唯心论学说的一部分，亦即诉诸其包含的现象主义唯心论。尽管在第二版中这些段落被删去了，但它们被删去不是因为康德认为它们是错误的，而是因为它们遭到了误解。①

我们对康德支持先验唯心论的声称的这一短评的结果是什么呢？在提出这一问题时，我关注的不是他的论证或解决的有效性而是其结构；而且必定令我们震惊的是，先验唯心论中在这些结构中扮演有意义角色的唯一元素，乃是现象主义的唯心论，而根据这种唯心论物理世界只是知觉，尽管这样说有保留之处。保留意见为：首先，在书中的论证的细节结构里，上文提到的粗糙

---

① 对这些段落的意义，更充分的讨论见下文第6节。

模型没有发挥什么重要作用；第二，更具体讲，来自几何学的论证，根本就没有被考虑；第三，道德意识假定的要求，康德认为是仅能而且不可理解地在超感性物的领域得到满足。当然，对于先验唯心论的形而上学所包含的现象主义的唯心论，我们千万不可假定，康德有时会将其看作可与这一形而上学的其余部分相分离而且是有道理的。更仔细地检视属于这一形而上学的特殊学说，以寻找进一步的阐明，正当其时。我将从最为晦暗不明的一点开始，若道德意识的要求要被满足的话（不论这是如何不可理解），这一点对康德是至为重要的。

4. 内感中的物自身和现象

我已对康德在陈述或暗指先验唯心论的学说时确信地使用第一人称代词、第一人称所有格做过评论。显而易见，对康德来说重要的是确保超感性世界与人类世界之间，事物自身一方面与康德和他的读者、第一人称代词和所有格的日常指称另一方面之间，存在一个以同一性方式相联的联接点。如果没有这样一个以同一性方式相联的联接点，那么声称自由至少作为超感性存在者的性质至少是可能的（尽管这对我们来说是不可理解的），将与人类的道德本性和处境无关。如果空间、时间和范畴的居所之物自身，与几何学或批判哲学的人类研习者之间没有这样一个以同一性方式相联的联接点，那么将不可能通过自我分析或自我省察装备，更不用说使用那个粗糙的模型了，而该模型赋予了我们的非经验知识以必然性。然而，仅仅使用人称代词、所有格并未表明这个联接点的所在。当"我们"(us)、"我们"(we)和"我们的"这些表达是如此简单地和傲慢地用于传达先验唯心论的学说时,我们必须问,**我们**人类,康德的读者,能通过它们无歧义地理解的是什么。

对它的回答在这一著作的不同地方显示出来。在"二律背反"部分有一个对其不那么审慎的陈述,在这里康德心中至为重要的是道德的关切:

> 人通过感觉能力认识所有其余的自然,然而他也通过纯粹统觉认识自己;的确,这是在他不能将之看作感觉能力的印象的行动和内在规定中认识自己的。如此他对他自身而言,一方面是现象,另一方面,就某种不能归于感性能力的某种机能而言,是纯粹理知的对象。我们命名这些机能为知性和理性。[①]

这样,在一个人作为一个自然存在者与作为一个超感性存在者之间的这个以同一性的方式相接的接触点要到人的如下意识中去寻找,即意识到自己具有思想能力、知性与理性机能,以及意识到自己对思想能力、知性和理性机能的操作。这马上引起了反对,根据康德自己的原则,首先,所有可以被归于一个人的这种自我意识之一个例子或例示的,必定是发生在时间内的事物,其次,自我意识必定是意识**到**自己为在推理、认知或思想的东西,为在某个时间点或某一段时间理智地如此的。似乎所有这样的自

---

① A546-7/B574-5。

我意识都必定属于一个存在者的历史,并且必定意识到属于一个存在者之历史的某些片段,而这个存在者是**具有**历史因而不是一个超感性的存在者,不是"时间表象在其中有其本源根据的主体"。①

在"感性论",在"演绎",在"谬误推理"的更审慎的段落里康德一再面临这些困难。他区分了"本源"的自我意识与经验的自我意识。前者根本不是真正关于我的知识,在它那里我意识到自己既不是作为我显现给自己的,也不是作为我自身的,而只是意识到我存在。"这个表象是思想而不是直观",②后者产生了我唯一能得到的关于自己的知识,在它那里我意识到自己仅仅是我显现给自己的,而不是作为我自身的。

这些如符咒般被反复念诵的代词性的咒语,与符咒一样是无效的。在关乎自身(经验自我意识)的知识的格言中,待解的同一性——经验自我意识的主体与实在的、超感性的主体的同一性——纯属是被假定的,丝毫没有变得更可理解。若 x 的现象对于 x 在时间中发生,它们是不能被指派给先验的、超感性的主体的历史的,因为这一存在没有历史。这就是说,它们既不能正当地被描述为**对于**作为(超感性的)我自身的现象;也不能被描述为**属于**作为(超感性的)我自身的现象——因为它们对之是现象的也**属于**它们的现象。对作为(超感性的)我自身的指称,被当作多余和不正当的被取消了;而且与之相随,如下说法的所有根

---

① B422。
② B157。

据也消失了：在经验自我意识中，我不是真正所是地显现给我自己。在另一方面，若我们没有赋予动词**显现**（appear）以时间结构，我们将如何去理解它呢？我们要说它非时间地显现为这个例子，显现给先验主体，抑或它有一系列时间地被排序的状态？从任何标准来看，可理解性的界限在此都被跨越了。如果它们并非如此，我们将依然无法证明所讨论的同一性。然而，先验主体的非历史与我们又有何干呢？

康德无力克服这些与同一性有关的困难，因为它们无法被克服。具有思想、知觉和感受的心灵历史的自然存在者、人，与根本没有历史的、"时间表象之源"的超感性存在之间的关联是如何建立的问题没有避难所而只有不融贯。认为理性本质上是在时间之外但在我们之内的东西的确是一个古老的信念。无疑它的根据在如下事实中：仅被理性所证明的逻辑和数学命题，显得既不欠、也无惧时间的偶然性。而且我们把握了这些无时间的真理。但在当今这个时代认为把握了无时间真理的人必定自己是无时间的是太晚了。

5. 外感中的物自身和现象

让我们从先验唯心论的理论的一个不融贯的方面转向另一个。我们的宗旨不单是去展示这种不融贯，而是要去观察，如果我们能的话，它导致了哪些歪曲和倒错。

对于不依赖知觉而存在的事物自身，不可能通过知觉得到它们的知识。这是因为唯一能给我们这种事物的知识的知觉，必定是我们被这些事物刺激的产物；而且由于这个原因，这种知识只能是这些事物之显现的知识，只能是这些事物的现象的知识，不能是这些事物的知识。

以上是《批判》的基础的且不容争辩的一个复杂前提。要补充的一个前提是：我们所有的"外"知觉是被这样的事物所因致的，这些事物不依赖我们的知觉而存在且刺激我们产生了这些知觉。从这两个前提的合取推出的结论为：外知觉产生不出事物（这些事物因致了外知觉）的知识，而仅产生了这些事物的现象的知识。

就外知觉来说，让我们关联着如下知觉因致依赖的论题考察现象与实在的对立，该论题是：知觉依赖刺激我们产生知觉的独立存在的事物。

首先考察现象与实在的一般对立。这些概念并非总被置于互相对立中。这是因为我们有时或许会而且的确会说：事物如它们显现存在。但是在现在的情况中，它们是明确地被置于互相对立中。我们感知事物，这些事物通过刺激我们因致了我们的外知觉，不是对于作为它们真正之所是，而是作为它们之显现的知觉。那么我们必定问，现象和实在之间的相对或对立的有意义应用的一般条件是什么？在康德把这个对立应用到外知觉的情况中，这些一般条件被满足了吗？

指称的同一性的概念和或可被称为修正看法的概念看起来和对这个对立的有意义应用密不可分。当一个事物据说是显现为如此这般，实则并非如此这般时，这似乎隐含着存在两种不同的立场，对于同一个事物，从不同的立场出发会自然做出不同且不相容的判断，而自然地从一种立场做出的判断在某种意义上会是对自然地从另一个立场做出的判断的**修正**。这些立场似乎必定有共同的东西，以至于它们之间以某种方式存在着中立的东西，以确保被判断事物指称的同一性。这是我能发现的关于这一对立的使用条件的最一般的陈述；而且无须费力地增加例子，就能很容易看出两个条件将如何被正常地满足的。修正的看法也许是相对于一般观察者的一个占据特别好位置的或更了解情况的观察者的看法；也许是相对于遭受特定缺陷或限制的一个正常观察者的看法；也许是是消除环境中的歪曲因素的结果；如此等等。在许多通常容易想到的情况中，确保指称的同一性的条件是以这样的方式被满足的，它取决于或许可大概地被称为所判断之对象的空间－时间位置的方式。

　　在这个对立的常见应用上无须无谓的延宕。但是这种对立的一种常见的**哲学**应用似乎远非无谓的；这是因为它恰恰取决于如下这个事实：我们的感性经验乃是被我们说我们感知的对象刺激的因致产物。说事物呈现给我们的现象是因致地依赖事物本身和我们的生理构造两者的特征，说现象是两者的联合效果，似乎既是可理解的又是真的。常识和常见的观察能告诉我们各种因致机制关涉的东西，科学能告诉我们的更多得多。我们并不是逻辑地被强迫从这些事实得出结论说，事物的真正所是，是不同于它们在正常知觉条件下显现给我们的。但倘若我所说的现象和实在的对立的一般应用条件被观察到了，也就是说，倘若指称的同一性之可能性得到了确保，而且修正看法的标准被采用的话，我们也未逻辑地被禁止这样做。重要的是，采用这种标准应当被非常显明地做出；否则人们将会感到困惑不解，遇到无关的情绪反应，而这是如下事实的后果：在新标准时断时续地和或许引发争议地使用之同时，"修正看法"还在继续使用惯常标准。

尽管采取这一步明显并不是逻辑强制的，但许多哲学家（如洛克和罗素）强烈地感到了采取这一步的强制性。如其真正所是的对象被认为具有物理学和生理学理论归于它们的性质，知觉因致机制的解释是根据这些理论给出的；我们基于我们知觉正常地归于它们的特征则被排除在"如其真正所是的对象"的描述外。它们明显具有的这些性质被简单地解释为因致过程的结果，而这一过程可被充分描述而无须提及这些性质，亦即这一过程是物理事物作用于我们的感觉器官和神经器官。假设器官不同，事物的表面性质也会不同；但事物之真实构成并无不同。

在这种操作中，现象和实在之间的对立的有意义应用的一般条件得到满足。"修正看法"的立场被成功地指出了，同时无损指称的同一性。事物真正之所是并未被排除出指称的空间-时间框架。它们是科学讨论的而非我们感知的事物。修正看法就是科学的看法；它是不同的看法，但它是对跟"我们日常未修正的看法所及之事物"相同的事物的看法。

唯一需要补充的是：在一种意义上，它根本不是一种**看法**。这是说，通常将现象和实在的对立应用于物理对象时呈现的一个元素，在哲学应用中被牺牲了。在通常的应用中，"修正看法"的立场往往是这样视角，事物从这一视角实际（感性地）如其所是那样**显现**。另一方面，在哲学的应用中，"修正看法"的视角并非事物如其所是那样**显现**的视角。它仅是这样一个视角，事物从这一视角以抽象的方式被讨论或思考,而事物根本不能以这种方式感性地显现。贝克莱曾对此愤愤不平;但我们或许可仅注意它而无须愤愤不平。(还应当指出,我在此处提出的现象和实在的对立的通常应用与哲学应用的对立,是相当粗糙的,无法兼顾细节且贯彻始终。)

康德的意图现在已经非常清楚了,**他**对现象和实在的对立的应用,与有科学精神的哲学家的应用非常不同,这些哲学家采取了我刚才描述的那一步。康德自己强调了这种不同,竭力要我们不要认为他们的看法与他在其先验观念性学说中所持的看法相同,而对他们的看法,就其自身来看,他的确抱以同情。[①] 然而忽视他们的看法与他的看法之间的类似是不可能的。康德总是断定,我们之所以仅觉察作为其显现的事物而非作为其自身的事物,根本的原因是,我们具有的直观或觉察的模式是这样的模式:对象**刺激**我们的觉察机能,这样对象与机能由之联合而产生我们事实上具有的表象、"感觉"、或特定的觉察经验。他总是把这个关于我们的觉察或直观模式的事实,与他通过说"我们的直观模式是**感性的**直观"表述的事实等同起来。这恰恰是因为这些评论,从其自身来看,提醒人们具有科学精神的哲学家那些自身看似不那么荒诞的学说。仅当我们把这些评论与认为空间和时间及在其中的所有事物都处于现象一端的学说联合起来时,这个提醒才似乎陡然变得不相干了,与具有科学精神的哲学家的学说的比较才似乎纯为误导;这是因为将结果之因致的科学解释建立在对

---

① A29-30/B45,A45-6/B62-3。

象刺激感官和神经器官的之上的洛克式学说，把对象自身（以及我们的接受器官）看作空间－时间的事物。

然而，如果这个比较必定是误导的，那么它也是不可避免的。这是因为当我们读到，我们谈论一般的空间和时间时，我们真正理解的，只是我们以某种方式被不是空间和时间中的事物刺激的能力或倾向，我们只有将这个说法与有科学精神的哲学家如下所说意谓的对象相类比，才能理解它的意义：我们谈论事物的颜色时真正理解的，只是我们以某种方式被不是有色的对象刺激的倾向。所有这些谈论对象刺激感性的接受机能时所用的术语，似乎都属于具有科学精神的哲学家的学说，这一学说就其对这些术语所做的应用被当作完全不充足的而被拒绝。并且该拒绝看起来至今也没有给我们"现象和实在对立的有意义应用"的要求如何能被满足的线索。给定了这种拒绝，如何能确定"修正看法"的立场呢？如何能以如下方式确定这个立场呢：根据这一方式，对象显现和对象自身的指称的同一性是可理解地得到确保的？

康德并未完全没有回答这个问题或这个问题的第一部分。他的确有保留地着手确定"修正看法"的立场。的确，这种确定对他而言隐含于何以我们在知觉中仅能觉察对象的显现而非对象自身的**一般性**理由中。这一理由是我们的知觉是我们被对象**刺激**的产物；而且这一理由对所有依赖对象的存在的知觉模式皆适用。（"我们的直观模式依赖对象的存在并**因而**仅当主体的表象机能为对象所刺激才是可能的。"[①]）由此修正看法将是"非感性的直

[①] B72。

观"可及的看法，此直观不是被动的或接受的，而是主动的、自发的、本源的；在这种觉察模式中觉察机能不为对象所刺激，因为它创造出了自己的对象。康德常常说我们不能理解这种觉察模式的可能性①：一种重要的保留意见。"修正看法"的立场是就被承认为我们不能真的理解而言被给予的；至于使"指称的同一性何以能被确保"成为可以理解的任务，就更有理由说是不可能的工作了。

　　康德未能满足"事物真正之所是和事物之所显的对立"的有意义应用的条件——他确实不仅在这个对立的应用上，而且在与此相联的因致概念的使用上违背了自己的意义原则，这一点应是足够明显的。我们的任务是试图去解释，如果我们能解释的话，我们已注意到的惊人的对应，以及这种对应甚至更加惊人的失败，事物刺激机能的整个术语的异乎寻常转换使整个术语完全超出了其可理解的应用的范围，亦即空间-时间的范围。或许我们所能做的只是重提康德早期关注的"理智世界"的观念，并且指出他认为他已发现了唯一正确的方法，可以既把它和现象世界联系起来而又把它和现象世界隔绝开来，用如此的方法，道德、经验科学、数学和革新了的形而上学的关切同时都得到满足。但是，这样或可说一点一点地更加切题了。

　　康德思想异乎寻常的普遍性与他承认的可理解性的限制一直处于张力中。他评论说，我们不能把握异于感性直观的其它直

---

①　他曾说，"就我们所能判断而言"，它只能属于上帝、原初的存在者（B72）。

观的可能性。他不谈"各种感性能力",如我们可能枚举地,甚或一般地理解的这个术语。他想说的是,就我们能把握的可能性而言,"觉察到客观存在的事物"的思想的最一般的形式包含着把这些事物当作独立于我们对其觉察而存在的思想,并因之包含着把我们对之的觉察当作依赖这些事物与我们具有的不拘什么觉察能力之间的关系之思想。它们必须在我们的觉察能力方面**刺激**我们。感性直观的这个一般原则是独立于我们就感觉–知觉的因致机制的任何经验发现的。经验就是从这种刺激关系中出现的东西,而且我们在经验中做出的所有区分都是在从这种关系中出现的东西之内被做出的。然而**一般**感性、**一般**觉察能力必定有"真正的关联物"、物自身,对于它在经验内绝无可能提出或回答它是否是事物自身的问题。① 但是,再一次,因为我们做出的所有区分,我们使用的所有的概念,若要被有意义地使用,必定会找到经验的用法,必定具有应用的经验标准,感性直观的一般原则中所用的概念必定会在经验中找到替代应用。这样我们必定有我们自己可用的客观物概念,这些概念把某些现象当作是独立存在的事物,并构成我们的图像、科学的图像:主观印象因致地依赖事物与我们的机能。

在此我已尽力表明,原则的朝向无限一般性的冲动如何在应用中遇到了可理解性的限制的要求,以及康德对其作用的处理又是何等不当,尽管这一处理有其卓越之处。这自然是因为我们对独立存在的事物的任何知觉觉察都是因致地依赖那些刺激我们

---

① 参见 A30/B45。

具有的不拘什么觉察能力的事物,这个一般原则是可接受的;而且我们给予它的经验内容也是可接受的。后者仅仅是特定的形式,它随着知识的推进不断被填充,也就是说,这是一般真理假定的。但是康德不恰当地、不一致地给了这个一般原则过多的荣誉,把它看作陈述了一个建立在自身之上的真理,即这样一个真理,在任何世界可给予这个原则的经验内容都不能成为这个真理的一个特定的例示或例子;因而这个真理必定有其自身的、非经验的应用领域,而从我们这一面说,我们必须要满足于在经验中用实则仅为其影子的东西来表象它。

至于说到康德为何被这样不当的学说所诱惑,我们就必须再一次提到他早先的关注,以及他所设想的伦理的、形而上学的和科学的关切。

6. 先验唯心论和经验实在论

上一节的主题和本节的主题是互相渗透的。我们将讨论的是康德的这个主张:先验唯心论是"经验实在论"。

康德对经验的分析稳步推向的结论是:一个使用概念的和潜在的有自我意识的存在者的经验必定包含对对象的觉察,这些对象被设想为不依赖对其觉察的特定状态之发生而存在、并具有它们自己的状态和关系。对于我们而言,这些对象是空间对象,是处于空间中的物质物体。因此远不是必须做可疑的推论,即从我们的内知觉推出其原因的空间对象的存在,相反我们的作为对内知觉的意识,只有通过对于空间中对象之存在的直接意识才是可能的，这种空间对象与我们对它们的知觉是不同的。

这确实是某种二元论的实在论。康德核准了这些名称。它仅是一种"经验的"二元论，一种他正提出的"经验的"实在论。这种核准伴随着否认空间物体是物自身。有时我们或许会认为这种核准、否认，不过是对关系到物质世界的意义原则的再肯定，不过是如下的主张，即若我们探究"我们感觉能力的作为其自身的对象，就是说，它们在与感觉能力的关系之外之所是"的本性，[①]我们提出的问题将没有任何意义，而该主张并无进一步的形而上学隐含意蕴。我们已经清楚地看到持这种解释是何其困难。在"感性论"的断言中，在"演绎"和"类比"的论证中，在对"辩证论"所提问题的解决中，我们发现一种反复出现的说法，即空间中的物体由于仅仅是现象，因而并无不同于我们的表象或知觉的存在，即空间中的物体仅仅是表象或知觉中之一种，即它们只是我们的知觉。不错，在"演绎"和"类比"关乎客观性的论证中，我们能够将这个学说展示为对于推理的本质结构来说是多余的，将之看作一个多余的轮子，飞快但徒劳地转动着。但这并非康德的看法。而且在对数学二律背反的讨论中，变得非常清楚的是，在康德理解的自己的解决中，这个学说扮演了不可或缺的角色，然而同样变得非常清楚的是，该角色也给康德这样自由地使用集合性的"我们的"直截了当地带来了问题。

这个被宣示的空间物体和意识状态的二元论真的能与现象主义唯心论（它似乎为先验变种所包含）相调和吗？我们在尝

---

① A380。

试回答这个问题前,稍细看一下第一版讨论"第四个谬误推理"时,康德是如何运用这种被包含的现象主义的唯心论解决两个问题是值得的。所要讨论的段落概括了我无须再去雕琢的陈述,它们含有坦率到令人震惊的对被包含的现象主义唯心论的肯定。如果这种学说仅仅在此被肯定,我们根据康德在第二版中为了"对唯心论的反驳"而删除了这些段落——它们显然和"对唯心论的反驳"绝对不相容——可直截了当地忽略这些段落。但是这个学说在其它地方经常被肯定使我们没有任何理由不相信康德宣称的,他删除这些段落是因为他认为它们被他的批评者误解了,而非因为他认为它们是错误的。

  关于物体存在的怀疑论构成了这两个问题中的第一个。这种怀疑论的根据在下面的简短论证中被给出。唯有在我们之内的事物,即非推论觉察的对象才能被直接地感知。因而物体、外部对象存在的信念不能得到辩护,只能作为一个可疑推论的结论而被接受:从我们之内的知觉的发生推出物质、外部对象的存在,而这些知觉被看作是外部原因的物体的结果。① 康德的解决陈述如下。物体不过是我们的表象或知觉中的一种,亦即我们区分为属于外感的,即可空间地被排序的事物。因而我们可承认物质的存在,不是作为推论出的,而是作为直接地感知的不超出意识的内容。② 当然,存在着假象,即显然是外感的表象,它据相应的经验法则,并不和其它表象连接。但这不意味着我们并不直接觉察物

---

① A367-8。
② A370-2。

体。这是因为说我们直接觉察到物体就只是说我们具有外感的表象，这些表象是据相应的经验规律相连接的。①

第二个相关问题涉及物体对心灵的作用。所问的是本质上是空间的和广延的物质如何能通过其作用（它只是运动）造成如此完全不同的结果，即本身不是在空间中的意识状态、表象、思想、感受和知觉。②康德给出的回答为：这是一个完全错误地设想的问题。因为物体并不是在种类上不同于表象的。它们只是某种类型的表象。我们为自己造了一个并不存在的困难。说"物体因致了我们关于物体的表象"至多只是以误导方式说出如下内容："我们感性的表象是如此互相连接的，以至于那些被命名为外直观的表象可根据经验规律被表象为外在于我们的对象"，而该说法乃是这样一个真理，它"完全没有包含那种假定的困难，即如何解释处于我们之外的、完全不同类别的效力因的诸表象的来源"。③物体对心灵的作用的其它问题并未呈现更大困难。这是因为物体再次仅是表象或意识内容之一种；而且不同种类的表象及不同种类的意识内容间的类似规律的关联也没有什么怪异之处。"只要我们将内部显现与外部显现均当作经验中的单纯的表象，那么我们便发现不了任何荒谬的东西以及那种让两类感觉能力的共存变得令人感到奇怪的东西。"④

那么，"物体仅为**表象之一种**"的学说如何能与"我们直接

---

① A376。
② A386-7, 390。
③ A387。
④ A386。

觉察的空间对象为**不同于我们的知觉**的存在"的学说相一致呢？康德唯一的可合理地提出来的方法似乎影响了这种一致。所需的是区分"物体是不依赖知觉而存在的吗？"这个问题的两种含义：它在我们在经验中所用的概念图式中提出具有的含义，以及在整个批判哲学的语境下提出具有的含义。批判哲学关注经验分析部分的结果之一是表明，我们**必须**借助客观事物的概念联接我们的各个直观，而客观事物是不依赖我们的知觉而存在的，我们把那些直观当作对这些对象的知觉。如果这种必然性对一种经验不能成立，它就不能够算作可能的经验，算作我们能使之对我们是可理解的经验。只要我们的提问、回答是在经验中我们必然使用的观念图式框架内提出、给出的，对我们问题的回答必定是肯定的，而且对它的肯定是理所当然、不值一提的。

但是康德必定坚持，批判哲学家达到了超然地对待这个图式的地步，而他作为关注经验问题及其回答的存在者完全赞同这个图式。这个超然的视点既是我们由之意识到这一图式的必然性，也是我们的问题由之具有不同的意义并且要求否定的回答而不是肯定的回答的视点。我们根据这一视点具有的什么是真实的存在的标准完全不同于我们经验地使用的标准。用批判的标准来判断，真正存在的只有一面是我们的知觉或表象之先验的我们不知的原因；另一面是这些原因的结果，即表象本身。我们没有"达到"前者，我们"达到了"后者"自身"。在这个图式中，没有真实存在的物体的位置，尽管有而且必然有如下这个概念图式得以运作的位置，而该图式包括"我们对物体的觉察不同于我们对物体的经验"的**观念**。

因此讨论"物体是不依赖知觉而存在的吗?"的问题时,必定要讨论"物体因致了我们对它的知觉吗?"这个问题。从我们经验地使用的图式的视点来看,回答必定再次为"是"。我们经验地研究这种因致的物理的和生理的机制。但是从批判图式的视点看,回答必定是:物体只是知觉,而且知觉的真实原因是未知的先验对象。

对我而言,没有必要重复前面对这个学说所做的批判。在先验唯心论的理论框架内,论题"我们觉察到的空间中的物体不同于我们知觉的对象"与论题"空间中的物体没有我们的知觉之外的存在"之间,存在着调和的可能,但这个事实无力补足先验唯心论缺乏的融贯性和可理解性。但我们也许可做一两则不同层次的评论。

首先,康德在第二版删除了此前他讨论"第四个谬误推理"时所采取的能解决问题的处理,相比于误解的风险这一删除看起来有更充分的理由。当他自己的论题使其认为原因和结果之不同的程度同等的时,把假定的外部原因跟内部结果的不同当作问题的现象,外在于空间和时间的先验的原因,和时间的结果,时间中的表象,这不是虚伪吗?再者,当他认为我们必然接受一种概念图式,其中的一个统摄的原则是我们**直接地**觉察到不同于我们对之知觉的空间物体,把他对怀疑论的唯心论提出之问题的解决,当作对一个真问题的真解决,这不是虚伪吗?若他在第二方面不是虚伪的,他不是必定不能持这种左支右绌的观点,认为若经验是可能的,我们必定经验地承诺一种本身是不融贯的概念图式?

这最后的后果也许是康德准备接受的；而且他或会指出他对数学的二律背反的处理支持他接受。但是我想至少在当下的关联中，他能拒斥这种备选项并反驳两种对其为不真诚之指控。这是因为他承诺了一个首要的原则，正如我们已看到的，这个原则是说，我们具有的任何知觉都不依赖于独立存在的、作为其真正原因的对象，这些原因能产生这些对象之真正所是的知识。他会认为怀疑论的唯心论者的论证、那些不能忍受"物理影响"的人的论证，代表着对这个真理的模糊把握：就这些论证都关涉拒斥如下思想而言，认为我们甚至能**知道**我们知觉的真正原因在空间和时间中独立存在的对象，乃是对这个真理的模糊把握；就这些论证都不认为空间和时间中的物体除了真的独立于我们的知觉而存在之外还有其它状态而言，乃是对这个真理的模糊把握。从这个观点看来，这些论证不单是提出了伪问题。毋宁说，它们体现了对两种概念图式，对批判的和经验的概念图式的混淆。这种自然的混淆自身构成了一个真正的问题，而这个问题可通过区分开这两个概念图式并承认每一种有其自己的有效性去解决。

其次，更重要的是，我们必须问，当我们抛弃了先验唯心论学说，"经验实在论"的情况会怎样？当然，情况会发生变化。为得出关于经验的必然结构的结论而进行的分析性论证必须凭其自身的价值被评判。若我们接受了关于经验的结论，认为经验必然关涉到对"被设想为在时间中不依赖任何对其觉察之特殊状态而存在"之对象的觉察，那么我们必须无保留地接受它。对于"这种对象是否**真的**独立于我们的知觉而存在，就像我们必须经验地设想它们存在那样"这个问题，我们没有任何外在的标准或图式使我们能给它一种神秘莫测的意义。这个问题只能根据我们所承诺的图式去理解，根据这种图式它只承认一种常识的回答。哲学的成就在于表明这个回答不仅是常识的回答，尽管它是常识的回答。哲学的成就在于表明在我们能形成的任何可理解的经验观念中这个常识的位置，在于表明它占据着这样的位置，即便我们把这种经验观念推到了其崩解前所能达到的抽象化的极致。

或曰，若我们抛弃了先验唯心论的学说，我们不仅抛弃了与超感性实在的观念相连的不融贯（超感性实在必定与自然世界既连接又隔绝），而且剥夺了我们解决问题的能力以及助力分析性论证的能力，而该能力是被康德归于现象主义唯心论的。但是失去这些是毫发无损的。我们已经注意到了这个学说对于解决"二律背反"最终是无效的；我们已经多次看到它对于分析性论证是多余的；并且分析性论证本身并未借用属于先验唯心论理论的原则就剥夺了第四谬误推理之伪问题的所有力量。

最后，我必须提一下这种可能性，即或有辩难曰，我所说的康德的调和"既否认又肯定物体的确定在"的方法，实则就是他完成这种调和的方法。有人会力主，当康德宣称物体为表象之一种在我们之内时，他并无意否认物体真的不同于我们对它的在空间中存在的知觉，即便是根据先验唯心论的图式。他仅仅意在肯定物体在空间中的存在是先验主体被事物自身刺激的产物。从论证来看这似乎非常明显不是康德的看法。他归于"物体不是事物自身"论题的解决问题的能力中，将并无任何东西甚至在表面看来属于基于这种解释的论题。而且，这个论题会生出它自己的问题。例如，我们不得不回答这样的问题：我们对空间中物体的知觉，是被事物自身刺激的直接产物，还是被空间中物体刺激，在我们的经验构成中的产物？前一种回答要求康德明确拒斥的前定和谐论题，后一种回答要求我们具有"我们知觉的真实原因"的知识，而这个论题也是康德明确拒斥的。

7. 形式概念和意义：经验和实在

在共同形成了先验唯心论的形而上学的学说中，我们尚未发现，且不会发现任何既保留又解释的情况。但是与这些学说的某些学说模糊地类似的一个或两个真理也许能被看到，抑或作为其含糊的回声被听到。联系着"现象和本体"一章的主题，它们能被最好地看清、听明。

该章的结构相当简单。起初它着重陈述了意义原则。概念在判断中的运用本质上关涉到其可能应用于对象——最终应用于本身为非概念的对象——的思想。概念可应用于对象的一般条件本质上关涉到我们觉察对象的一般条件，即关涉到我们直观的模式。我们直观的模式是感性的、空间-时间的。我们在经验中在空间和时间条件下觉察对象。我们不能使我们的概念脱离其应用的条件同时有希望保留其在记录或推进关于对象的知识中的有意义的使用。唯有应用于可能经验的对象，概念才有这种使用。我们必须首先铭记这种真理适用于范畴，适用于知性的纯粹概念，而范畴、纯粹概念确保经验内容的统一，若没有统一，经验的客观指称将是不可能的。①

就范畴而言,康德继续写道,"我们屈从于一个难以避免的假象"。②范畴在一种意义上"延伸到了比感性直观更远的地方,因为它们思维一般对象,而非还关注着它们可能被给出的那种独特的模式"。③既然通过先验唯心论的形而上学的整体结构,我们承诺了一般对象的观念,这种对象是独立于我们的感性直观的对象自身。那么我们就会屈从于一个诱惑,一个假象,假定范畴为我们提供了概念资源,通过纯粹思想,去达成关于对象自身的有效结论。

破解这个假象需要提醒我们自己,我们不能脱离觉察"概念应用于其上的对象"的条件,得到概念的有意义使用。但是,任何关涉感性的觉察,即任何依赖于被独立存在的对象刺激的机能的觉察,都不能觉察到事物自身。我们的确能对自己说,或许存在一种感性不发挥作用的觉察,在其中知性自己给自己了对象;而且我们能为此等纯粹理智直观的对象引入"本体"的名称。但是当我们这么说时我们一点也不能理解我们所说的。我们不能形成这种直观的观念,或者说我们不能形成能有这种直观的知性的观念。**我们知性的纯粹概念、范畴应用的材料除非是由别处给予的,即通过感性、通过我们被事物自身所刺激被给予,而对于这些事物,由于我们唯有在被其刺激条件下才能觉察到,我们还是对其一无所知,否则它们依然是无用和无效的**。

---

① B294-305。
② B305。
③ B309。

康德的思想深入触及了此处暗示的神秘基地,追踪伴随着康德思想的这个论争将是徒劳无功的。我们也许会想到,康德主要关注道德和宗教时,认为如下这个学说是合法的表现出的焦虑,这个学说认为通过范畴我们得不到超感性对象的**知识**,同时又主张:我们无论如何可合法地借助范畴**思考**这种对象;并且我们会纳闷这一主张如何能与当下这一章及随后"说明"中的学说相调和,这一学说认为非感性直观之对象根本不能通过范畴得以知道,①范畴不"适合"于这种对象②或对这些对象并不"有效"。③康德主张尽管我们不能把握非感性直观的可能性,但关于这种直观的理念,及其非感性的、本体的对象的理念却是不矛盾的。④当我们在其结论性的"说明"中读到他对莱布尼茨的批判时,且是一如既往地漂亮的才华、切中要害的批判时,我们会对这一主张感到奇怪。莱布尼茨是犯下了康德所谓之独断形而上学原罪的一个绝好代表。他肯定抽象的关于对象的真理,即抽去了感性直观的空间-时间条件,而事实上唯有这些条件才给我们关于对象的讨论以意义。这种谈论纯粹理智可及的、完全非感性的对象的诱惑,正如康德指出的,很自然的后果是,只有假设莱布尼茨并未真的讨论与概念对立的对象,而只是讨论了概念本身,他所说的大部分才是融贯的。康德再次肯定,对于纯粹理智可及的对象(和概念对立)的知识,我们将要求我们无法把握其可能性的东

---

① A256/B311-2。
② A287/B343。
③ A286/B342。
④ A254/B310。

西，即非感性的、纯粹理智的直观。相反，我们或许想它是否不是我们能够把握其不可能性的某物。这些语词决不能意味这种直观的对象既必须具有又不具有属于一般概念（或属于数的抽象个体）的抽象特征吗？

最好从这些徒劳的推测转向努力领会我谈过的那些含糊的回声。范畴被说成"与感性直观相比，延伸到了更远的地方，因为它们思维一般对象，而非还关注着它们可能被给出的那种独特的模式"。① 我们记得批判的装备具有的诸多特点：被严肃地坚持的能力二元性；从逻辑形式出发对纯粹范畴的形而上学演绎；"图式论"采取的进一步的限制步骤，通过时间的解释范畴获得了其经验的使用和生命。我们已看到在此有多少东西会引起疑问。但是在此也有某些要保留的。有一些我们或可称为"形式概念"的概念，它们共有某种至少类似于康德归于纯粹范畴的某些特点。它们包括如下一些概念：同一性、存在、类和成员、性质、关系、个体、统一性、总体性。

完全属于形式逻辑的一般演绎能被断定存在于形式概念的领域：例如，从任何说"某个个体具有某种性质"的断言推出"具有那种性质的某物存在"的断言。这种概念也**被应用**、**被例示**在不属于逻辑的经验命题中。同一性的概念**被应用**在所有同一性的直接陈述中；个体和性质的概念**被例示**在说"某个特定的个体具有某种性质"的所有陈述中。当然，形式概念在经验命题中的应用或例示取决于存在于其它的非形式的经验概念，如个体的

---

① B309。

性质、类之应用的**经验**标准。但是我们无法预先确定在形式概念的非逻辑陈述中，何种经验标准是其应用和例示中可容许的。我们无法预先对可能的形式概念类似物强加任何限制，这些类似物或会容许形式概念以我们此前根本想象不到的方式得以应用和例示。在非逻辑陈述中形式概念的任何应用、例示，必定存在一些条件，这些条件直接或间接地与康德所称的直观（即对本身不是概念之对象的觉察）相关联。但是这些条件是不能预先被我们实际的知识、经验的范围所限制的。

对于范畴，康德评论说，它们的意义不被感性直观所限定，这是因为"它们思维一般对象，而非还关注着它们可能被给出的独特的模式"。对于形式概念我们或可做类似的评论：它们的意义不被我们事实上在其应用和例示中使用的经验标准所限定。康德的评论还伴有这样的警告：我们决不可由此假定 我们能不考虑对象的感性觉察的条件而有意义地使用范畴断言对象。我们或可发出一个类似的警告：若没有其它概念应用的经验标准的使用，给"断言所关涉的形式概念之特殊应用或例示"以具体内容，形式概念就不能被有意义地用于做非逻辑的断言。康德警告的紧迫性源于他关于"事物自身"的信念，若它为觉察的对象（作为自身）的话，它将是一种特定理智直观的对象。感性的界限与实在物的界限并不重合。警告的要点在于，我们绝不可认为我们能跨越这些界限而在范畴的帮助下得到非感性对象的知识。

在这一点上，回声变得更含糊了；但它并未完全消失。我们或可说，实在物的界限的确和我们事实上有的感性经验类型并不重合。我们绝不可假定实在的本性已为我们具有的关于它的知识所穷尽。假定这一点是一种收缩的独断论，它与声称要得到超越经验的知识的膨胀的独断论一样都是不可辩护的。后者做出一种无法辩护的**先天**主张将知识扩展超出经验之外。前者做出了一种同样无法辩护的**先天**主张把实在限定于我们事实上具有的经验的界限中。

当然，在抗拒这种收缩的独断论时，在允许客观实在概念超出我们现有的感性经验时，我们并没有像康德那样区分客观实在自身、事物自身与我们所知的客观实在、我们所经验的事物。独断论的立场认为尽管我们不是知道所有事情，我们至少知道要去知道的真实存在的每种事物的所有东西，我们在拒绝这种独断论的立场时，我们不必否认，我们知道关于某类真实存在的事物的某些东西。例如，我们所作的是谦恭地承认，正如对于一个盲人来说否认他们经验的事物具有他们未经验到的性质是愚蠢的那样，对于能看到的人来说否认若有更多的感觉器官，他们有可能在对象中发现目前情形下他们不能对之形成观念的性质同样是愚蠢的。此外，一个习见的真理是，在科学的推进中，不仅新型性质的存在，而且新型个体实体的存在都得到了承认。（我们有时，尽管并非总是，用发现了更常见个体的成分、组成来表达这种结果。）仅因为我们当下不能形成它们的观念，就认为不能有进一步的发现，显然是同样愚蠢的。而且不仅仅在日常经验和理论构造给出的这两个非常肯定的方向上，对收缩的独断论拒绝还留有余地。我们没有理由，也不会有理由**先天地**否认发现不同种类的客观实在之可能性（当然也无理由去肯定之），这是一种我们不易类比的可能性，例如一种新的感觉器官或一种新的科学理论所发现的客观实在。我们唯一可以坚持的是,实在的任何更进一步的方面必须是与我们已知的方面有某种系统的联系。

承认**这种**客观实在的概念来限制声称"实际的感性经验(以及基于这种经验的实际理论)与实在物的范围是重合的",如我已评论的,与采用康德的"事物自身"的观念是截然不同的。这种分歧延伸到形式概念、范畴各自与起限制作用的"实在物"理念的关系的角色上。如我们已看到的,康德似乎否认范畴可应用于作为非感性直观之对象的本体物、实在物上。这与形式概念和谦恭地设想的替代本体物的东西之间的关系迥异。承认这种谦恭的观念就是拒绝独断地否认"关于新的**个体**、**性质**和**关系**的知识,以及**同一性**的新应用"的可能性。这恰恰是把这种形式概念看作是能够在非逻辑命题中承认新型的使用和例示的。

此外还有一个相似点。康德在这一章中主要是坚持,必然承认超越感性经验的实在绝不是开启了一个超验形而上学的领域,尽管纯粹概念的开放特征或许欺骗我们持这样的信念。同样,承认实在的观念不是被我们实际具有的感性经验所限的,并没有开启超越了基于经验的理论(或形式科学)的领域,在其中形式概念有其成果丰硕的运用。我们取代本体物概念的那个谦恭概念真的具有康德所主张的本体物概念的那种否定特征。它仅仅意味着:我们对实在自身的这些方面(如果有这些方面的话)没有任何观念。

在康德反思"纯粹知性"的本性的地方,我们发现,把形式概念所有的无限的一般性,看作是它们的基本范例在经验中不断推进的类比和扩充的结果,是更为切实的和更少危害的。无论如何,在认识到形式概念的无限的一般性;在认识到实在概念必定被允许"超出我们实际的感性经验的限制";在警告不要假定这两种认识打开了形而上学的领域;如果我们选择这样做的话,在这些当中我们或许会看到与某些属于先验唯心论形而上学的论题无可争议的和确定的形似。

最后,必须补充说,康德对于支撑起其警告的原则的阐述,对于对"关于对象或实在的某些方面"有意义断言之条件的描述,是粗浅的、狭隘的。这种描述总是根据**直观**一个对象、方面的模式之必然性形成的,该对象、方面以这种模式**给予**我们。这些短语会引起一些困难,例如科学中"不可观察的"存在物。依康德的思路,一个部分的回答或许是这样,就这种存在物被设想为空间-时间的而言,它们由之落于康德提及的我们的感性直观模式的范围内。这个问题是康德在《批判》中极少提及的,而就他提及的而言,他所说的提示了一种不同的回答。在我们知道"遍布于所有物体的"的"磁性物质"的主题上,他的说法听起来有点像洛克那样痛惜于我们没有显微眼:"如果我们的感觉能力变得更敏锐,那么我们将也会在一个经验中遇到关于该物直接的经验直观。"① 这就是说,所讨论的事项被看作原则上是可直接观察的。两种回答看来都不特别令人满意。例如,空间位置的概念似乎跟深层心理学的存在物关系甚微;而就直接观察而言,什么被算作或者是否有可直接观察对象的问题,看起来经常被有些任意地决定的,或是无足轻重的。

那么,比康德给出的所有回答更加充分的回答,被要求去回

---

① A266/B273。

答如下问题：我们应当如何描述概念的有意义使用的条件，而该条件被大略地表述为概念必须这样被使用，以便在可能经验中有其应用。我不会尝试回答这个问题。不过，更充分的描述必须提供的主要条件可被指示出来。我们将通过指出如下一点来开始，对于已建立的、没有问题的概念的应用的可观察标准，我们在解释它们意味什么上没有什么困难。这样我们会注意到，为了使新引入的、成问题的概念（或扩充的概念）能有有意义的使用，能够陈述或指出"概念在其中应用了的可观察的情境"之种类这一点就是必然的——这不是说其**对象**必定是可观察的。进一步必然的是，概念在这种情境中的应用会具有这样的后果或结果，即其不仅是复制了已建立的、无异议的其它概念之应用。这里的诱惑是去说"可检验的后果或结果"；而且这种补充，尽管需要进一步的阐示，就我们关注的我们所称的科学概念而言，无疑是在正确的思路上。但是我们或许也可说是通过学会重新看待世界，在跟自然科学无关的方式、方向上，来扩充我们关于世界的知识，来扩充、修正我们的分类或描述。而由之而来的后果将更多地关系到我们经验的本性，且将更多地关系到我们在经验中建立的联系，而非关系到这种可能性，即我们将会采用的检验是可确证或不可确证的。

8. 结论：经验的结构

这一与先验唯心论其它学说交织在一起并依赖它们的理论，在康德看来似乎构成了与天文学中哥白尼式革命相似的哲学思想革命。依据现象合乎我们表象的模式、合乎感性和知性的形式，他声称只有这一学说既解释了几何学和一般纯粹数学的可能性，又解释了在"分析论"中进行的旨在确立经验的必然结构的整个规划的可行性。

这一声称的后一部分已被简短地讨论过并被摒弃了。但是有人或许会感到这一摒弃至少留给我们了一个未解的问题。如何能确立必定展示如此这般的普遍特征的经验？我们或会回答说这正是如下这种说法的缩略形式，即对于没有显示这些特征的一类经验，我们不能形成一个融贯或可理解的观念。但是这种更谨慎的表达只是引起了更进一步的问题。若我们不能形成的话，那么我们如何解释我们"不能"的事实？而且，任何特定的特征都是我们能形成的融贯的经验观念中的不可或缺的元素是通过什么论证显示出来的呢？检验这种不可或缺性的东西是什么呢？

现在如果有人**泛泛地**问：对于能被设想为构成了一个可能经验的东西，为什么应存在限制，我们会认为他的问题是荒唐的。因为这就像这样来提问：先说"经验或许是这样……"，接着把语词以不融贯的方式联在一起，问这是如何可能的。因而，任何问为什么我们能够形成的融贯的经验观念都存在限制的问题，必定是在问为什么存在**这一个**或**那一个**限制。而且现在我们可以看出，这样的问题所问不能与在论证和检验中被问及的是完全不同类的。这是因为非常清楚的是，我们或可指望完全外在于我们的经验的事实来找到关于存在这个或那个限制的解释这个观念是无意义的。（这就是为什么我们确实可以摒弃康德的"模型"，不论他的论证事实上并非仰赖该模型。）

通过这类论证、检验某些特征显示为是我们能形成的任何融贯的经验观念中不可或缺的，关于这类论证、检验还存在一个问题。在此我们或可从这个评论开始，我们关心的是使用概念或进行思维的存在者时间上延续的经验。这个观念是通过援引我们现实经验的一般特征而被填充和充实内容的，而这些特征是展示在不断推进或相互依赖的关系中的。这样，我们从概念化活动的必然性推进到经验的自我反身性，推进到客观性和自我意识的潜能性，推进到客观的时间关系和主观经验之时间关系之间的区分，推进到客观时间关系在其中得以保持的持存框架的观念，推进到可再辨识的特定对象的观念，推进到因致法则和规则性的观念，推进到空间中合规律对象的观念。这个统摄性原则乃是，任何已被承认是这个一般观念的必然元素的，必定被提供经验中的基础，必定反映某种区分，例如能够实际地在经验中划出的区分。若这个统摄原则被接受，并且某一特定特征被承认提供了这类特征被承认是普遍必然的基础，那么，这个特定的特征只有在使我们能理解另一种可能性时，其必然性才能被有效地挑战。有效挑战的可能性是通过最大化条件的陈述的**一般性**，同时将与康德某些原则严格的**普遍性**明显相对的粗疏或含糊引入该陈述中。无论如何，正如已被充分指出的，在某些点上或可有效地提出挑战，尤其在关于如我们日常所理解的空间性，以及客观物的持存框架的单一性上。

有人可能会问：难道不能比在此做的更进一步推进这个事业吗？或者：康德如此严格地区分我们本性中认知或"思辨"方面跟行动或"实践"方面不是犯了错误吗？也许能够更进一步，而且他无疑已经这么做了。我的意图是显示他取得了哪些成就以及他的论证和结论能如何被修正得更可接受。他是在自我强加的重负——尽管其本身不是一桩值得庆祝的事——下进行活动的，这使他的所得是如此之多显得更为引人瞩目。

当然最后或许会有这样的反驳：我们有比此处所允许的更广泛且更少约束的**一般的**可能经验的观念，甚至有一个使用概念的存在者的时间地延续的经验的观念。当然，声称进入我们真的（即使仅仅是隐含地）能形成的任何融贯经验观念之列的各种观念都进入了所有经验中是荒唐的。婴儿和非人类动物确实有经验，这是不可否认的。但是我们必须思考，我们是如何以及我们必须如何思考这些被造物的经验。除非按照与我们的方式的简单类比，我们没有其它方式可以这样做。我们将经验归于动物的任何特定归属都关涉到把动物看作在感知这种或那种事物，在认知这个或那个个体，在与这些事物的关系中追求这个或那个目的。关于**它们的**经验，我们能给出的任何描述，我们能具有的任何思想，必须根据来自我们经验的概念。如果我们愿意的话，我们可以说在这些思想中，这种归属必定带有某种混乱、衰退或减弱的意义。但是我们必须承认我们无法说出这个意义是什么。我们得以凭借的充其量是对我们自己混乱状态的冷静回想；而且当我们省悟到说在正常情况下一个健全的动物不辨黑白是荒唐的，这个资源的不充足就变得一清二楚了。

在这桩事务中，我们必须满足于知道我们自身。没有了它们，我们缺乏谈论事物是什么的语词。

第五部分
康德的几何学理论

康德的几何学理论

本书在此前部分已关注的重要事项在结尾部分将不再重述。下文实则是一个附录。它的宗旨是兑现第二部分中的一个承诺，就是评判康德的几何学知识之源的"纯粹直观"理论，同时展示它和关于空间的先验唯心论学说的联系。我们已看到，就"先验感性论"而言，空间的先验主体性的学说依赖的明显支持只是几何学论证所提供的。

1. 康德的理论与批评者

陈述康德的来自几何学的论证，要比理解它容易。他说，几何学给我们提供了一组命题，这些命题结合了经验命题的一些特征和分析命题的一些特征，但它们本身既非分析的也非经验的命题。经验、通常的经验直观，能提供不是分析地联结的特征联结起来的命题的基础，也就是综合命题的基础。但是建立在这样基础上的命题不会有必然命题的特征。另一方面，只有通过断定不自相矛盾就不能否认的东西，我们才能得到必然命题；但这仅仅是断定了分析性联结的必然命题，即仅仅是断定了非综合的命题。几何学命题结合了综合的与必然的特征；因而它们是既非分析的也非建基于经验直观的。它们不能把它们的综合特征归于它们建基于**某种**感性直观之上，并把它们的必然特征归于这种直观的非经验性之上吗？康德主张如果我们接受了空间仅仅为属于我们认知构成的直观的形式的主观性学说,那么看出以下这些就不存在任何困难:这种空间直观如何能存在,以及它产生的综合命题如何能被知道以绝对的必然性应用到了经验直观的通常的空间对象。

这样我们就有了"非经验直观"一词;而且我们有了一幅心灵的图像:它在自身中探查对象必定在其中显现在它之前的媒介,而且从这种探查中,独立于对象的现实现象,确定对象显现时必定成立的真理。但是,无论是对这一语词,还是对这一图像,都很难给其以清楚的含义。

大多数康德的现代批判者或许会说,试图给这一短语或这一图像以清楚的含义是在白费功夫。他们有可能会说,这一短语和图像都是用来解答一个并不真的存在的问题的:几何学命题的综合的必然特征的问题。按照这种看法,这个问题并不存在,因为就存在的必然的几何命题而言,它们实为逻辑的真理,仅仅偶然是几何的真理;然而这些既是综合的本质上又为几何的命题根本不是必然的真理,而是服从经验的确证或否证着眼于物理空间结构的经验假设。

无疑这些看法至少在很大程度上显得是正确的。然而,并不清楚的是,它们如何确保如此生硬和彻底地抛弃康德的几何学理论是正当的。

为简洁起见,我将讨论一下我刚才总结为"实证主义者的看法"的反康德的看法。我已经指出这种看法容许被称为"几何的"命题也可被看作是必然的方式。这有赖于在一个严格的形式化的几何系统中定理都是通过纯逻辑从公理或公设推绎的事实。

当康德说一切数学的**推论**都是按照非矛盾原则进行的时，他以自己不完全令人满意的方式说出了这一点。它的后果是，与这种推绎的每一步都对应的假言命题都是绝对必然的命题，而且就其必然性而论，它们的确都是纯粹逻辑命题。这些假言命题的前提和结论是几何命题的事实和几何命题的必然性无关。那么，与和它们相联的假言命题截然不同的公理和定理的情况是怎样的？按照实证论者的看法，有两种看待公理和定理的方式。根据第一种方式，我们可以把它们看作是一个未解释的演算中的公式，未解释是说在这个演算中含义还没有被指派给非逻辑表达式。在这种情况下，它们的命题地位的问题根本不会产生，因为它们不是命题。另一种选项是我们认为一种物理学的解释已经指派给了非逻辑表达式。例如，"直线"的标准物理学解释是，它是光在同质媒介中的路径。但一旦这种物理学解释被指派给几何系统的非逻辑表达式，它的公理和定理是否为真的问题就成为一个经验的、事实的问题，该问题可以通过实验、测量和观察而解决。公理和定理是综合的，但非必然的命题。

的确，实证主义者的一种变通的看法容许，如果我们足够确定的话，我们能以一种方式保证公理和定理的必然命题地位。如果有任何观察显示和我们的几何定理相矛盾，我们总可以在定理之外的地方找到错误。例如，我们可以说我们的测量工具是有缺陷的，我们对它们的使用是欠精准的，因此与定理不一致的观察结果必定是不可信的；或者我们可以说，跟我们观察时的假定相反，我们曾认定是直的线并不真的是直的，它们由于一些导致变形的影响而是弯的，以此我们的观察结果其实和定理并不矛盾；如此等等。如果我们采取这种步骤，不愿意设想任何我们应该离开这种看法的情况，那么我们的确保证了我们公理和定理的必然性；但这仅仅是借助没有任何东西可算作证伪了公理和定理这一规则而宣称我们所说的对这种理论的非逻辑表达式的物理学解释是合法的。有人可能会说，这种保障几何学命题的必然性的方式也是一种使之成为分析命题的方式。不管我们是以这种方式应用"分析的"这个词，还是将之称为约定主义的必然性，很清楚的是被这样保障的必然性不要求任何特殊种类的直观：仅仅要求了确定性，以及发明对于棘手的事例的另类描述所得的丰富酬报。

接受对几何学的实证主义解释就是否认存在康德的问题，并且消除其先天直观理论的主要理论支撑。我们应当将接受这种解释与仅仅注意融贯的非欧几何学的存在区分开来，而我们并不总是区分的。由于康德认为否定欧几里得几何学的公理或定理并不自相矛盾，一个康德主义者能够不矛盾地承认融贯的非欧几何学的存在。他不能承认的是与物理空间的实际结构相符合非欧几何学的可能性。这是因为，作为一个康德主义者，他坚持物理空间的结构必然是欧几里得的；而且他坚持的这种必然性（除非至多是约定主义的必然性）正是实证主义者所否认的。无疑一个**坚定的**康德主义者可能不会被一种仅仅和自己的哲学观相对立的哲学观动摇。但是当我们从哲学转向物理学时，甚至一个最为坚定的康德主义者也可能会动摇。这是因为按照现代物理学，空间结构是非欧几何的可能性显得至少不仅仅是可能性。给定某种对几何学的非逻辑表达式公认的物理学解释，使用和欧式几何学的公理和定理不相容几何学理论，显得比采取欧几里得几何更容易处理天文物理学的发现。当然结果和如下这个事实非常一致，即对于小于天文物理学关注的距离的物理空间结构，欧式几何提供了一种足够准确的解释。

坚定的康德主义者和可能会动摇其坚定性的事实之间的关键是什么呢？抛开这种事实，实证主义的看法可能显得既是可理解又是说得通的，然而我们可能会怀疑康德式的看法是否具有这些特征中的第一个；而没有这第一个第二个特征就几乎没有正当性。然而坚定的康德主义者值得论及，因为实证主义的看法忽视了康德考虑的情况的某种特征。正是这些特征解释了坚定的康德主义者的存在，尽管它们并没有表明其主要主张是正确的。我将陈述这些特征；首先我将不加过多限定地陈述，并且在某种程度上当然易受批评。然后我将提到这些批评中的一些并且指出它们或可如何被应对。

2. 物理学的与现象的几何学

让我们抛开如我已经描述过的约定主义——它当然和康德在这个事情上的思想格格不入——再次考虑一下实证主义的看法允许的看待几何学的公理和定理的两种方式。按照这种看法，我们可以把它们看作是一种纯粹演算中未被解释的公式，它们根本不表达关于事物的命题；或者，给定了一种物理学的解释，可以把它们看成关于或可在宽泛意义上被称为空间中的物理学对象之命题。如果我们问康德是以这两种方式的哪一种看待欧几里得几何学的命题的，回答很清楚，哪一种都不能充分表达他的看法。他确实从未考虑过把这些命题看作未被解释的和空间没有特定关联的公式。从一开始他就把它们看作具有空间意义。但同样清楚的是，他并不认为它们具有空间意义的唯一方式是通过具有一种物理学的解释，即通过基础表达式的含义按照**经验**直观的物理对象被解释，这些可观察的或可确定的对象是，比如一条拉紧的线或光线的路径，或用尺子和尖细的铅笔画在纸上的一条直线。他的确认为欧几里得几何学的命题对经验直观的对象为真。但是他相当坚定地认为，为了确定具有空间意义的欧几里得几何学的命题的真理，无须求助于，甚至无须考虑，经验直观的对象。当然在几何学演证过程中在纸上画线（用或不用尺子）有很大的便利。但是这样提供的经验直观的对象并非这个活动的本质对象。它们仅仅是提供来辅助纯粹直观的本质活动的，而**纯粹**直观的对象根本不是物理对象。那么什么**是**纯粹外直观之空间的但非物理的对象（也非物理地可确定的对象）呢？

一种看待这个问题的答案的方式是记住康德说过，"纯粹直观中（空间）概念的构造"是借助于纸上的图形发生的，还是**单纯在想象力中**发生的，并不重要。这是由于视觉的想象并不能给我们提供物理的图形。但它能给我们提供，由于缺乏更好的词汇，我将称的**现象的**图形。（重要的是注意，我对"现象的"一词，和康德在《批判》中的使用并不相同，在那里这个词也用于物理对象。）纯粹直观对象的直线不是物理学的直线。它们或许是现象的直线。当我们看时，它们看起来是直的，它们并非物理对象，或物理学上的边缘。毋宁说它们是物理事物看起来是直的时具有的外观本身。一种物理学上的线或边缘的排列或许看起来是三角形的。但是如此排列的物理学上的线构成的三角形并不是纯粹直观的对象。相反，它们（线）具有的三角形外观，它们呈现的现象的三角形，才是纯粹直观的对象。如果能够存在像一个系统这样的东西，它既非未解释的演算，也非物理的几何学，而是现象的几何学的话，那么，说它在一种意义上独立于**经验的**直观会是合理的。只要我们能够空间地想象，我们就不必为了现象的几何学，援引感性所与的空间对象去检验我们的结果。另一方面，这样的几何学也不会和感性所与的空间对象毫无关系；这是由于想象力的合适运作产生的恰恰就是物理对象在通常的感性直观中**能**呈现出的现象的图形。（的确将不存在理由设定，除非经验直观的物理对象能够并且有时已经呈现这种现象的图形，想象力方能产生它们。）如果存在像现象的几何学这样的东西，那么我们将能合理地说，它将首要地是关于物理事物的空间**现象**的几何学，而且只能次要地是物理事物本身的几何学，如果可以是的话。（在此必须再次注意我是以一种与康德不同的方式使用"现象"这个词，以及"现象的"这个词的，对于康德来说，物理对象本身就是现象。）

如果我们能理解对欧几里得几何学的现象的解释的观念，那么或许康德的纯粹直观理论和在纯粹直观中概念的构造理论，至少在某种程度上，可被看作完全合理的哲学解释。要揭示这种几何学命题的地位，最好是举一个例子。让我们考虑一下在两个点之间只能画一条直线的命题。使我们确信这个现象几何学公理为真的自然的方式是，考虑现实的或想象的一个图形。当我们这样做时，变得非常确定的是，我们既不能在想象中也不能在纸上给我们一个图像，使得我们准备说它既显示了两条不同的直线，同时又显示了这两条直线是从相同的两个点画出来的。这种不可能性常被这样表述：这种公理因为是自明的，所以必然为真。这使该必然性或不可能性的特征未得到充分的解释。我们可通过以下说法解释它：这些公理仅依据它们所包含的表达式所附有的含义而为真，这些含义本质上是现象的、视觉的含义，本质上是可图像化的含义。我们准备给予我们的"两条直线"的含义的任何图像，与我们准备给予我们的"经过相同的两个点画出的两条不同的直线"的含义的任何图像，是不同的，其不同在于，我们把这些表达式意味的东西算作我们所画出的东西的本质。这种图像非但不是几何学的非本质特征，相反恰恰是欧几里得几何学在现象的解释之下的本质特征。

康德的短语"在纯粹（即非经验的）直观中概念的构造"看来不是糟糕的描述，不是对展示和详述现象几何学的表达式的含义的本质方法的糟糕描述。再者，留意现象的解释可以帮助我们看到，发展欧几里得几何学是如何可能的，即便是存在着后来的更为严格的数学家指出的事实：并非其全部定理都能够严格地通过纯粹逻辑从陈述的公理和定义中推绎出来，就如已被论述过的那样。当严格的数学家抱怨说，对于演证和构造的逻辑严格性来说是必然的一个前提被遗漏了时，事实可能是，相关表达式的图像化含义真的排除了所缺失的前提之真的其它可能。例如，欧几里得《几何原本》的第一个问题是设定，一个圆是其半径等同于一条给定的直线，同时其中心是那条直线的一个端点的圆，与具有相同的半径，其中心是给定直线上的另一个端点的圆相交。这个设定并不是通过诉诸明显说出的公设、定义或公理而辩护的。但我们不能给予自己我们准备算作对于以上描述的其余部分的意义是充分的其它图形，因为若如此这个设定就不可坚持。这个描述的意义之图形排除了这个设定的其它的备选。

那么我们应该如何评价康德关于几何学的一般理论，以及在这些考虑之下的纯粹直观和空间的主观性呢？他认为欧几里得几何学应用于物理对象、空间中的感性所与的事物。他知道其定理的真并非简单地由逻辑学和显明的语词定义所保障。这两个考虑导致他说它是一套真的综合命题。另一方面他归于公理和定理一种必然性，该必然性与其仅仅为经验命题是不相容的。那么，我们在此显得有了其综合必然的地位的问题。但这个问题具有两个可以分开而康德没有区分的部分。对于几何学的纯粹现象解释来说，并非仅为语词定义之结果的必然性的问题，是通过纯粹直观中的构造得到解决的，而构造理论显示了必然性是如何通过对含义的现象展示得以保证的。这是一种无害的直观自明性。如果我们在此容忍将"综合的"当作"必然性"，那么其所指无非是说，没有这种对含义现象的展示，我们就无法发展**这种**几何学。或许更好的说法是"现象的分析"，副词性修饰语"现象的"起到的就是这个作用。在所有情况下，康德的纯粹直观理论，看来能被解读为对几何学本质的现象解释的合理的解释，并不为过。

当然这个理论并未呈现为在现象解释之下的欧几里得几何学的理论。在此我们遇到了这个问题的第二部分。康德试图用他关于**现象**几何学的必然性的洞见去解决另一个更大的困难，这个困难是由欧几里得几何学明显必然应用于物理学空间产生的。**这个困难，这个必然性**的确是假象。康德的基本错误在于没有区分对欧几里得几何学的现象解释和物理学解释，即没有区分服务于许多目的的解释，和先在天文物理学使用，然后被放弃的解释，在科学史的那个阶段上，这几乎是不应受指责的。他因为没有做出这种区分，因而假定按现象解释真的属于欧几里得几何学的必然性，也属于按物理学解释的欧几里得几何学。他认为物理空间的几何学**必须**和现象空间的几何学是同一的。而且这个奥秘的确激起这样的建议：现象空间的几何学体现了唯有在其之下事物对于我们才能算是空间中的事物、算是物理对象的条件。如果我们把按照它对我们的**显现**算作物理物体的东西，呈现给我们了现象的几何学处理的现象的图形，它尤其激发这样的建议。如果我们在此之上再增加一个事实，即现象的几何学**在一种意义**上独立于感性所与的物理对象——对于现象几何学的目的来说想象的构造和铅笔画的线同样有用——那么，我认为康德应会把空间的现象的特征之源，因而其物理特征之源看作主观的，看作存在于我们的心灵的构成中，或者如他所作的，看作我们感性的机能，就开始（尽管仅仅开始）成为可理解的了。但是说"他应会把"开始成为可理解的，并不是说"他所认为的"开始成为可理解的。

前面我说过实证主义的看法，尽管这种看法在一种意义上是正确的，但它忽略了康德试图解释的情况的某些特征。让我们重述关键之点。实证主义的看法给我们了两种看待欧几里得几何学的方式：作为在未被解释的演算中的公式，或作为一组逻辑地相联的经验命题，这些经验命题来自于对这些公式的基本表达式采取了物理学的解释。在后一种情况下,对欧几里得几何学的观察和测量的检验表明其定理在小于天文物理学考虑的物理空间尺度内,在可接受的精确程度上得到了证实。但是对于天文物理学来说,一种和欧几里得几何学不相容的不同的物理的几何学,被发现用来处理观察和测量更加简单。这两种看待欧几里得几何学的方式都是正确的。我们必须注意的是,还存在和以上两种都不同的被实证主义的看法忽视的第三种可能的方式。按照下面的考虑,在做了某种保留和限定的情况下,欧几里得几何学似乎也能被解释为关于现象的直线、三角形和圆形等等的一套不可证伪的命题;被解释为关于这类的空间现象的先天命题,因而当然被解释为其应用限制在这种现象上的理论。纯粹数学的发展过程中重视欧几里得几何的这一方面(严格性),物理学的发展过程中重视另一方面这个情况逐步变得不再重要了。这是因为,一方面,在数学中的严格性有赖于逻辑学,而不赖于外观——这就是为什么罗素说数学的发展表明康德的 Anshauung(直观)是多余的;另一方面,几何学的物理学应用有赖于物理学的多种检验和测量,而不赖于对现象显现的单纯沉思。因而,实证主义者忽视了欧几里得几何学的现象方面。

尽管几何学的这个方面在数学和物理学的后来发展过程中或已变得不再重要,但很难确定地说它在系统的几何学的源初发展中不重要。而且现在也不能说它在学习几何学的开头阶段不重要。任何人如果记得他的学生时代都必定承认他学习几何学时既不把它当作未解释的逻辑演算,也不把它当作公理化的物理学理论,而是把它当作关于空间图形的一组自明真理和这些真理的逻辑后果。不谈个体的学习过程,似乎就可合理地假定,数学的一个科目的几何学的系统发展的基础是一种奇异的才能,现象的图形-型式由之能被精心地描绘而展示出现象空间概念之间关系的广泛的系统。这并不是建议说几何学的最初历史根源就在于这种精心描绘中。无疑几何学的源头要归于人类对地理测量问题的关注,归于发现测量技术之间微弱的或不系统的联系。在自然中遇到的事物在欧几里得的意义上本源地刺激了人类的想象力;而且尽管或许是造化的奇异现象出现在如同巨型黑板的苍穹之下,当然它并非如此。毋宁说在解决实践问题中的事实具有更重要的意义,也就是物理事物被用物理标准检验时实际上被发现具有某种关系。不管它的自然根源是什么,认识到现象的几何学能被看作在康德的理论活动中占有一席之地,同时认识到假定现象的几何学在一般几何学的系统发展中占有一席之地是说得通的,仍然具有重要的意义。

3. 反驳和审核

现在让我们考虑一些反驳。这种现象几何学解释是非常粗疏的,同时一些有根据的例外在所难免。

首先,或有反驳说外观和现象图形的术语是很可疑的。一个人或在黑板上画一个图形,该图形也许会显现出我们对之有几何名称的某些特征。但是说在我们看见的物理图形之外,存在其它的我们看见或者近于看见的某种东西,即这个图形的外观,这样说充其量是一种混淆。把欧几里得几何学解释为**关于**这种对象的，即便是相对不重要的解释，也是无法令人满意的。这是因为这些对象是什么，这些对象是否存在，都是非常不清楚的。诉诸视觉的想象力并没有改善这种情况。无疑，以一种方式谈论一个物理学图形仅仅显现出某些特征并不奇怪，但是以此方式谈论一个视觉图形仅仅显现出具有某些特征则会是很奇怪的。但是用这个事实提出视觉想象力给一个人的正是一个物理图形具有的**外观**，而非物理图形本身，这种说法是要通过可疑地使用另外一个已是非常含混的观念（即视觉图像的观念），来阐明一个可疑的观念。

288 我认为必须严肃对待这一反对。但我倾向于不从正面而是从侧翼应对它——通过承认我用的一些术语并非特别合适，它们意在提示而不在精确。问题是如果不安全地依赖可能是可疑的现象图形概念现象几何的本性是否能被描述，而现象图形概念尽管可疑，却可以满足人们要求这种研究的特定主题的一系列**对象**的朴素愿望。我认为它能够这样被描述，而且我已部分地做了这样的描述。但在扩充这种描述前，让我提一下另一种反驳。

  正是已经勾画的现象几何学的整体观念，使沉思的几何学家的角色变得过于被动。它把几何学家表现为一个仅仅看着他画出的图形的人，他要看出这些概念之间的关系，而这些概念的意义是他画出的。但是欧几里得几何学家是呼召来解决**构造**问题的。《几何原本》的第一个问题是：在一个给定的有穷直线上画一个等边三角形。构造如何适应现象几何学的观念呢？构造本质上不是物理的操作吗？不是用例如直尺和圆规来施行的吗？

  让我们首先考虑第一点，即构造是物理操作。假定我们正好有了合乎某种构造的图形，例如，伴随着解决我刚提及的问题之解答文字的图形，就是要在一条给定的有穷直线上构造一个等边三角形。我们可以假定有人在无心的涂鸦中出人意料地画成了它，或者它恰逐步地出现在天空中。如果我们自己随后尝试去用尺子和圆规去画成图形，按照解决的步骤，不断地以一种或另一种方式出错，或者经常出错，这会是重要的吗？这种实践的失败会使我们怀疑解答错了吗？当然不会。就现象几何学而言，我们正在操作的概念被看作纯粹视觉概念，而如果我们使用的物理技术未能造成适当的视觉效果，有问题的只能是这些技术或我们对它们的操控。当我们按部就班地操作时，实际的物理操作的是不是正确或是不是被满意地施行了的**标准**，是由它们造成的视觉效果来设定的。但是仍然可能有人会反对说，满足我们解答的正确性的不单是完成的图形呈现的视觉效果。满足解答的正确性是这样的事实，图形能以某种方式被一步一步地画成。这是正确的；但是它显示的仅仅是我们切不可以过于静态的方式看待我们关注的视觉概念。我们对**当我们按步骤操作时，实际的物理操作是不是正确的或者是不是被满意地施行的标准，是由它们制成的可视效果来设定的**所做的评论已经包含了这一点。康德用自己的术语所做的表述也包含了这一点，他在一个脚注中写道：

> 空间中的一个对象，即一个物理对象，其运动并不属于纯粹科学，因此也不属于几何学。然而，运动，**作为一个空间的描画**活动，却是经由生产的想象力做出的对在一般外直观中的杂多之前后相继的综合的纯粹行动，并且不仅属于几

何学甚至于还属于先验哲学。①

把几何学构造看作伴随着一个适当的注释，在我们面前的一个荧幕上造成的，或许是有帮助的。我们或会完全忽略其实际造成所用的物理学手段。但是我们非常清楚，例如（任何意义上，即延伸的）直线在被画出的，圆形在被画出的，等等。

如果我们现在回到对外观、现象图形等等术语的反驳，我认为这种术语体系真的是无害的。使用这些术语仅仅是说，在纯粹视觉的几何学中，我们不关心我们在我们自己面前设置的物理学对象的其它方面，只关心对象呈现给我们的视觉概念。这些物理对象或许具有其它各种特征；但是这些特征是什么，以及对象通过什么物理学手段向我们展示或提示我们所关注的特征，都是同样不相关的问题。说现象几何学的对象根本不是物理学的对象，而是物理学对象呈现的现象图形，仅仅是说，这些对象仅就的确向我们展示或暗示我们所考虑的视觉特征而言，才和现象几何学相关。

下面我们必须考虑另一类不同的反驳，这类反驳表达了从几何学本身一边而来的怀疑。现象的、直观的视觉的几何学的观念真的对于我们在欧几里得几何学中实际发现的东西是充分的吗？例如，即便似乎可以主张它对于二维图形的平面几何学是充分的，但对于三维图形的几何学它似乎就不那么充分了。再者，甚至在平面几何学中，我们的视觉直观所传达的实际上符合欧几里得几何学的命题这一点是真正清楚的吗？考虑我们已有的公理

---

① B155。

的一个变化形式:"两条直线不能形成一个空间"。如果我们站在一条长长的、直的铁轨中间,沿着铁轨首先向一个方向看,然后朝另一个方向看,在两个方面上难道我们不会得到两条直线逐渐合并,甚至相交的视觉印象吗?因此这两条线的视觉印象不是满足了我们直观的视觉的要求吗:线既是直的同时又形成了一个空间?抑或再考虑:"一条直线的任何两个点之间还存在另一点"。我们究竟如何能确定这和我们的视觉直观是否符合?何种图形是相关的?仅仅去看一条直线会有帮助吗?不管怎样我们可能会想到将之与我们的视觉直观相对立对之进行检验,或者将我们的视觉直观与它相对立对之进行检验,而不会建议说它是反直观的。例如,我们会画或想象一条直线,然后在它上面画出或想象一个间隙,进而把这个间隙的两端看作是原来这条线上的两个点。那么我们可能会想以视觉的术语通过如下思想表达我们的命题,即无论我们做的这个间隙如何狭窄,不使之消逝而使之更窄总是可能的。但这实际显得和我们的视觉直观是相反的。

这些反对更加严重。它们要求的不是完全抛弃给定的解释,而是要求相当大的修正。但是并非所有的点都有相同的权重。这样,铁轨的例子由于跟这个主张不相关而不予考虑,也就是说,它不是两条直线形成一个空间的、视觉上可把握的图形的一个例子。某个主体有一个直线合并甚至相交的图形;接着当他转身后,又得到一个这样的图形。他没有他能真正地描画出来的一个单一的图形,他没有既是直的,又形成了一个空间的两条直线。但是我们不能以这种方式反驳建立在一条直线上任意两个点之间存在另一点的命题之上的反对。在此我们必须承认,在几何学概念的理想化中存在这样一个元素，这个元素我们是无法根据视觉的、可例示的概念找到对应物的。在此被迫如此直接和确定地承认这一点，乃是一种解脱。这是因为在无穷的限度的欧几里得空间的观念与无穷可分的欧几里得空间观念所呈现的是一样的，尽管它看来并非那么明显。我们能给与自己的唯一的相关图形——在画直线的活动中——看似要求无穷的观念；然而这不是我们能够给自己一个它的图形的东西。

无论是承认这一点，还是承认欧几里得几何学的实际内容迫使我们承认的其它东西，都没要求我们完全放弃这种解释。这样我们就能承认，我们给予我们自己的图形不是在所有的方面都合于理想化的概念或根据含义画出的图形，而无须放弃如下这一点：根据含义画图形的活动在对欧几里得几何学的一种解释中扮演着关键的角色。将之称为"理想化的现象的解释"，而非简单的"现象的解释"，应该是更可取的；一个人会补充说，以某种令人信服的和可确定的方式理想化的。这种修正的确也许可以说在某个方面我们仍然接近康德；这是因为这些概念处理的直接就是视觉概念这个观念，对于康德来说似乎使这些概念变得过于感性化了。我们不得不做的对概念的理想化，以及对之的承认，为在如"纯粹外直观能力"、"纯粹直观中的构造"等等术语中的"纯粹"提供了额外的辩护。

然而这种反对以及这整个讨论过程，的确迫使我们承认要谦逊地对待最终能够做出的主张。只用康德的术语无疑不可能给出关于欧几里得几何学的数学结构及其应用的所有方面的包罗无遗而精确的解释。另一方面，根据我们可合理地对康德纯粹直观上的构成学说采取同情的看法，去关注这一复杂的理智现象的一个方面，恰恰**是**可能的。不应该假定几何学（一种人类活动）是一种性质简单的事物，从形式逻辑学家、物理学家、土地测量师或康德的观点出发，它能被完全充分地描述出来。相反，我们应该接受这一点，即这是一个复杂的事物，存在着不同的思路或元素，它们互相联系并发挥作用，而且，在纯粹直观的构造理论中得到强调的思路，并非完全没有意义。当然，另一方面，它也不足以支撑空间的先验主观性学说之重。

索 引

（本索引页码为原书页码，即本书的边码）

action 行动, 132
Aesthetic, Transcendental 感性论 先验的, 24, 25, Pt. II Ch. I *passim*, 72, 73, 77, 82-4, 112-13, 123, 248, 257, 277 ff.
affecting 刺激, 39-41, 52 ff., 174, 236-9, 245, 250 ff.
Analogies of Experience 经验的类比, 23, 27, 28, 31, 122 ff., 218, 230, 244, 257
    first A. 第一类比, 28, 124-32, 141, 218, 229
    second A. 第二类比, 28, 133 ff., 208-9
    third A. 第三类比, 139 ff.
analytic 分析的, 42-3, 78, 225, 277-9, 284
Analytic, Transcendental 分析论 先验的, 24 ff., 65, Pt. II Chs. II and III *passim*, 216-19, 229, 243-4, 271
animals, non-humain 动物，非人的, 273
Anticipations of Perception 知觉的预知, 31, 122
Antinomies, 二律背反 34-6, 159, Pt. III Chs. III and IV *passim*
    mathematical 数学的, Pt. III Ch. III *passim*, 241-2, 257, 261
    dynamical 动力学的, Pt. III Ch. IV *passim*

    first A. 第一个二律背反, 23, 176 ff., 241-2 现象 另见先验唯心论
appearances, 21-2, 38-41, 90, 112, 188 ff., 209 ff., Pt. IV *passim*, *see also* idealism, transcendental
apperception, transcendental unity of, *see* consciousness, necessary unity of 统觉 统觉的先验统一性见 意识的必然统一性
a priori (*vs.* empirical) 先天的（对比经验的）, 23, 42-4, 47, 49 ff., 68 ff., 72 ff., 86 ff., 115
Aristotelian 亚里士多德式的, 23, 131
Austin, J. L. 奥斯汀, 49 n.
Axioms of Intuition 直观的公理, 31, 122
Ayer, A. J. 艾耶尔, 18

Berkeley 贝克莱, 18, 22, 35, 40, 56, 61, 149-50, 193, 197, 252

Cartesian 笛卡尔式, 127 n., 156, 162 ff.
categories 范畴, 16 n., 20, 30-1, 76 ff., 85-8, 94, 113-16, 157, 242, 263 ff.
cause 原因, 84, 119, 123, Pt. II Ch. III Secs. 4 and 5 *passim*, 208 ff., 219

and perception 原因和知觉, 250-6, 258-63
change, see succession 变化 见 前后相继
co-existence, objective 同时存在, 133 ff.
Collingwood 柯林伍德, 120
combination, set synthesis 联结性 见 综合
community (interaction) 共存性（互相作用）, 119, 123, 139-40
concepts, and intuitions 概念 和直观, 20, 47-8, Pt. II Ch. II passim
   formal 形式的, 266 ff.
   pure 纯粹的, see categories
connectedness, of representations 连接性 表象的, see unity of representations 见表象的统一性
consciousness, necessary unity of 意识 必然统一性, 24, 26-7, 87, Pt. II Ch. II Secs. 6 and 7 passim, 163 ff.
conservation principle 守恒原则, 28, 118, 125 ff.
contingency 偶然性, 209 ff.
Copernican Revolution 哥白尼革命, 23, 43-4, 243, 271

Deduction of the Categories, Metaphysical, see Metaphysical 范畴的演绎 形而上举演绎 见形而上学的演绎
   Transcendental, see Transcendental 先验的演绎 见先验的演绎
Descartes, 19, see also Cartesian 笛卡尔 也见笛卡尔式的
Design, Argument from 设计 设计论证, 225
Dialectic, Transcendental 辩证论, 33-8, Pt. III passim, 257

empirical, see a priori 经验的 见先天的
   realism, see realism 经验实在论 见实在论
   self-consciousness, see self-consciousness 经验自我意识 见自我意识
Euclidean 欧几里得式, 23, 66, 182, 186, 200, 204, 280 ff.

First Cause Argument 第一原因论证, 224
freedom 自由, 208 ff., 241, 247

General Note on the System of Principles 对原则体系的一般说明, 51, 122
geometry 几何学, 23, Pt. II Ch. I passim, 182, 186, 204, 243, 246, Pt. V passim
God 上帝, 33, 36-7, 155-6, 160, 207, 221, Pt. III Ch. IV Secs. 6 and 7 passim

Hume 休谟, 19, 28 n., 93, 165, 169-70, 244

Ideal of Pure Reason 纯粹理性的理想, 221 ff.
idealism, phenomenalistic 唯心论 现象主义的唯心论, 240, 242 ff., 257 ff., see also
   idealism, transcendental 另见唯心论 先验的
   problematic 可疑的唯心论, 19, 246, see also Refutation of Idealism
   Refutation of, see Refutation 另见对唯心论的反驳
   transcendental 先验唯心论, 21 ff., 35,

38-42, 51 ff., 90-1, 112-13, 155, 170-4, 175, 188-99, 206, 211, 214, 220, 224, 227-31, Pt. IV passim

ideas (of reason) 理念（理性的）, 17, 33 ff., 155 ff., 220, 228

identity, criteria of, for subject of experience 同一性 同一性的标准 对于经验主体的, 37-8, 102 ff., 164 ff.

imagination 想象, 32, 61, 66, 97, 282 ff.

innate 内禀, 68-9

inner sense 内感, 21, 54-5, 237, 247-9

interaction, see community 互相作用见共存性

intuition 直观, 20, Pt. II Ch. I passim, 113, 236-7, 238-9, 253-4, 264 ff.

 intellectual (non-sensiblc) 理智的（非经验的）, 41, 238-9, 254, 264-5, 267

 pure sensible (non-cmpirical) 纯感性的（非经验的）, 62, 66-7, 70, 113, 277 ff.

judgement 判断, 74 ff., 100

Körner 克罗纳, 120

Leibniz 莱布尼茨, 222, 265

Locke 洛克, 39, 61, 146, 251, 269

logic, formal 逻辑学 形式的, 30, 74 ff.

mathematics 数学, 122, 191, 243, 255, see also geometry 也见几何学

memory 记忆, 99, 103, III-12

Metaphysical Deduction 形而上学演绎, 30-1, Pt. II Ch. II Sec. 2 passim, 85, 87-8, 114, 265

metaphysics, historical conception of 形而上学 形而上学的历史概念, 118-21

 Kant's positive, of experience 康德关于经验的积极的形而上学, 18, 24-33, Pt. II passim

 of transcendental idealism 先验唯心论的形而上学, 38-42, Pt. IV passim

 transcendent (dogmatic) 超验的（独断的）形而上学, 16-18, 33-42, Pt. III passim, 240, 265, 268

morality 道德性, 17 n., 22, 115, 155, 213-15, 226, 240-1, 255

necessity 必然性, 19 ff. 31, 43, 60, 136 ff., 147-8, 210, 212 ff., 225, 227, see also a priori

Newtonian 牛顿式的, 23, 60, 119-20

noumena 本体, 41-2, 171 ff., 193 ff., 211 ff., 239, 264-9, see also idealism, transcendental and things (as they are) in them-selves 另见唯心论先验事物物自身

objectivity 客观性, 24 ff., 51, 73 ff., 86 ff., Pt. II Ch. II Secs. 5-7 passim, 121 ff., 151-2, 236-8, 244-5, 255 ff.

outer sense 外感, 21, 55, 237, 249-56, 258-9

Paralogisms 谬误推理, 37-8, 55 n., 102 n., 108 n., Pt. III Ch. II passim, 246, 248, 257-9

perception 知觉, 89 ff., 104-5, Pt. III Ch. III Secs. 2-7 passim, Pt. IV Secs. 5 and 6 passim

permanence 持存, Pt. II Ch. III Sec. 3 *passim*, 141, 146-7, 216-19, 229-30

Phenomena and Noumena 现象和本体, Pt. IV Sec. 7 *passim*

phenomenal geometry, *see* geometry 现象几何学　见几何学

phenomenalistic idealism, *see* idealism 现象主义唯心论

Postulates of Empirical Thought 经验思维的公设, 31, 213

pre-established harmony 前定和谐, 113, 263

Preface (to the *Critique*) 前言 (《纯粹理性批判》), 22, 126

Principles, Analytic of 原则论 (分析论的), 26-7, 84, 88, 89, 113, Pt. II Ch. III *passim*

problematic idealism, *see* idealism 存疑的唯心论　见唯心论

Prolegomena《导论》, 76, 79 n.

psychology, empirical 心理学，经验的, 36, 97, 160

    rational 理性的, 162 ff.

    transcendental 先验的, 32, 88, 97

rational psychology, *see* psychology 理性心理学　见心理学

realism, empirical 实在论　经验实在论, 21, 240, 256-63

reason 理性, 33, 156-7, 208 ff., 228, 248

Refutation of Idealism 对唯心论的反驳, 27, 51, 122, 124-8, 132, 150, 198, 258

regulative employment of ideas 理念的调节性运用, 33, 36, 159, 223

re-identifiability 可再辨识性, 28, 83, 142 ff.

relativity 相对论, 64 n.

religion, *see* theology 宗教　见神学

Russell 罗素, 39, 251, 286

scepticism 怀疑论, 258

Schematism 图式论, 29, 31, 77, 84, 88, 266

self-ascription, of experiences 自我归属　经验的自我归属, 94 ff., 164 ff.

self-consciousness, empirical 自我意识　经验的, 26, 54, 93-6, 112, 125, 163 ff., 237, 248

    necessary unity of, *see* consciousness 自我意识的必然统一性　见　意识

self-reflexivencss, of experience 自我反身性　经验的, 107 ff., 127 n., 244, 272

sensation 感觉, 49, 59-62

sensibility 感性, 20, 48 ff., 72, 86-7, 112, 174, 236-8, 242, 254, 267

significance, principle of 意义原则, 16-18, 22, 35-5, 42, 156, 162, 171-2, 192, 195, 201, 241-3, 257, 265 ff.

solipsism 唯我论, 197

soul 灵魂, 33, 37-8, 155, 160, Pt. III Ch. II *passim*

space 空间, 20, 24-5, 27, 34, 55, 41, Pt. II Ch. I *passim*, 77, 83, 112-13, 123, 125-8, 140, 142-3, 150-2, Pt. III Ch. III *passim*, 237, Pt. IV Secs. 5 and 6 *passim*, Pt. V *passim*

spatio-temporal unity, *see* unity 空间－时间统一性　见统一性, spatio-temporal 空

间－时间的

Spinoza 斯宾诺莎, 130, 230

subjectivity, transcendental, see idealism, transcendental 主观性 先验的主观性 见先验唯心论

substance(s) 实体, 83, 123,125 ff., 162, 171, 183-4, 185, 216-19, 229

succession, objective 前后相继, 133 ff., 143 ff.

synthesis 综合, 31-2, 94-7

synthetic, a priori 综合的 先天的, 43 necessary 必然的, 277-8, 284

theology 神学, 36, 160, 206, Pt. III Ch. IV Sec. 6 passim

things (as they are) in themselves 物自身, 21, 35, 38-42, 90, 156, 199, Pt. IV passim, see also idealism, transcendental and noumena 也见唯心论 先验的和本体

time 时间, 20, 24, 34-5, Pt. II Ch. I passim, 77, 83, 112-13, 123 ff., Pt. III Ch. III passim, 237, 248-9, 253

totality 整体性, 34, 158, 194-5

transcendent metaphysics, see meta-physics, transcendent 超验的形而上学 见形而上学

transcendental idealism, see idealism, transcendental 先验唯心论 见唯心论

investigation 研究, 18

psychology, see psychology, transcendental 心理学 见先验心理学

unity of apperception, see consciousness, necessary unity of 统觉的统一性 见意识的必然统一性

Transcendental Aesthetic, see Aesthetic, Transcendental 先验感性论 见感性论

Analytic, see Analytic, Transcendental 先验分析论 见 先验分析论

Deduction of the Categories 范畴的演绎, 25, 26, 28, 29, 30, 77, 85, Pt. II Ch. II Sees. 4-9 passim, 118-21, 124, 244, 248, 257

Dialectic, see Dialectic, Transcendental 辩证论 见 先验辩证论

unconditioned 无条件者, 36, 157 ff., 210 ff., 227 ff.

understanding 知性, 20, 48. 71, 72 ff., 86-7, 112-16, 174, 236 ff., 242, 248, 269

unity, of apperception, see consciousness, necessary unity of 统一性 统觉的统一性 见 意识的必然统一性

of consciousness, see consciousness, necessary unity of 意识的统一性 见意识的必然统一性

(connectedness) of representations (experiences) 表象（经验）的（连接性）, 24, 26-7, Pt. II Ch. II secs. 5-7 passim、121, 164-5, 167

spatio-temporal 空间－时间的, 24, 25-6, 83, 142-3, 147, 150-2

Whitehead 怀特海, 120

Wittgenstein 维特根斯坦, 151

译后记

一

斯特劳森对于我们并不陌生。1988年，中英暑期哲学学院首期在北京开班，斯特劳森作为英方名誉院长曾来中国讲学，西方哲学界的许多学者曾经和他有过交流。近二十年来他的专著《个体》、《怀疑主义与自然主义及其变种》相继被翻译出版，研究其哲学的专著也已面世。况且我们也并不是在开放后才接触斯特劳森。《感觉的界限》出版于1966年，据叶秀山先生说，中国社科院哲学所几个对康德哲学感兴趣的年青人当时就知道有这本书，他们还读了这本书。当然，接触和理解还不是一回事。叶先生说，他们当时念不进去。

我似乎是在韩水法先生2002年开设的康德课上知道这本书的。韩先生当时开列了相当多有代表性的《纯粹理性批判》研究著作，这本书也在其中。我在图书馆翻过这本书，据初步的印象，觉得斯特劳森对于康德的批评颇为粗暴，不必细读。当时的讨论中大家常常参考不同的研究著作，但他的观点很少被提及。然而，人的思想是会变的。等我读过一些不那么"粗暴"、值得"细读"的著作,并为康德也辩护了一番后,反倒对这类著作产生了怀疑。康德是独创性的思想家,是为数不多的几个企图全面重构世界观的哲学家之一。假设你把自己的工作局限于以康德的几个基本命题为前提,在这个框架下讨论康德的具体理论和学说,做出解释提出新说,当然很有价值。但是我们的困惑常常来源于作为前提的基本命题。我们需要一种对于康德的基本命题所构成的哲学整体的系统研究。我们需要一种不同类型的工作。我们需要独立地用我们自己的语言解释康德哲学。但是哪些命题是康德哲学的基本命题呢?如何清楚明白地解释这些命题呢?如何前后一贯地进行解释呢?无论如何,斯特劳森似乎在做这项工作。认识到这一点已到2012年,我记得那是一个炎夏,酷热难耐。

后来我就经常翻看这本书。不是从头到尾通读,而是挑自己感兴趣的部分来看。《纯粹理性批判》中"论纯粹理性的谬误推理"部分头绪繁多,斯特劳森只用了短短十三页,似乎不愿意多写一个字,然而却给出了明晰的解读。这种解读建立在他对"先验演绎"中的"先验自我意识"的解读之上,于是回头读他的"客观性与统一性",这部分是难的,多读几遍,发现他剥离了康德的综合学说后,重建了经验知识、主观经验和意识的统一性之间的关系。再往前看,斯特劳森在"通论"中以六个命题总结康德的"分析论",名之曰"经验的形而上学",并论述这些命题之间的关系,令我震动。我反复阅读这些章节,间或做一些摘录,久而久之就萌生了翻译全书的念头。

读这本书的人或许会纳闷,斯特劳森几乎没有提到专门研究康德的学者，也没有讨论前人的任何具体观点。在上世纪六十年代，市面上虽然没有今天那么多的康德研究著作，但是值得参考的书总还不少。斯特劳森至少应提一下曾任教于牛津的前辈帕顿（H. J. Paton, 1887–1969）吧。但是没有。然而读这本书的人不会没有收获。在本书第四部分"先验唯心论的形而上学"中，斯特劳森在分析康德关于心灵和世界关系的模型时，将物自身和现象的区分称为"面相转变"（change of aspect），针对的正是上世纪六十年代之前就已提出、目前仍然大行其道的某些观点。这本书出版后，受到很多批评，尤其受到很多康德学者持续的批评，斯特劳森极少回复。其中的缘故，我想读者读完后当可推测一二。

叶秀山先生1988年访问过牛津大学，后曾在《英伦三月话读书》中写道："在牛津康德研究班上，学生们讨论所发问题，大多受斯特劳森的影响，而他那本书，却一直没有引起我国的足够重视。"我占据研究室的空间，身边是叶先生的空椅子，消磨几年时间，完成了这本书的翻译。没有想到会翻译一本书，没有料到需要耗费这么多的时日，也不知道翻译的过程会给我带来这么多快乐。而这些，都不能和他说了。

二

在翻译的过程中，我得到许多朋友的热情帮助，在此要对他们表达衷心的谢意：

贺磊：通读"前言"部分，提出了修改意见。

南星：通读"前言"、"通论"和"结论"提出了修改意见。

宫睿：阅读了"前言"、"通论"，提出了修改意见。

蒋静忠：通读"前言"、"通论"部分，逐句提出了修改意见。

骆长捷：通读了全书，提出了修改意见。

乐耀：解释了语言学中的"自反性"。

崔文芊：解释了"假设"和"概念"的翻译。

责任编辑关群德先生逐句修改了全文，提高了译文质量，感谢他辛勤、认真的工作。

康德哲学术语大多有通行的译名，我一般都尽量采用。斯特劳森的讨论涉及人格统一性和个体、概念的关系的部分，我参考了韩林合先生在《分析的形而上学》（商务印书馆，2003年出版）中的相关论述，在理解和翻译上都得到很多启发。2022年5月，韩先生翻译的《纯粹理性批判》（商务印书馆）出版，我得以参考这个新译本，修改了我的翻译。其中"先验演绎"和"谬误推理"对于我的帮助最大，省了我很多事。斯特劳森所用的英译文出自康普·斯密，因此我从英译文翻译的引文和韩先生的译本难免有出入。当英译文和和韩林合先生的新译本比较接近时，我尽量用他的译文。当出入很大时，我根据英译文翻译而在译注中提供他的译文供读者参考。在翻译中，我多次向韩先生请教，不仅几个术语译名是按照他的建议确定的，而且有几个难于翻译的句子还是他翻译的。此外他还通读了"前言"、"通论"和"结论"，并提出了宝贵的建议。我感谢他及时、慷慨的帮助。

2020年到2021年我曾在课堂上和研究生曹康婵和李彬一起读过这本书的重要章节。当时我手头有一个翻译的初稿，但没有让他们参考，而是要求他们阅读原文，课上尝试口头翻译，然后提出问题，并做讨论。他们虽然没有读到译文，但是我讲过一些初步的看法，并根据他们的反馈修改了我的译文，他们也可以说是我的译文的最初读者。我感谢他们的参与和帮助。

我希望在未来还有机会修改译文。以上诸位给我提出的建议，由于种种原因未必都被采纳。有时候我未能理解批评和建议的要点，有时候出于前后一致不能采用。文中的所有错误由我负责。欢迎大家批评，提出意见，我乐于继续改进、提高译文。

感谢韩水法先生多年来对我的关心。近几年，他多次过问翻译相关事务。唯愿本书的翻译不负他的厚望。

梁议众

2022 年 12 月于中国社科院哲学所

《分析哲学名著译丛》书目

第一辑

指称与存在：约翰·洛克讲座	〔美〕克里普克
笛卡尔语言学：唯理主义思想史上的一章	〔美〕乔姆斯基
语言的逻辑句法	〔德〕卡尔纳普
思想与实在	〔英〕达米特
感觉的界限：论康德的《纯粹理性批判》	〔英〕P. F. 斯特劳森
分析论文集	〔英〕罗素

第二辑

个体：论描述的形而上学	〔英〕P. F. 斯特劳森
真与谓述	〔美〕唐纳德·戴维森
怀疑论集	〔英〕罗素
哲学论文集	〔英〕J. L. 奥斯汀

图书在版编目（CIP）数据

感觉的界限：论康德的《纯粹理性批判》/（英）P. F. 斯特劳森著；梁议众译. —北京：商务印书馆，2023（2024.6 重印）
（分析哲学名著译丛）
ISBN 978-7-100-22814-5

Ⅰ.①感… Ⅱ.① P… ②梁… Ⅲ.①康德（Kant, Immanuel 1724-1804）—哲学思想—研究 Ⅳ.① B561.31

中国国家版本馆 CIP 数据核字（2023）第 156934 号

权利保留，侵权必究。

分析哲学名著译丛
感觉的界限
——论康德的《纯粹理性批判》
〔英〕P. F. 斯特劳森 著
梁议众 译

商 务 印 书 馆 出 版
（北京王府井大街36号 邮政编码100710）
商 务 印 书 馆 发 行
北京市白帆印务有限公司印刷
ISBN 978-7-100-22814-5

2023 年 12 月第 1 版　　开本 880×1230　1/32
2024 年 6 月北京第 2 次印刷　印张 10⁷⁄₈

定价：58.00 元